Jansen · Woran hat's gelegen?

Olaf Jansen

Woran hat's gelegen?

Der verpasste Traum vom Fußball-Profi
in 13 Porträts

Arete Verlag Hildesheim

Bibliografische Information der Deutschen Nationalbibliothek
Die Deutsche Bibliothek verzeichnet diese Publikation in der Deutschen Nationalbibliografie; detaillierte bibliografische Daten sind im Internet über http://dnb.ddb.de abrufbar.

© 2021 Arete Verlag Christian Becker, Hildesheim
www.arete-verlag.de

Das Werk und seine Teile sind urheberrechtlich geschützt. Jede Nutzung in anderen als den gesetzlich zugelassenen Fällen bedarf der vorherigen schriftlichen Einwilligung des Verlages. Dies gilt auch und insbesondere für Vervielfältigungen, Übersetzungen, Verfilmungen und die Einspeicherung sowie Datenvorhaltung in elektronischen und digitalen Systemen.

Umschlagfoto: Wolfgang Schmidt Fotografie
Layout, Satz und Umschlaggestaltung: Composizione Katrin Rampp, Kempten
Druck und Verarbeitung: Beltz Grafische Betriebe GmbH
ISBN 978-3-96423-052-2

Inhaltsverzeichnis

Vorwort 7

Patrick Falk 10
Der FC Barcelona blieb nur ein Traum

Lucas Scholl 28
Der lange Schatten des Vaters

Interview Joti Chatzialexiou 35
„Uns fehlen die überragenden Einzelspieler"

Sergej Evljuskin 42
Plötzlich saß der Überflieger auf der Bank

Jonas Ermes 63
„Ich glaub, ich will das nicht mehr"

Interview Dr. René Paasch 81
„Mentalität ist oft der entscheidende Faktor"

Damir Bektic 88
Kämpferisch auf dem Rasen, schwierig in der Kabine

Heiko Hesse 105
Lieber Weltbank als Westfalenstadion

Felix Casalino 118
YouTube-Star statt Fußballprofi

Interview Prof. Dr. Oliver Höner 127
„Müssen Talenten verschiedene Wege in den Profifußball bieten"

Fabio Dell'Era 137
Der Frühstarter – ausgebremst beim SC Freiburg

Jonas Wendt 148
Zu rebellisch für den 1. FC Köln

Interview Dr. Gerrit Hartung 162
„Viele Talente werden schlecht beraten"

Walter Laubinger 167
Happels „Zauberer" verschwendet sein Talent in Hamburgs Partyszene

Manuel Fischer 185
Zu ungeduldig für die VfB-Profis

Interview Thomas Krücken 195
„Jeder Spieler braucht eine ‚Waffe'"

Ferdi Esser 201
Kölscher Clown – zu heimatverbunden für den Profifußball

Dennis Kings 221
„Verkopft" – Selbstzweifel verhindern die Karriere

Zum Autor 232

Vorwort

„Woran hat's gelegen?" – Diese Frage stellen sich jedes Jahr vermutlich Hunderte Fußballtalente, die durchs Raster gefallen sind. Die ihren Traum vom Profifußball nicht verwirklichen konnten. Obwohl sie irgendwann in ihrer Jugend einmal günstige Prognosen bis hin zu glänzenden Aussichten hatten.

Woran liegt das? Wenn sich diese Frage leicht beantworten ließe, bräuchte es dieses Buch nicht. Denn die Gründe fürs Scheitern sind derart vielschichtig und individuell so verschieden, dass es mindestens jede dieser 13 im Buch vorgestellten Geschichten braucht, um zumindest ein vages Bild zu bekommen: Warum es keineswegs ungewöhnlich ist, auf dem Weg vom großen Talent zum Fußballprofi irgendwo unterwegs den Faden zu verlieren.

Es beginnt ja schon allein mit der Statistik: Fußballfachleute sprechen davon, dass in jedem Jahrgang deutscher Fußballtalente durchschnittlich zwei bis drei echte Ausnahmekönner stecken, für die der Weg in die Spitze überhaupt realistisch ist. Um diese zwei bis drei Spieler zu entdecken, herauszufiltern und gewinnbringend zu fördern, hat der deutsche Fußball in seiner Historie unterschiedliche Wege beschritten. Waren es einst lediglich Zufallsentdeckungen umtriebiger Scouts, denen die Begabten bei irgendwelchen Jugendspielen auf einem provinziellen Aschenplatz ins Auge gefallen sind, hat sich das Prinzip der Sichtung seit etwa 20 Jahren enorm weiterentwickelt.

Mit dem Einzug der Spielerberater ins Fußballgeschäft begann ein Schürfen und Feilschen von und mit Fußballtalenten, das sich im Laufe der Zeit zu einem zunächst einträglichen, später exorbitanten Geschäft entwickelt hat. Mit der bald systematisch und flächendeckend einsetzenden professionellen Sichtung der Profivereine hat eine Entwicklung eingesetzt, die seit der Einrichtung der Nachwuchsleistungszentren in den Vereinen gewissermaßen industriellen Charakter angenommen hat. Das System dieser NLZs funktioniert so: Man kippe Jahr für Jahr möglichst viele aussichtsreiche Talente ins System und am Ende bleibt mit etwas Glück ein Spieler pro Jahrgang über, der jene außerordentlichen Fähigkeiten mitbringt und behält, um ins Profiteam übernommen zu werden. Um nicht durchs Sieb zu fallen.

Genau an dieser Stelle muss klar und deutlich gesagt werden: Aussortiert werden ist nichts Ungewöhnliches! Ein Ausscheiden aus einem NLZ sollte von den Betroffenen keineswegs als persönliche Niederlage wahrgenommen werden. Es ist vielmehr der normale, völlig logische Gang der Dinge. Wissenschaftliche Erhebungen haben ergeben, dass nur jeder Tausendste aus den NLZs der deutschen Profiligen den Sprung in die 1. Bundesliga schafft. Und: Nur etwa die Hälfte aller U-Nationalspieler, also derjenigen, die neben dem NLZ auch die Hürde Auswahlmannschaft genommen haben und in einem der U15- bis U21-Teams des deutschen Fußballbundes gespielt haben, werden später auch tatsächlich Profi in der 1. oder 2. Bundesliga. Und: Je früher man in ein NLZ aufgenommen wird, desto größer ist die Wahrscheinlichkeit, dass man es nicht zum Profi schafft. Die jährliche Auffrischungsrate der NLZs liegt bei 25 Prozent. Heißt: Ein Viertel aller Spieler wird jedes Jahr aussortiert. Die statistisch größten Chancen besitzen also jene Talente, die möglichst spät entdeckt werden und ins NLZ einziehen.

Was zunächst als reine Zahlenspielerei und möglicherweise nerdiges Wissen abgetan werden kann, wird in dem Moment zu einem schicksalhaften Themenkomplex, wenn man sich näher an die Lebensgeschichten der Spieler heranwagt, die hinter diesen Zahlen stecken. Denn eines ist ja klar: Mindestens jeder der Spieler, die es in ein NLZ eines Bundesligisten geschafft haben, rechnet eigentlich fest damit, es geschafft zu haben: Sich auf dem schnurgeraden Weg in Richtung Profifußball zu befinden. Und wer dazu auch noch zu den Auserwählten gehört, der als einer der 20 Besten seines Jahrgang Zugang zur U-Nationalmannschaft bekommen hat, ist ganz sicher: Bald werde ich Fußballprofi sein.

Vorwort

Wer es nicht geschafft hat, ist gescheitert. Und fühlt sich zwangsläufig als Verlierer.

Die persönliche Fallhöhe für diejenigen, die es dann doch nicht schaffen, ist unterschiedlich. Je nach Persönlichkeit, Wissen um die Umstände und den Druck von außen, den Erwartungen an sich selbst, von der Familie, dem Freund oder Freundin, dem Berater.

Und die Palette von möglichen Gründen fürs Scheitern ist unendlich groß. Wer körperlich früh stark entwickelt war, wird irgendwann überholt. In jungen Jahren hochgejubelte Spieler verlieren den Bodenkontakt und die nötige Demut, um weiter fleißig an sich zu arbeiten. Verletzungen kommen hinzu. Selbstzweifel, die bei zu starkem Druck von außen bis zu einem Burnout führen können. Schließlich gehört auch heute jede Menge Glück dazu, Profi zu werden. Zum richtigen Zeitpunkt am richtigen Ort sein. Von einem Trainer gepusht zu werden und individuell aufzublühen, anstatt in einem starren Mannschaftssystem auf einer erzwungenen Position zu vertrocknen wie eine Blume in einem viel zu heißen Sommer.

In diesem Buch sollen 13 Lebensgeschichten zeigen, wie und warum ein Talent scheitern kann. Aber auch: Was der verpasste Traum mit dem Menschen macht. Sorgt er für ein Lebenstief, aus dem nur schwer wieder herauszuklettern ist? Oder ist auch eine Art Befreiung denkbar nach dem Motto: Endlich ist es vorbei!? Interviews mit Fachleuten und zahlreiche Stimmen von Weggefährten werden Hinweise und hoffentlich viele Antworten geben auf die Frage: „Woran hat's gelegen?"

Patrick Falk

Der FC Barcelona blieb nur ein Traum

Als Jugendspieler gilt Patrick Falk als Jahrhunderttalent. Selbst der FC Barcelona jagt den torgefährlichen Spielmacher aus Hessen. Als sein Stern bei den Profis aufgehen soll, landet er aber bei einem knallharten Trainer. Und das Licht einer großen Karriere erlischt im stürmischen Überlebenskampf der Bundesliga.

Es ist der 4. April 1999, als die Zuschauer im riesigen Nationalstadion von Lagos einen von Patrick Falks besonderen Momenten zu sehen bekommen. Die deutsche U20-Nationalmannschaft um den Regisseur von Eintracht Frankfurt bestreitet bei der Weltmeisterschaft in Nigeria ihr erstes Gruppenspiel gegen Paraguay und hat die Südamerikaner gut im Griff. Die Deutschen haben das Team um den späteren Bayern-Spieler Roque Santa Cruz in gleißender Hitze mit kraftvollem Powerfußball regelrecht überrollt. Sie führen durch gleich drei Tore von Mittelstürmer Enrico Kern mit 3:0.

Und dann kommt Patrick Falk. Das Zuspiel erreicht ihn kurz hinter dem Mittelkreis. Der 19-Jährige schaut kaum auf und schlägt den Ball nach kurzer Annahme in hohem Bogen aus gut 50 Metern über den vorgerückten Torwart des Gegners hinweg zum 4:0 ins Tor. Ein Treffer wie ein Gemälde. Ein Tor, das für Begeisterung sorgt und später zum schönsten des Turniers gewählt wird.

Das deutsche Trainerteam weiß in Nigeria nicht viel über Paraguays Mannschaft. Gegnerscouting gibt es zu jenen Zeiten auf diesem Niveau kaum. Einzig Patrick Falk hat ein paar Informationen zusammengesammelt – so etwas macht der Spielmacher der Deutschen gern. Falk schaut sich damals quasi rund um die Uhr Fußballspiele aus der ganzen Welt auf seinem Fernseher an. Wo immer sie auch übertragen werden.

Und er hat dem Bundestrainerstab schon vor der Partie gesagt, er habe den Torhüter Paraguays mal spielen sehen – er stehe während des Spiels gern sehr weit vor seinem Kasten. „Unnützes Fachwissen" – mögen sich die Trainer damals gedacht haben, doch Falk nutzt eben dieses in der 90. Minute, als er den Ball am Mittelkreis zugespielt bekommt.

„Das größte Talent, das ich je betreut habe"

Die beschriebene Szene sagt vieles aus über den Fußballer Patrick Falk: Enormer Spaß am Spiel, Kreativität, gepaart mit ungeheurem Selbstbewusstsein. Dafür steht das Talent von Eintracht Frankfurt exemplarisch. Wer sich im deutschen Fußball auf die Suche nach einem klassischen 10er begibt, landet unweigerlich bei Falk. 1980 geboren, gilt der gebürtige Hesse in den 90er Jahren als die Spielmacher-Hoffnung der Nation. Die Fachleute, die das Geschehen in den Jugend-Nationalmannschaften verfolgen, sind sich in diesem Urteil eigentlich alle einig. Erich Rutemöller, der Falk in diversen U-Nationalteams des Deutschen Fußball-Bundes begleitete, sagt noch heute: „Patrick Falk war das größte Talent, das ich jemals betreut habe. Der konnte alles am Ball. Er war ein klassischer Spielmacher mit Übersicht und Gefühl für Spielsituationen. Und dazu war er auch noch enorm torgefährlich." Rutemöller erinnert sich an Falks Selbstverständnis: „Er war in meinen Teams der Chef auf dem Platz. Diese Rolle hat er perfekt verkörpert."

Das sind Voraussetzungen für eine lang anhaltende Profikarriere – sollte man meinen. Es geht ja auch gut los: Als Falk bei Eintracht Frankfurt 1999 aus der Jugend kommt und im Profikader aufgenommen wird, folgen direkt erste Bundesligaeinsätze. Doch es wird nichts aus dem Gipfelsturm in die fußballerische Weltspitze. Noch nicht einmal zu einer soliden Bundesliga-Karriere reicht es für Patrick Falk am Ende. Das große Talent von einst verschwindet irgendwann in der Fußball-Versenkung. Einer Handvoll Einsätze in der deutschen Eliteliga folgen Jahre und regelrecht vergeudete Spielzeiten in Zweiter, Dritter und Vierter Liga.

Zu den von vielen prognostizierten A-Länderspielen kommt es schon gar nicht.

„Ist für mich unerklärbar", sagt Rutemöller, „Falk brachte in meinen Augen eigentlich alles mit, um sogar international auf sich aufmerksam zu machen. Er muss irgendwann den Fokus auf den Fußball verloren haben. Vielleicht sind die Gründe in seinem Umfeld zu suchen. Dass dort irgendwann nicht mehr alles stimmte und er gedanklich nicht mehr voll bei der Sache war."

Falk selber sieht sein Scheitern hauptsächlich in einem unbedachten Vereinswechsel begründet: „Mein größter Fehler war, dass ich bei Eintracht Frankfurt nicht gewartet habe, bis ein neuer Trainer kommt", sagt er. Weil er unter Felix Magath keine Chance bekam, hatte er die Eintracht gleich nach seinem ersten Profijahr frustriert in Richtung Braunschweig verlassen. Viel zu früh, sagt Eintracht-Ikone Karl-Heinz Körbel heute: „Wenn er bei der Eintracht geblieben wäre, hätte er die Identifikationsfigur des Vereins werden können. Aus heutiger Sicht war das damals der deutsche Messi." Dass Falk trotz seines Talentes der Durchbruch nicht gelang, lag ganz bestimmt an seiner Einstellung. Falk fehlte in den entscheidenden Momenten offenbar der richtige Biss. „Ich hatte aber auch Pech, weil überall, wo ich hinkam, ein Umbruch eingeleitet wurde", findet er.

„Vielleicht zu schnell selbstzufrieden"

Erich Rutemöller hat viele Talente kommen und gehen gesehen. Er begann seine Trainerkarriere schon 1975 als Jugendtrainer des 1. FC Köln, war bei den Rheinländern später sogar ein gutes Jahr Cheftrainer („Otze, mach et"). Mitte der 90er stieg er dann beim DFB ein, verdiente sich dort seine Meriten als Jugend- und Co-Trainer fast aller Nationalteams, zudem war er in der Trainerausbildung tätig. Für ihn ist das entscheidende Merkmal eines Talents neben dessen fußballerischen Grundfertigkeiten die Mentalität. „Die Jungs müssen Kampfgeist mitbringen. Und sie müssen demütig bleiben. Müssen erkennen, dass sie dran bleiben und immer weiter dazulernen müssen. Viele der jungen Spieler verlieren aber irgendwann – aus welchem Grund auch immer – diese Zielstrebigkeit." Für Rutemöller können scheinbare Kleinigkeiten ausschlaggebend sein: „Man kommt durch negative Einflüsse von außen vom Weg ab. Streitigkeiten in der Familie oder mit der Freundin können schon genügen."

Auf Patrick Falks Weg vermutet er derartige Verwerfungen, kann sich aber auch einen anderen Grund für das Scheitern vorstellen: „Vielen Talenten passiert es auch, dass sie rasch hochgejubelt und dann selbstzufrieden werden. Vielleicht ist auch das bei Patrick passiert."

Zumindest einen weiteren Hinweis auf einen möglichen Grund fürs Scheitern gibt Ralf Weber, einstiger Nationalspieler der Frankfurter Eintracht und früher Teamkamerad Falks: „Patti war sicherlich ein genialer Fußballer, ein Straßenkicker, wie man heute sagt. Aber bei uns hat er sich nicht durchsetzen können. Vielleicht fehlte ihm für das knallharte Bundesligageschäft, in dem sich jeder Spieler selbst der Nächste ist, der unbedingte Wille, der Kampfgeist, der Killerinstinkt."

Bedenken, die Falk selbst durchaus teilt: „Ich war ein Spieler, der Freiheiten und Vertrauen brauchte. Wenn ich das nicht gespürt habe, ist es auch schon mal zu Problemen gekommen." Mangelnde Unterstützung von außen führt er an, wenn er sich an sein Scheitern erinnert: „Heute hat ein Profiteam einen Mitarbeiterstab, der ist fast größer als der Spielerkader. Zu meiner Zeit gab's den Cheftrainer, seinen Assistenten und das war's. Klar, dass die sich nicht um jeden einzelnen Spieler kümmern konnten. Ich war als Jugendspieler, der gerade zu den Profis hochgekommen ist, im Grunde völlig auf mich allein gestellt. So etwas gäbe es ja heute gar nicht mehr."

Patrick Falk

„In der Bundesliga auf dem Rasen – das kann mir keiner nehmen"

Heute sitzt Falk in seinem kleinen Büro in Langenselbold bei Frankfurt. Es ist sommerlich warm, er empfängt in Dreiviertel-Jeans und T-Shirt zum Gespräch. Von einer drahtigen Sportlerfigur ist der 40-Jährige inzwischen weit entfernt – als Spielerberater mit einer eigenen kleinen Agentur konzentriert sich Falk mittlerweile auf das Anschauen von Fußballspielen. „Die technischen Mängel bei den heutigen Fußballprofis im Profibereich sind enorm", findet er. Manchmal sei der Blick auf ein Bundesligaspiel für ihn regelrecht schmerzhaft: „Wenn den Spielern bei der Ballannahme die Kugel meterweit wegspringt, kriege ich das kalte Grausen."

Ihm ist damals nie ein Ball versprungen – hat er sein Talent verschenkt? „Nein", sagt Patrick Falk: „Es waren eher viele unterschiedliche unglückliche Umstände, die meine Karriere verhindert haben." Falk möchte in diesem Zusammenhang nicht falsch verstanden werden: Er sei nicht unglücklich mit seiner Zeit als Fußballer, sie habe ihm viele schöne Momente beschert. „Und wer kann schon von sich sagen, dass er überhaupt mal sein großes Ziel – Bundesligaspieler zu werden – erreicht hat? Ich habe immerhin mal in der Bundesliga auf dem Rasen gestanden. Das kann mir keiner nehmen."

Aber klar: Für Falk wäre mehr drin gewesen. Sein außergewöhnliches Talent wird früh erkannt. In Gelnhausen aufgewachsen, der Stadt der bekannten Leichtathleten Harald Schmid und Edgar Itt, startet er seine ersten fußballerischen Gehversuche beim örtlichen FC 03. Mit Familienanschluss sozusagen: Sein Vater ist dort im Jugendbereich aktiv, die Mutter Teambetreuerin.

Bolzplatz als magischer Ort

Patricks Fußball-Leidenschaft ist enorm: „Ich hab immer gleich nach der Schule die Tasche in die Ecke geworfen und bin gleich nach dem Essen auf unseren Bolzplatz gelaufen", erinnert er sich. Direkt neben seinem Elternhaus gibt es einen kleinen Bolzplatz mit zwei schlichten Eisentoren. Nicht einmal Netze sind dort montiert. Für Patrick ist es dennoch ein geradezu magischer Ort. „Stundenlang habe ich dort auf die Tore geschossen. Ganz allein", sagt er. Im Ort heißt der Bolzplatz irgendwann „Patrick-Falk-Stadion". Der kleine Junge, der nachmittags stundenlang dem Ball hinterherläuft und ihn hunderte Male durch die beiden leeren Tore schießt, ist ortsbekannt.

Doch sein Jahrgang im FC 03 ist schwach, nach nur einem Jahr wird Patrick daher beim besseren Nachwuchs des benachbarten FSV Lieblos angemeldet. Die E-Jugend des FSV darf bei Turnieren auch schon mal gegen die Großen aus der Nachbarschaft antreten. Wie bei einem vereinseigenen Hallenturnier gegen Eintracht Frankfurt. Der kleine FSV gewinnt mit 9:4, Patrick Falk erzielt sieben Tore. Das Spiel ist die Eintrittskarte zur begehrten Eintracht-Jugendabteilung. Patrick soll zum Probetraining und fährt wenige Wochen später auch hin an den Riederwald. Weil er etwas zu früh vor Ort ist, nimmt er sich einen Ball und jongliert ihn so zehn Minuten, macht ein paar Tricks um warm zu werden. Das beobachtet Eintrachts damaliger A-Jugend-Trainer Hubert Neu, der sich den kleinen Probanden gleich zur Seite nimmt. „Hier ist kein Probetraining nötig", findet Neu.

Der Trainer hat den kleinen Patrick ausgerechnet bei seiner Paradedisziplin beobachtet. Zu Patricks Jonglierkünsten gibt es eine Geschichte: Als anlässlich eines Jugendturniers in seiner Heimatstadt Gelnhausen mal ein Jonglierwettbewerb ausgerichtet wird, kann es nur einen Sieger geben: Patrick Falk. Nachdem der Führende der Wertung 380 Ballkontakte auf dem Konto hat, steigt irgendwann Patrick in den Wettbewerb ein und hat die Bestmarke rasch überboten. „Hör auf, die anderen Kinder wollen auch noch", ruft der Veranstalter, als Patrick bei 400 Ballberührungen gezählt wird. Denkste. Erst bei der Marke von 1280 Ballberührungen lässt er die Kugel auf den Boden fallen. Fast eine Dreiviertelstunde hat er den Ball hochgehalten und kassiert den Siegerpreis: einen handsignierten Lederball der deutschen Nationalmannschaft von 1982. Kein Wunder also, dass auch Eintracht Frankfurts Chef-Jugendtrainer schnell überzeugt ist: Falk und seine Mutter werden von Hubert Neu zur Abwicklung der Formalien ins Geschäftszimmer gebeten. Patrick Falk ist Eintrachtler – auch ohne Probetraining.

Goldene Jugend bei Eintracht Frankfurt

Es beginnt eine schöne, erfüllte Jugendfußball-Zeit für Patrick. Was auch damit zu tun hat, dass die Eintracht in seinem Jahrgang eine außergewöhnlich gute Mannschaft stellt. Mit Spielern wie Konstantinos Rodriguez, Jochen Endress, Uli Fäth und Jermaine Jones an seiner Seite verliert das Team um Spielmacher Falk herum in der D- und C-Jugend über Jahre kein einziges Spiel. Es sind große Duelle und große Siege dabei. Gegen internationale und nationale Spitzenteams. Beispielhaft mag das Endspiel eines U14-Turniers in Oettingen sein, als die Eintracht-Junioren im Endspiel gegen Bayer Leverkusen mit 7:0 die Oberhand behalten. „Wir waren damals schlicht unschlagbar", sagt Falk.

Die Frankfurter Asse bleiben auch dem DFB nicht verborgen. Falk startet in der U15 eine Karriere in den deutschen Nachwuchs-Nationalmannschaften, die ihm wie selbstverständlich vorkommt. „Ich war im älteren Jugendbereich in Frankfurt eine Institution, quasi unantastbar. Dass ich als gefeierter Spielmacher dann auch für Länderspiele berufen wurde, war für mich damals fast normal." Falk gilt in DFB-Kreisen auch deshalb als außergewöhnlich, weil er den Sport schon in jungen Jahren sehr analytisch angeht.

Erich Rutemöller erinnert sich: „Patrick war einfach weiter als die anderen in seinem Alter. Es kam vor, dass er vor einem U16-Länderspiel zu mir kam und mich fragte, wie groß das Spielfeld sei. Er wollte sich auf die Größe und den zur Verfügung stehenden Raum auch mental vorbereiten. Er benahm sich für einen 15-Jährigen insgesamt ungewöhnlich professionell."

Tag und Nacht Fußball

Falk lebt Fußball. „Für mich gab's nichts anderes", sagt er. Hunderte von Videokassetten mit internationalen Spielen habe er gehabt, berichtet er. „Ich habe als Jugendlicher tags und nachts Fußballvideos geschaut. Ich kannte zumindest europaweit beinahe alle Spieler dieser Zeit." Womit er auch Rutemöller überrascht. Der ist für den seinerzeitigen A-Nationaltrainer Berti Vogts häufig als Gegner-Scout unterwegs und nimmt Falk einmal mit ins Stadion, als auch die Jugend-Nationalmannschaft einen Lehrgang hat. „Ich weiß das Spiel nicht mehr genau, aber es waren zwei europäische kleinere Nationen, die sich gegenüber standen. Patrick erzählte mir während des Spiels ausführlich von ihren Stärken und Schwächen. Er kannte die alle schon vorher."

Höhepunkte der internationalen Karriere gibt es in diesen Jahren einige, unter anderem gewinnt Falk mit der U15 im Wembleystadion mit 4:2 gegen England um Stürmer Michael Owen. Für Deutschland spielen neben Falk unter anderem Tobi Schäfer, Jochen Endress, Timo Hildebrand, Patrick Nolden, Sebastian Kehl, Sebastian Deisler. Falk spielt mittlerweile wahlweise im Sturm oder lässt sich etwas fallen. „Ich war damals so etwas, was man heute ‚falsche Neun' nennt. Ich entschied quasi je nach Spielverlauf selbst, wo ich mich vorn bewegte." Mit der U16 erlebt er allerdings auch einmal die „Mutter aller Niederlagen", wie er sie selbst immer bezeichnet. Es passiert bei der U16-EM 1996 in Österreich. Im Viertelfinale geht es gegen Außenseiter Israel. Das deutsche Team dominiert recht eindeutig, führt mit 2:0. Acht Minuten sind noch auf der Uhr, da lassen sich Endress und Falk wegen kleinerer Blessuren gleichzeitig auswechseln. Und es geschieht das Unvorstellbare: Die Israelis erzielen mit einem Weitschuss den Anschluss und treffen mit dem Schlusspfiff zum 2:2. In der Verlängerung verliert das hoch favorisierte deutsche Team schließlich mit 2:3. „Wir waren alle untröstlich. Es war quasi undenkbar, dass wir mit dieser starken Mannschaft so etwas erleben mussten. Das Spiel haben einige von uns bis heute nicht vergessen – das schwöre ich", sagt Falk.

EM und WM – bester Spieler seines Jahrgangs

Welchen Stellenwert Falk zu seiner Jugendzeit genießt, mögen auch zwei Auszeichnungen belegen: Sowohl bei eben dieser U16-Europameisterschaft wie auch bei der U20-Weltmeisterschaft in Nigeria 1999 wird Falk von den Juroren als bester Mittelfeldspieler des Turniers ausgezeichnet. Bedenkt man, dass beim Turnier in Afrika auch Ronaldinho für Brasilien, Xavi für Spanien oder Stephen Appiah für Ghana und Seydou Keita für Mali dabei sind, gewinnt dieser Titel enorm an Gewicht. Falks Bilanz in den deutschen Nachwuchs-Nationalmannschaften liest sich beeindruckend: In seinen insgesamt 52 Einsätzen für die verschiedenen U-Mannschaften erzielt er 49 Tore.

Früh treten auch andere Vereine an das Frankfurter Talent heran. In der U16 flattert nach einem internationalen Turnier sogar das Angebot vom großen FC Barcelona auf den Tisch. Johan Cruyff höchstpersönlich schickt ein Fax an die Verantwortlichen der Frankfurter Eintracht. Man wolle Patrick zu einem Probetraining einladen, habe Interesse an einer Verpflichtung des damals 15-Jährigen. Falk fliegt tatsächlich nach Barcelona, bleibt eine Woche. Für Falk erfüllt sich ein Traum, sind es doch ausgerechnet die Stars der Katalanen, deren Spiel in ihm höchste Glücksgefühle auslösen. „Ich habe damals quasi rund um die Uhr Fußballspiele geschaut. Habe unzählige internationale Spiele auf Video aufgenommen, ich kannte mich international sehr gut aus. Und ganz besonders mochte ich Barça mit seinem Spielmacher Pep Guardiola. Das war schon so etwas wie mein fußballerisches Vorbild", erinnert sich Falk. Und dann haben die Katalanen ausgerechnet ihn, den spielstarken deutschen Torjäger aus Frankfurt, als Nachfolger eben dieses Guardiola ausgemacht. Für Falk das höchste denkbare Glück.

Doch das Angebot des FC Barcelona darf er nicht annehmen – sein Vater ist dagegen. „Ich sollte erst meine Schul-Ausbildung beenden", erklärt Falk. „Damals war ich unendlich traurig. Aber im Nachhinein muss man natürlich sagen: Mein Vater hatte Recht. Es geht nichts über eine vernünftige Ausbildung und die Grundlagen für einen Plan B, falls es mit dem Fußball nicht klappt", findet Falk.

Schwieriges Verhältnis zum Vater

Das Verhältnis zu seinem Vater ist nicht einfach. Einerseits ist Vater Oskar enorm stolz auf das Können seines Sohnes und begleitet ihn in der Jugend zu Hunderten von Auswärtsreisen. Auf der anderen Seite ist er sein größter Kritiker. „Mein Vater hat eigentlich immer an meinen Leistungen herumgemäkelt. Das, was andere Spieler gut gemacht haben, hat er mir negativ angekreidet. Das hat mich zeitweise schon belastet. Mir hätte gerade von meinem Vater auch mal ein Lob gutgetan", sagt Falk. Dazu ist der Vater nicht fähig. „Nur über andere habe ich erfahren, was mein Vater wirklich von mir als Fußballer hielt. Meinem Onkel sagte er im Vertrauen, dass er europaweit auf meiner Position kaum einen Besseren als mich sähe."

Es tritt dann auch eine neue Facette in Falks Leben, die Erich Rutemöller wahrscheinlich meint, wenn er bei den Gründen von Falks verpasster Karriere „im näheren Umfeld des Spielers" sucht: Als Falk 15 ist, trennen sich die Eltern. „Das hat mir auf jeden Fall einen Schlag versetzt. Ich geriet in dieser Phase ganz sicher erstmals etwas aus der Balance", sagt Falk. Die Trennung der Eltern verläuft nicht einvernehmlich oder geräuschlos – die beiden sind tief zerstritten, führen ihren Kampf jahrelang auch über die Kinder. „Sie wollten meine ältere Schwester und mich beide bei sich haben. Da war immer ziemlicher Stress. Das hat mich mitgenommen und ich verlor auch im Fußball etwas an Leichtigkeit", erinnert sich Falk. Der Stress daheim führt letztlich sogar dazu, dass Falk dann doch seine geliebte Eintracht verlässt.

In Deutschland bemüht sich Bayer Leverkusen – auf einen Tipp von Rutemöller hin übrigens – ganz besonders um den technisch beschlagenen Mittelfeldmann. Und hat mit seinem Werben Erfolg, als Falk mit 17 dem familiären Stress in der Heimat entfliehen will. „Das passte dann für mich. Ich wollte weg vom Ärger daheim und konnte das auch sportlich nach außen verkaufen: Ich sagte daher zu meinem Vater, dass ich das Gefühl habe, den Verein wechseln zu müssen, um mich weiterzuentwickeln", sagt Falk.

Er verhandelt also mit Bayers Reiner Calmund und Andreas Rettig und wechselt 1997 ins Rheinland. In Ermangelung eines Nachwuchsleistungszentrums – so etwas gibt es damals bei den Bundesligisten noch nicht – zieht der 17-Jährige in eine vereinseigene Wohnung im Ortsteil Schlebusch. Er kommt sehr gut allein im Haushalt zurecht. „Ich hatte keine Probleme. Ich war in diesem Alter schon sehr selbständig", erklärt Falk.

Bayers A-Jugendtrainer Thomas Hörster gilt als harter Hund, doch für Patrick Falk kommt der Disziplinfanatiker an der Seitenlinie gerade recht. „Nach den immer gleichen Jahren in Frankfurt tat mir der Wechsel enorm gut und ich hatte bei Hörster zwei wundervolle Jahre", erinnert sich Falk. Schon in seinem ersten Jahr wird er zudem in Bayers Regionalligateam von Trainer Peter Herrmann eingesetzt. „Ich hatte viele Trainer, aber würde schon sagen, dass ich von Peter Herrmann wahrscheinlich am meisten gelernt habe. Er hat sich unheimlich um mich gekümmert und war wie ein zweiter Vater zu mir", sagt Falk.

Rückkehr nach Frankfurt – ein Fehler

Wenn Falk von „verschiedenen unglücklichen Faktoren" spricht, die letztlich einer großen Karriere im Weg standen, mag auch der Wechsel zurück nach Frankfurt ein solcher gewesen sein. Er hat im Dezember 1998 gerade einen Dreijahresvertrag in Leverkusen angeboten bekommen, da meldet sich die Eintracht. Dort hat sein ehemaliger hessischer Auswahlcoach Reinhold Fanz soeben einen Trainervertrag unterschrieben. Falk kennt und mag Fanz – es war über Jahre sein Mentor in der hessischen Jugend-Verbandsauswahl. Montags tritt Fanz sein Amt an, dienstags ruft er bei Falk an und überredet ihn zu einer Rückkehr in die Heimat im nächsten Sommer. Das Problem nur: Als Falk ein knappes halbes Jahr später seinen Dienst in Frankfurts Profimannschaft antritt, ist Fanz nicht mehr Trainer. Die Eintracht hat ihn nach nur vier Monaten und gerade einmal neun Spielen wieder gefeuert und stattdessen Jörg Berger verpflichtet. „Ich hatte nun große Sorge, ob ich auch bei Berger überhaupt eine Chance bekommen würde", erinnert sich Falk. Zumal die Eintracht mit Albert Streit, Alexander Rosen und Michael Mutzel auf seiner Position schon überdurchschnittlich besetzt ist.

Die Sorge ist zunächst unbegründet. Nach der Vorbereitung versichert Berger seinem Nachwuchsmann: „Wenn du nicht abhebst und fleißig weiter an dir arbeitest, wirst du bei mir immer spielen!" So findet Falk gut hinein ins Abenteuer Profifußball. Vielleicht zu gut. Denn ihm scheint es offenbar ein wenig an Respekt vor den arrivierten Spielern zu mangeln. „Als Patrick aus der Jugend zu uns hochkam, hätte er die Dinge vielleicht etwas demütiger angehen lassen können", sagt Ralf Weber: „Er hatte enormes Selbstvertrauen. So nach dem Motto: „Schaut mal, wo ich Euch Blinden helfen kann". Und es ist nun einmal ganz einfach so, dass es in einem Profiteam auch ein paar ältere Spieler gibt, die es lieber gesehen hätten wenn sich der junge Bursche erst einmal für sie den Arsch aufreißt, anstatt die anderen für sich arbeiten zu lassen." Auf der anderen Seite kommt Falks erfrischende Naivität auch gut an im Team der Älteren: „Er war in jeder Hinsicht ein spontaner Kerl und sprach, wie ihm der Schnabel gewachsen war. Ja, er war frech. Aber wir haben auch viel Spaß mit ihm gehabt", sagt Weber.

Profi-Premiere unter Berger

Bei Trainer Berger scheint Falk gute Karten zu besitzen: Zu Beginn der Saison 1999/00 wird er zunächst stets im Spielverlauf eingewechselt, am 25. September 1999 darf er bei Borussia Dortmund schließlich von Beginn an ran. An der Seite von Weber, Olaf Janßen und Horst Heldt agiert er im Mittelfeld der Eintracht, die das Spiel letztlich aber mit 0:1 verliert. Der junge Lars Ricken trifft schon in der ersten Hälfte für den BVB, Falk wird in der 84. Minute ausgewechselt. Zufrieden ist er dennoch – er kommt immer öfter zum Einsatz, hat sich scheinbar einen festen Platz in einem Bundesligateam erarbeitet. „Mein Traum war damit in Erfüllung gegangen. Dieser Moment, wenn ich ins vollbesetzte Frankfurter Stadion einlief, wo ich ja einen Großteil der Tribünenbesucher gefühlt persönlich kannte – da kann ich heute noch das Gänsehautgefühl nachvollziehen, das ich damals hatte." Unter Jörg Berger kommt Falk in der Hinrunde zu insgesamt elf Bundesligaeinsätzen, ist dabei an acht Toren als Vorlagengeber beteiligt – eine gute Bilanz für einen 19-Jährigen.

Doch trotz aller Premierenfreuden – die Saison entwickelt sich schließlich bitter. Denn insgesamt läuft es mit der Mannschaft nicht. „Irgendetwas passte nicht", erinnert sich Falk, „und keiner konnte so richtig sagen, was es war." Fakt ist: Die Eintracht gerät in Abstiegsnot – im Winter muss Jörg Berger gehen. Es kommt: Felix Magath. „Das war sozusagen mein Untergang", sagt Falk. Denn obwohl auch Magath die Qualitäten des Youngsters nicht verborgen bleiben, setzt der Altmeister fortan auf robustere und ältere Spieler.

Felix Magath – keine Chance unter „Quälix"

Magath – in Fachkreisen auch „Quälix" genannt, nimmt die Spieler körperlich ran wie keiner zuvor. Falk ist schockiert: „Es war grausam. Nach den ersten sieben Tagen der Vorbereitung hatten wir noch keinen Ball gesehen. Wir haben schon morgens um sechs Uhr mit Stirnlampen auf dem Kopf unsere ersten Läufe gemacht und dann mussten wir unzählige Male die 300 Stufen des Leuchtturms auf Usedom hoch und wieder runter laufen." Magath ist knallhart – und hat Erfolg damit. „Wir spielten zwar keinen Fußball mehr, sondern arbeiteten auf dem Platz regelrecht. Ich persönlich konnte mir damals überhaupt nicht erklären, wie man mit solch einem Fußball Erfolg haben konnte. Aber wir hatten ihn."

Falk bekommt in der gesamten Rückrunde noch genau zwei Einsätze: Am 31. Spieltag wird er gegen den HSV beim 3:0-Sieg für die letzten neun Minuten eingewechselt, eine Woche darauf beim 4:0 über den VfL Wolfsburg darf er für die letzten 12 Minuten ran. Das ist's. Für Falk Frust pur. Und ein Grund, die Brocken hinzuschmeißen. Er verlässt die Eintracht wenige Tage vor Beginn der Spielzeit 2000/01 in Richtung Eintracht Braunschweig – in die drittklassige Regionalliga. „Ich kann es Magath nicht verdenken, er setzte im Abstiegskampf eben nicht auf Kreativspieler wie mich. Aber für mich war es damals der Genickbruch in Frankfurt." Zumal er sich von Magath auch menschlich schlecht behandelt fühlt: „Einmal ließ er mich in sein Trainerbüro kommen und dann saßen wir da. Er rührte in seiner Tasse Tee, schaute mich an und sagte nichts. Gefühlt fünf Minuten lang. Als ich dann gefragt habe, was denn jetzt los sein und worum es denn gehe, hat er nur geantwortet: ‚Hier bestimme ich, wann über was gesprochen wird'."

„Nein", sagt Falk, mit Magath und ihm – das sei zum Scheitern verurteilt gewesen. Eine Einschätzung, die Ralf Weber durchaus teilt. „Magath und Falk, das passte wirklich nicht gut zusammen." Selbst Weber, der bei der Eintracht als einer der körperlich stärksten Dauerläufer bekannt war, erinnert sich mit Grausen an Magaths Trainingsumfänge. „Besonders schlimm war es nach Niederlagen. Dann mussten wir in der nächsten Trainingseinheit über jede Schmerzgrenze hinweg laufen, sprinten, heben und so weiter. Vielleicht gewannen wir damals samstags auch ein paar Spiele, weil wir schlicht Angst davor hatten, was der Trainer mit uns machen würde, wenn wir verlieren würden." An den jungen Patrick Falk kann er sich in diesen Wochen des Abstiegskampfes kaum erinnern: „Der war irgendwie weg vom Fenster. Kaum überraschend. Denn ihm fehlte sicherlich auch diese Spur Kampfgeist, um sich als eher laufschwächerer Spieler mit schwächerer körperlicher Konstitution bei diesem Drill behaupten zu können."

Kurioserweise ist Falks Karriere in der Nationalmannschaft noch keineswegs zu Ende, obwohl er in Frankfurt nicht mehr spielt. Nach Wochen mit einem Stammplatz auf der Frankfurter Tribüne nominiert ihn U21-Trainer Hannes Löhr im November 1999 zu einem Länderspiel gegen Österreich. In Burghausen trifft Falk doppelt beim 3:0-Sieg

– ohne jede Spielpraxis bei seinem Verein. Es soll indes eines seiner letzten Länderspiele sein. Im April 2000 gegen die U21 der Schweiz trägt Falk beim 3:0-Erfolg letztmalig den Adler auf der Brust.

Flucht in die Drittklassigkeit

In Braunschweig ist mittlerweile Reinhold Fanz Trainer und Falk sagt zu. Auch wenn es nur noch die Dritte Liga ist. „Drei Wochen nach meiner Unterschrift in Braunschweig war Felix Magath in Frankfurt weg. Hätte ich doch noch etwas gewartet", sagt Falk heute, denn: „Es kam in Frankfurt Rolf Dohmen und der setzte voll auf die Jugend. Bei dem hätte ich mit Sicherheit wieder meine Spielzeiten bekommen."

Doch nun ist Falk eben in Braunschweig, wo er mit der Eintracht tatsächlich den Aufstieg in die Zweite Liga schafft. Doch als sich der Klub in Sachen Vertragsverlängerung nicht rührt, wechselt Falk im Sommer 2001 zu Rot-Weiß Oberhausen. Er ist nun weit weg von Bundesliga und Nationalmannschaft und auch Zweitligist Oberhausen erweist sich wenig überraschend kaum als Karriere-Beschleuniger. Falk bleibt nicht lang und lässt sich im Sommer 2003 von Trainer Lars Schmidt überreden, in Offenbach anzuheuern. Es ist so etwas wie die Rückkehr in die Heimat. Zu der auch eine wichtige Veränderung in Falks Privatleben beiträgt: Falk ist verheiratet und Vater zweier Kinder. 2000 wird Tochter Michelle geboren. 2002 folgt die Geburt des Sohnes Enrique Luis, benannt nach dem Mittelfeld-Regisseur des FC Barcelona.

Dennoch müssen die niederklassigen Offenbacher einen Winkelzug anwenden, um ihren Wunschspieler auf den Bieberer Berg zu locken. Die Kickers stehen kurz vor einem DFB-Pokalspiel gegen Eintracht Frankfurt und Trainer Schmidt weiß ganz genau, wie er Patrick Falk für seine Mannschaft ködern kann. Er verspricht ihm für diese Partie eine Startelfgarantie, falls er dem Wechsel zustimme. „Da konnte ich gar nicht ablehnen", sagt Falk. Er spielt am 1. September 2003 also für Drittligist Kickers Offenbach gegen seine geliebte Eintracht. Offenbach macht das Spiel, geht in der ersten Hälfte durch Michael Petry in Führung, Falk ist der überragende Mann auf dem Platz. Am Ende siegt Frankfurt nach Nico Frommers Ausgleichstreffer doch noch im Elfmeterschießen – doch der quasi aus der Versenkung wieder aufgetauchte Falk hat eine beeindruckende Vorstellung abgeliefert. „Es dürfte zumindest im Seniorenbereich das beste Spiel gewesen sein, was ich je gemacht habe", sagt er heute. Allein: Es bleibt der letzte ganz große Auftritt des großen Talents Patrick Falk auf dem Fußballrasen. Denn: Falk ist nunmehr nicht nur in den Niederungen des deutschen Fußballs angekommen, es meldet sich auch sein Körper. Eine Zyste im rechten Knie macht ihm schon länger zu schaffen, die Beschwerden werden intensiver.

Schluss mit 25

Falk fühlt: Das Ende rückt näher. Es folgt noch eine Station bei Sachsen Leipzig und zwei Amateurstationen in der Nähe Frankfurts, 2005 ist aber endgültig Schluss mit der Karriere. Falk hängt die Fußballschuhe an den Nagel – mit 25.

Vor allem mental fühlt er sich ausgelaugt. Das offizielle Ende einer niemals so richtig begonnenen Karriere fällt wie eine Last von den Schultern. „Ich war irgendwie leer. Und heilfroh, als ich auch offiziell für mich den Schlussstrich gezogen hatte. Das war dann schon befreiend", sagt Falk. Und es steht der Übergang in ein „normales" Leben an. Gar nicht so leicht. „Ich hatte gefühlt 30 Saison-Vorbereitungen hinter mir. Und ich war zweimal Training am Tag gewöhnt. Das alles war plötzlich weg. Plötzlich hatte mein Tag seine gewohnte Struktur verloren. Damit konnte ich erst einmal gar nicht umgehen."

Zumal auch die Zukunftspläne wenig konkret sind. „Ich wollte eigentlich nur irgendwie dem Fußball verbunden bleiben", sagt Falk. Naheliegend ist der Trainerjob, also absolviert Falk in der hessischen Sportschule Grünberg die ersten Trainerlizenzen. Er übernimmt den Hanauer Kreisoberligisten KG Wittgenborn – Amateurfußball. Die Gegner heißen Bieber und Altenmittlau, anstelle gut besetzter Stadien wartet der Hartplatz in der achten Liga. „Es hat mir riesigen Spaß gemacht, dort eine junge Mannschaft aufzubauen und die Jungs in ihrer Entwicklung zu begleiten", sagt Falk. „Ich habe ja selbst erlebt, welche soziale Bedeutung der Fußball hat."

Letzte Ausfahrt Wittgenborn

Aber es ist eben nur Amateurfußball – verglichen mit Falks eigentlichen Ansprüchen erneut niederes Niveau. Zumal es ja nach wie vor eigentlich beste Kontakte in die höchsten Sphären des Profifußballs gibt. Seine guten Drähte nach Spanien ermöglichen ihm 2010 unter anderem eine Hospitation beim FC Barcelona. Dort – wohin er in der Jugend nicht wechseln durfte – kann er nun zumindest zehn Tage lang katalanische Fußball-Luft atmen und ausgerechnet bei zwei seiner Idole über die Schulter schauen.

Pep Guardiola und der damalige Nachwuchstrainer Luis Enrique haben ihn nicht vergessen und zeigen Falk eine gute Woche beim Training ihre Tricks und Arbeitsweise. Falk ist begeistert: „Von klein auf wird dort im Prinzip gleich trainiert und gespielt. Direktspiel, schnell und flach, keine hohen Bälle, Positionswechsel, hohes Tempo, Räume schaffen. In jeder Altersklasse wird so gespielt. Im Prinzip spielt Barça B genauso wie die erste Mannschaft, es ist die gleiche Spielidee. Da sieht man keinen großen Unterschied zwischen dem Training von Barça B und einem Spiel der ersten Mannschaft."

Beeindruckt vom FC Barcelona

Mit großen Augen betrachtet er auch das Zugehörigkeitsgefühl innerhalb des Klubs: „Also ich fand es schon beeindruckend, dass ein verletzter Star wie Maxwell, der nicht mit der ersten Mannschaft nach Levante zum Ligaspiel reisen kann, sich stattdessen das Jugendtraining anschaut. Oder das Abendtraining. Wenn alle Jugendteams und die Profis gemeinsam um 19 Uhr aus den Katakomben kommen und die Kleinsten neben den Stars trainieren. Das zeigt diese Gemeinsamkeit im Verein. Außerdem habe ich keinerlei Staralllüren erlebt, ob Luis Enrique, Maxwell oder Jonathan dos Santos, alle waren total zugänglich. Das war in meiner Zeit bei Leverkusen und Frankfurt nicht so."

Doch außer ein paar lockeren Komplimenten und Versicherungen gegenseitiger Wertschätzung bleibt auch hier nichts Handfestes. Falk reist nach den zehn Tagen einfach wieder heim.

Und er bleibt bei seiner KG Wittgenborn. Nachdem er in den ersten beiden Jahren selbst noch hin und wieder die Schuhe für seine Mannschaft schnürt, konzentriert er sich anschließend nur noch auf das Coaching vom Spielfeldrand. „Wir sind in sieben Jahren viermal aufgestiegen. Und das haben wir mit Jungs fast ausschließlich aus der eigenen Jugend geschafft", sagt er stolz. Klar, welchen Spielstil er seinem Team mit auf den Weg gab: „Sie sollen mutig spielen. Bei gegnerischem Ballbesitz gut formiert stehen, bei Ballgewinn dann aber mit möglichst viel Phantasie und Freude nach vorn spielen", beschreibt Trainer Falk seine Spielphilosophie.

Dennoch bleibt das Amt an der Seitenlinie eher Hobby, sein Geld verdient Falk hauptsächlich mit Gelegenheitsjobs in der Fußball-Profibranche. Falk sichtet als Scout für diverse Vereine, ehe er 2014 als Spielerberater eine eigene kleine Agentur gründet. Er hat keine großen Spieler unter Vertrag, kommt aber irgendwie über die Runden. Auch der Eintracht ist er stets treu geblieben. Als Coach in der Eintracht Frankfurt Fußballschule bringt er gemeinsam mit den Kumpels von einst Kinderaugen zum Leuchten. „Das macht Riesen-Spaß", erzählt Falk. Mindestens genauso viel Spaß macht das Kicken in der Traditionself der Eintracht und das Bierchen danach: „Bei der dritten Halbzeit bin ich unschlagbar." Auch das passt dann irgendwie wieder zur unvollendeten Fußballkarriere Patrick Falks.

Lucas Scholl

Der lange Schatten des Vaters

Lucas Scholl gilt bei Bayern München als ein Lieblingsschüler von Pep Guardiola. Doch der Sohn von Mehmet Scholl kann sich bei den Profis nicht durchsetzen. Ist der Schatten des Vaters zu groß?

Zum Gesprächstermin kommt Lucas Scholl nicht allein. Er lässt sich von seinem Kumpel bringen: Andy Walter. Walter ist Bundesligaringer in Nürnberg, ein offener Typ. Er lacht freundlich, als er von der Fahrerseite aus dem schicken BMW steigt. Lockerer Gruß, alles klar. Ganz anders der Beifahrer: Lucas Scholl hat die Schirmmütze tief ins Gesicht gezogen, sein schüchternes Lächeln ist beim Gruß kaum zu sehen. Abwehrhaltung nennt man so etwas wohl.

Die Skepsis gegenüber dem Journalisten ist in jeder Sekunde greifbar. Lucas Scholl, 24, Sohn von Bayern-Star Mehmet Scholl, ist vorsichtig. Geprägt wahrscheinlich von zu vielen unangenehmen Erlebnissen mit den Medien. Mit Journalisten, die ihn in ihren Artikeln niedergemacht haben. Vom großen Talent haben sie geschrieben, das seine Begabung weggeschmissen hat. Das nie die großen Fußstapfen seines Vaters Mehmet ausfüllen konnte.

Aber wie ist Lucas' Geschichte tatsächlich einzuordnen? War der Schatten des Vaters zu groß, um selbst eine unbeschwerte Karriere bei den Bayern hinlegen zu können? Immerhin gab es ja die Zeit, als Lucas Scholl kurz vor dem ganz großen Durchbruch schien. Mit 17 durfte er als A-Jugendlicher bei den Profis mittrainieren. Mit seiner Technik, seinem Spielverständnis soll er sogar einer der Lieblingsspieler von Pep Guardiola gewesen sein. Die Ansätze waren verheißungsvoll. Dann aber wurde es irgendwann still um den körperlich eher zarten Spielgestalter mit dem großen Namen. Zu Einsätzen bei den Profis kam es nicht.

Stattdessen wechselte Lucas Scholl im Winter 2016 in den Osten der Republik, in die Vierte Liga. Zu Wacker Nordhausen. Im Frühjahr 2020 spielte er sogar beim kleinen VfR Garching vor seiner Haustür in München. Wechselt danach zum SV Horn – in die zweite österreichische Liga. Er habe sich im knallharten Profibusiness einfach nicht durchsetzen können, hieß es. Er sei am Anspruch, einmal mindestens genauso gut wie sein Vater zu werden, gescheitert. Lucas Scholl – ein klassischer Fall, wie man seine Fußball-Karriere vor die Wand fährt?

„Was hätte ich anders machen sollen?"

„Sehe ich nicht so", sagt Scholl, er schaut genervt. Klar: Das Image als Fußball-Versager, das ihm viele aufdrücken wollen, zerrt am Gemüt. „Ganz ehrlich", fragt er, „was hätte ich denn anders machen sollen? Sie haben mir mit 17 bei den Bayern die Chance gegeben, bei den Profis mit zu trainieren. Unter Pep Guardiola. Da sagt man als junger Spieler nicht nein. Eine solche Chance nutzt man."

Zu Beginn der Saison 2014/15 ist das: Guardiola und der damalige Sportdirektor Matthias Sammer bieten dem damals 17-jährigen Scholl, der gerade ein fantastisches erstes Jahr in der U19 des Vereins hingelegt hat, den Sprung in die Profimannschaft an. Eine hohe Hürde, die sich im Nachhinein als zu hoch erweist. Scholl kann sich im Starensemble des Rekordmeisters nicht durchsetzen. Nach einigen Wochen Training mit Franck Ribéry, Robert Lewandowski und Co. wird er wieder zurückgeschickt in den Nachwuchs – er muss bei der U23 in der Regionalliga spielen. Nichts ist es mit der vom Boulevard so herbeigesehnten Story vom „neuen Zauberer Scholl". Gescheitert an zu hohen Ansprüchen? Erdrückt vom großen Namen des Vaters? Lucas Scholl findet eher: Gescheitert an zu großer Konkurrenz im Starensemble des deutschen Rekordmeisters. „Ich hätte – aus heutiger Sicht – die Bayern früher verlassen sollen. In einem kleineren Verein mein Glück suchen. Aber hinterher ist man bekanntlich immer schlauer."

In dieser Phase der Karriere, wenn man gerade der Jugend entwachsen ist, die richtigen Entscheidungen zu treffen, ist ein ganz wichtiger Schritt auf dem Weg zu einer erfolgreichen Karriere. Das ist unbestritten. Weiß jeder. Aber eben nicht in eben dem Moment. Zumal es mit Lucas Scholl und den Bayern scheinbar alles so gut passte.

Schon sein Einstieg bei den Bayern als Siebenjähriger ist eigentlich optimal. Denn der Scout des FC Bayern, dem der kleine Techniker vom Dorfverein TSV Waldtrudering bei einem Sichtungsturnier auffällt, erkennt gar nicht, dass er da gerade den Sohn von Mehmet Scholl vor sich hat. Er spricht zunächst die Mutter des Jungen an und fragt all diese Dinge, die man als Talentscout so wissen will: Wo sie denn herkämen, ob sie sich einen Wechsel zum FC Bayern vorstellen könnten, was sie denn so machen. Als dann die Rede auf den Vater kommt, dämmert es dem Bayern-Mitarbeiter. Und die Dinge gehen schnell. Lucas steigt in der U8 beim FC Bayern ein – und bleibt 13 Jahre.

Sein größter Förderer in der Anfangszeit: Bayern-Jugendtrainer Peter Wenninger, der Lucas vier Jahre lang unter seinen Fittichen hat. „Er hat mir vertraut und immer zu mir gehalten. Auch wenn ich mal persönliche Probleme hatte. Zu ihm konnte ich immer gehen. Er war fast so etwas wie ein Ersatzvater von mir", sagt Scholl. Einen solchen Menschen hat er aus zweierlei Gründen dringend nötig. Zum einen ist Lucas Scholl in der Jugend den gleichaltrigen Kontrahenten körperlich deutlich unterlegen. „Wenninger hat aber gewusst: Irgendwann werde ich einen physischen Sprung machen und den Rückstand dann sofort aufholen", sagt Scholl.

Begnadeter Dribbler wie der Vater

Zum anderen: Aufgrund seines prominenten Nachnamens steht er natürlich ganz besonders im Fokus. „Klar wussten immer alle, dass ich einen berühmten Vater habe. Aber das hat mich nie gestört", sagt Lucas Scholl.

Schwer vorstellbar, zumal die beiden einen ähnlichen Spielstil pflegen: Wie sein Vater ist Lucas Scholl ein begnadeter Dribbler. Schnell, wendig, stets voller Ideen in der Spielentwicklung und im Vorbereiten von Torchancen.

Mit Vater Mehmet hat er frühzeitig eine Vereinbarung getroffen: Sie reden nicht über Fußball, wenn sie sich treffen. Denn Mehmets Tipps und Ratschläge für den Sohn – so die Erfahrung – führten immer geradewegs in Auseinandersetzungen. „Wir sind uns wahrscheinlich zu ähnlich. Aufbrausend und dann unsachlich. Das haben wir beide eingesehen. Daher unterhalten wir uns über anderes als Fußball, wenn wir uns sehen. Dann streiten wir auch nicht."

Für Sportpsychologe Dr. René Paasch leben die Scholls hier in einem klassischen Vater-Sohn-Konflikt. „Oft erlebt der Vater den Sohn als Teil seines eigenen Selbst und kann sich darin stärker mit ihm identifizieren. Die Liebe des Vaters zum Sohn ist dann eine narzisstische. Der Sohn soll unbedingt werden, wie der Vater es sich wünscht."

Aber genau dieser Wunsch des Vaters provoziert das Gegenteil, glaubt Paasch: „Söhne verhalten sich provozierend, weil die missbilligende Reaktion des Vaters sie in ihrer Eigenständigkeit bestätigt." Der Vater will also nur das Beste für den Sohn, erreicht aber das Gegenteil: eine leistungshemmende Trotzreaktion. Womöglich hat Mehmet seinen Sohn mit seinen Tipps und Ratschlägen eher gehemmt als gepusht. Paasch erkennt in der Geschichte von Lucas Scholl jedenfalls seine Beobachtung: „Schon frühzeitig geben Spieler auf, mit dem Vater zu konkurrieren. Sie scheitern an den Erwartungen – das ist bei den Bayern neben Lucas Scholl auch Gianluca Gaudino passiert. Es gibt nun einmal keinen Automatismus und schon gar keine Garantien dafür, dass sich Talent im gleichen Maße vererbt."

Lucas Scholl will von den Einschätzungen des Wissenschaftlers lieber nicht so viel wissen. Er habe immer nur auf sich geschaut, betont er: „Vor allem, als es dann beim FC Bayern und den Auswahlmannschaften ins höhere Niveau ging, war mein Name kein Thema mehr. Da zählte nur die Leistung, die man auf dem Platz zeigte."

Guardiola ist Fan von Lucas Scholl

Lucas Scholls Leistung stimmt vor allem im ersten Jahr in der U19. „Da habe ich leistungsmäßig einen enormen Sprung gemacht", erinnert er sich. Unter Trainer Heiko Vogel, der voll auf Kreativspieler Scholl setzt, gelingt Lucas eine fantastische Saison. Er dominiert im Mittelfeld der Bayern-Youngster, leitet Treffer ein, erzielt auch selbst noch einige. Er gilt als kommender Star. Und darf fortan bei den Profis mittrainieren. Wie so viele andere, die ihn persönlich kennengelernt haben, schwärmt auch Lucas Scholl in den höchsten Tönen vom damaligen Coach Pep Guardiola. „Das war schon Wahnsinn. Er hat immer schon vier Pässe weitergedacht, als andere. Bei ihm habe ich unheimlich gut gelernt, die richtigen Räume zu besetzen. Und zwar die, in denen man nicht direkt, sondern erst nach zwei, drei gespielten Pässen den Ball erhält und plötzlich Freiraum vor sich hat." Scholl ist begeistert vom Spanier und auch Guardiola prophezeit ihm die Chance zu einer großen Karriere. „Er hat zu mir gesagt: Du kannst ein ganz Großer werden. Du musst nur deinen Kopf ändern. Ich wusste da leider gar nicht, was er von mir wollte."

Guardiola fehlt bei Lucas Scholl die Ernsthaftigkeit. Der unbedingte Wille, sich durchzusetzen. Der Biss. „Das ist mir erst später klar geworden. Ich war damals als 17-Jähriger einfach noch zu sehr Kind, um das zu begreifen. Und hab teuer dafür bezahlt." Was Scholl meint: Er darf zwar bei den Großen mittrainieren. Aber er spielt nicht. Muss zunächst noch in der U19 ran, später unter dem beförderten Heiko Vogel in der Regionalligamannschaft – doch die Leistung stagniert zunächst, wird dann immer schlechter. „Ich war sauer, dass ich da spielen sollte. Ich hatte das Gefühl, dass mir das nichts mehr bringt. Ich wollte bei den Profis ran." Scholl lässt sich in der Vierten Liga den Schneid abkaufen. „Es war klar, dass alle Gegenspieler mich treten wollten. Das hat mich schon seit der Jugend begleitet. Aber es wurde nun erwartet, dass ich in jedem Spiel für die Amateure der entscheidende Mann auf dem Platz bin. Ich hatte das Gefühl, regelmäßig drei Tore machen zu müssen. Das war eindeutig zu viel Druck für mich. Das hat mich fertig gemacht."

Keine Chance mehr unter Ancelotti

Scholl manövriert sich ins Abseits. Als Carlo Ancelotti 2015 beim FC Bayern von Pep Guardiola übernimmt, spielt Lucas Scholl in den Planungen der Profis keine Rolle mehr. Im Winter 2016 sieht Scholl den Tatsachen ins Auge und absolviert ein Probetraining beim Schweizer Erstligisten FC Luzern. Und obwohl die Schweizer ihm einen Vertrag anbieten, lehnt Scholl ab. Wieder spielt der Vater eine Rolle. „Ich wollte von meinem Vater finanziell unabhängig sein. In der Schweiz wäre das Leben zu teuer gewesen."

Stattdessen wechselt er innerhalb der Vierten Liga – und geht in den Osten – zu Wacker Nordhausen. „Im Nachhinein sicher auch nicht die richtige Entscheidung. Aber ich wollte nur eines: spielen. Irgendwo. Von Anfang an. Als Stammspieler."

Das klappt zunächst auch, doch in Nordhausen lernt Lucas Scholl erstmals jenes Fußballer-Schicksal kennen, das ihn bisher so lange verschont hatte: Verletzungspech. Zunächst zieht er sich 2017 eine Lungenentzündung zu, drei Wochen später bricht er sich einen Knochen im linken Fuß. „Es war eigentlich keine große Sache, sollte konservativ behandelt werden, hat sich aber hingezogen. Sechs Wochen hatte ich Gips und dann hieß es: Wir müssen doch operieren. Die ganze Sache hat mich ein halbes Jahr gekostet." Dafür stellt sich privates Glück ein: Scholl wird Vater einer Tochter. „Ein sensationelles Erlebnis, das mir auch als Mensch viel gebracht hat. Ich bin einfach reifer geworden. Habe enorm viel fürs Leben dazugelernt", sagt er.

Fußballerisch aber hat Scholl offenbar wieder eine Niete gezogen. Wacker Nordhausen geht im Winter 2019 insolvent. Scholl steht auf der Straße. Hat keinen Verein. Und es gibt keine Interessenten. „Das hat mich schon überrascht Denn eigentlich bin ich mir sicher, dass ich mehr kann als Vierte Liga. Einer spielerisch guten Mannschaft kann ich auch auf höherem Niveau enorme Impulse geben. Davon bin ich überzeugt", sagt er. In seiner Verzweiflung heuert er beim Münchener Vorortklub VfR Garching an. Um Spielpraxis zu sammeln, wieder in den Rhythmus zu kommen. Wenn auch niederklassig. Doch er spielt wieder nicht. Diesmal ist die Coronakrise der Grund. „Es war zuletzt wie verhext. Aber ich glaube an mich. Meine Chance wird noch kommen", sagt Scholl. Und grinst nun seinen Kumpel Andy Walter an, den Ringer. Mit ihm hat er in den letzten Wochen viel trainiert. Es ging um Kraftaufbau. „Ich habe in den letzten Wochen sechs Kilo an Muskelmasse zugelegt. Meine körperlichen Nachteile sollten sich damit auch erledigt haben", sagt Scholl trotzig. Und er geht. Mit tief ins Gesicht gezogener Schirmmütze.

Interview mit Joti Chatzialexiou

„Uns fehlen die überragenden Einzelspieler"

Joti Chatzialexiou, Jahrgang 1976, war als Spieler in den höchsten Amateurklassen aktiv. Während des Sportstudiums arbeitete er im Leistungszentrum von Eintracht Frankfurt als Trainer. Von 2001 bis 2009 betreute er die Teams der U15 bis zur U17 und währenddessen spätere Nationalspieler wie Emre Can, Timothy Chandler und Marco Marin. Nach Abschluss seines Sportstudiums ging er zum Deutschen Fußball-Bund (DFB), wurde dort 2011 zum Abteilungsleiter des Büros U-Nationalmannschaften ernannt. In dieser Rolle war er einer der engsten Mitarbeiter der jeweiligen DFB-Sportdirektoren (Matthias Sammer, Robin Dutt, Hansi Flick und Horst Hrubesch) und arbeitete bereits im Hintergrund an strategischen Maßnahmen wie dem sportlichen Leitbild „Unser Weg" oder der Konzeptentwicklung der DFB-Akademie mit. Im Rahmen der Neugliederung des DFB wurde Chatzialexiou am 1. Januar 2018 in der Direktion „Nationalmannschaften & Akademie" zum Sportlichen Leiter Nationalmannschaften ernannt und verantwortet seitdem die Nationalmannschaften und Trainerstäbe der Frauen sowie Männer, die Talentförderung – mit dem Talentförderprogramm, den Leistungszentren und den Eliteschulen des Fußballs – die Abteilung Scouting & Spiel-Analyse sowie die Experten der Nationalmannschaften.

Herr Chatzialexiou, Sie haben kürzlich in einem Interview mit dem „kicker" gesagt, der deutsche Nachwuchsfußball habe gegenüber der Konkurrenz aufzuholen. Wo sehen Sie Defizite?
JOTI CHATZIALEXIOU: Uns fehlen seit ein paar Jahren im Vergleich zur Konkurrenz die überragenden Einzelspieler. Man kann das ganz gut an den aktuellen Marktwerten der U19-, U20- und U21-Spie-

ler ablesen. Da haben Nationen wie England, Frankreich, Portugal, Niederlande oder auch Belgien ganz andere Werte als unsere Spieler. Heißt: Dort wachsen mehr Einzelkönner heran. Unsere Auswahlteams hingegen kommen mehr über die mannschaftliche Geschlossenheit. Diese Spielentscheider, die wir beispielsweise 2009 in der U21 mit den damaligen Europameistern noch hatten, wollen wir wieder vermehrt entwickeln.

Woran liegt es, dass uns andere Nationen da den Rang abgelaufen haben?
CHATZIALEXIOU: So etwas ist kein Zufall. Ich denke, wir müssen unser Ausbildungssystem, für das wir lange auch von der Konkurrenz beneidet wurden, mittlerweile kritisch hinterfragen. Sowohl in den Leistungszentren der Klubs als auch in den vom DFB organisierten Stützpunkten müssen wir dahin kommen, dass wir die individuelle Entwicklung der Spieler und die Freude am Spiel stärker in den Vordergrund stellen.

Künftig mehr Arbeit an und mit den Spielern als am System?
CHATZIALEXIOU: Genau. Es muss zukünftig wieder mehr um die Spieler gehen als um das System oder die Mannschaftstaktik. Der Spieler muss wieder im Mittelpunkt allen Handelns stehen! Wir brauchen daher eine bessere individuelle Begleitung, den Fokus auf der Entwicklung des Einzelnen. Wir wollen die kreativen Spieler, dann müssen wir ihnen auch Freiräume geben, sich auszuprobieren, und dürfen sie nicht ständig in Schablonen und Spielsysteme pressen. Als DFB wollen wir hier nicht nur in der täglichen Arbeit mit den Spielern den Fokus hierauf legen, sondern auch in der Trainerentwicklung. Unsere Kollegen der DFB-Akademie um Tobias Haupt und Daniel Niedzkowski haben die Ausbildungsinhalte bereits angepasst, sodass wir diese Denkweise auch in der Trainerausbildung vermitteln.

Wie schafft es der DFB überhaupt, alle Talente des Landes zu sichten?

CHATZIALEXIOU: Das ist tatsächlich eine große Aufgabe, die nur im Zusammenspiel gelingen kann! Unser Stützpunktprogramm beginnt im U12-Bereich, wo wir die Spieler, die nicht in den Leistungszentren spielen, zusammenbringen, um ihnen eine zusätzliche individuelle Förderung fernab vom Erfolgsdruck in den Vereinen zu ermöglichen. Im U14-Alter finden dann die DFB-Sichtungsturniere der 21 Landesverbandsauswahlen statt, bei denen die Spieler für die ersten Maßnahmen der U15-Nationalmannschaft gesichtet werden. Dort sind wir mit unseren Trainern und weiteren Scouts vor Ort und behalten ab diesem Zeitpunkt die etwa 150 besten Spieler eines jeden Jahrgangs im Auge. Zudem sichten unsere Trainer im Spielbetrieb der Jugendligen – über alle Jahrgänge hinweg sind das bis zu 40 Ligen. Um diese Umfänge abdecken zu können, unterstützen uns Honorarscouts, die an jedem Wochenende unterwegs sind. In der U17- und U19-Bundesliga arbeiten wir mit einem Dienstleister zusammen, der alle Spiele abfilmt, sodass wir auch das Video-Scouting als Möglichkeit der Sichtung haben. Außerdem sind wir während der Trainingswochen ständig in den Vereinen und halten so den Kontakt zu den Vereinstrainern, um die Entwicklung unserer Talente zu begleiten.

Die Elite-Ausbildung in Deutschland fußt auf zwei Säulen: Den Leistungszentren der Profivereine (LZ) und den Stützpunkten des Deutschen Fußball Bundes (DFB). Ist dieses System das Maß der Dinge?

CHATZIALEXIOU: Dieses System ist gut und sehr leistungsfähig. Und es ist durchsetzt mit einer Menge Know how. Allerdings müssen wir nach all den Jahren eine Zäsur machen! Wir wollen z.B. die Stützpunkte neu verteilen, um mehr Spieler in den Ballungsräumen zu fördern. Außerdem müssen unsere Stützpunktkoordinatoren die Trainer an den einzelnen Stützpunkten häufiger begleiten können.

Treten Sie mit den Stützpunkten dann nicht in Konkurrenz zu den LZ der Bundesligisten, die ja auch vor allem in den Ballungsräumen arbeiten?
CHATZIALEXIOU: Nein, die Spieler in den Stützpunkten sind zu dem Zeitpunkt für die Leistungszentren noch nicht interessant. Wir wollen diesen aber durch die zusätzliche Förderung die Möglichkeit geben, interessant zu bleiben. An den Stützpunkten werden meist die Spieler gefördert, die kein ‚schreiendes Talent' sind, die nicht direkt ins Auge stechen, sondern ein ‚flüsterndes Talent' sind, aber ein immenses Potenzial mitbringen. Auf der Ebene der Nationalmannschaften wollen wir die Zusammenarbeit mit den LZ, die sich in den letzten Jahren schon sehr positiv entwickelt hat, noch weiter intensivieren. Heißt: Die Vereine bilden unsere Spieler aus, wir bilden sie in den U-Nationalmannschaften weiter. Gemeinsam wollen wir die Entwicklung der Spieler in den Fokus rücken – derzeit hat der Mannschaftserfolg in den LZ häufig noch einen zu hohen Stellenwert. Ein Trainer braucht dort Ergebnisse, gute Platzierungen und Erfolge – daran wird er gemessen. Aber die Karriere eines Trainers darf nicht wichtiger sein als die Weiterentwicklung der Spieler.

In den LZ geht's ja auch um viel Geld. Fußball ist ein Geschäft, die Entwicklung junger Spieler ist ein Markt. Das Rad ist kaum zurückzudrehen ...
CHATZIALEXIOU: Das Geld spielt häufig eine zu große Rolle. Es ist in der Regel aber nicht förderlich für die Entwicklung der Spieler, wenn die LZ sich die Jugendspieler gegenseitig abwerben. Es gab einmal ein Gentlemens Agreement zwischen den Vereinen, nach dem Spieler unter 15 Jahren nicht zwischen den LZ wechselten, das war eine gute Sache. Denn diese marktwirtschaftlichen Aspekte erzeugen für die Spieler ja auch einen hohen Druck, dem viele nicht gewachsen sind. Ich war ja selbst lange im LZ beschäftigt und hatte mit jungen Burschen zu tun, die auch von ihren Eltern unter Druck

gesetzt wurden. Sie wurden gepusht, damit sie später als Fußballprofis mal für die ganze Familie sorgen können. Ein solcher Rucksack ist für Jugendspieler enorm schwer. Wir müssen wieder mehr Geduld haben und den Jungen Raum zur Entwicklung geben.

Bei allem Aufwand ist die Quote der Jugendspieler, die es von einem LZ in den Profifußball schaffen, sehr gering. Man spricht derzeit von etwa vier Prozent aller LZ-Fußballer, die es in die 1., 2. oder 3. Liga schaffen. Was muss verbessert werden, damit die Quote steigt?
CHATZIALEXIOU: Wir müssen die Qualität der jungen deutschen Spieler erhöhen. An einem guten Spieler – ob jung oder alt – kommt kein Trainer vorbei. Hier sehen wir uns gemeinsam mit den Vereinen in der Verantwortung. Vieles gehen wir bereits an, manche Pläne für die Zukunft versuchen wir im Hintergrund voranzutreiben. Uns ist es aber auch wichtig, den Spielern Rüstzeug für ein Leben außerhalb des Spielfeldes auf den Weg zu geben. Wie gut die Ausbildung auch ist – es kann nur eine geringe Anzahl der LZ-Spieler Profi werden, alle anderen müssen ihre Brötchen später auf anderen Wegen verdienen.

Ist zu frühe Konzentration ausschließlich auf Fußball kontraproduktiv?
CHATZIALEXIOU: Davon bin ich überzeugt. Die Jungs müssen auch andere Erfahrungen machen. Daher glaube ich auch, dass es sinnvoller ist, die Spieler möglichst lange in ihrem gewohnten Umfeld zu belassen. Denn die Bezugspersonen der Familie sind für die Persönlichkeitsentwicklung unwahrscheinlich wichtig. Im LZ aber haben sie kaum noch Kontakt zu Außenstehenden. Hinzu kommt, dass sich die Spieler in einem LZ auch in einer abgeschotteten Fußballblase befinden und einem harten Selektionsprozess unterworfen sind. Der Druck ist enorm, denn es schaffen ja nur die Wenigsten.

Wie kann der Druck herausgenommen werden?
Fußball ist ja nun einmal Teil unserer Leistungsgesellschaft.
CHATZIALEXIOU: Wir sollten etwas vorsichtiger mit den jungen Menschen umgehen, ihnen mehr Freiräume außerhalb des Fußballs ermöglichen. Wir müssen diese enorme Selektion bremsen. Die Spieler eines Vereins sollten über einen längeren Zeitraum begleitet und gefördert werden. Wir müssen weg vom Prozess der Selektion hin zu einem Prozess der Entwicklung. In unserem „Projekt Zukunft" arbeiten wir beim DFB beispielsweise an einem modifizierten Terminkalender und an alternativen Wettbewerbsformen, um den ständigen Druck zu reduzieren. Wir benötigen Druck – aber nicht in jedem Spiel und in jeder Einheit. Die Entwicklung muss vor Resultaten stehen! Wir wollen den Spielern ermöglichen, mal wieder mit ihrer Familie in den Urlaub zu fahren.

Sind die Jugend-Bundesligen nicht stark genug?
CHATZIALEXIOU: Schon der Name ‚Jugend-Bundesliga' weckt bei den Spielern Hoffnungen, die kaum gehalten werden können, denn von der richtigen Bundesliga sind sie ja noch weit entfernt. Das Niveau in den Ligen ist okay, aber es gibt z.B. weniger Startplätze in diesen Ligen als LZ. Dieser Umstand fördert den Selektionsprozess, um mit allen Mitteln in der höchsten Klasse zu spielen. Schon in jungen Jahren rückt der Ergebnisfußball in den Mittelpunkt, um die Klasse zu halten. Dies alles ist kontraproduktiv und steht unseren Zielen entgegen. Das System trägt Mitschuld an den aktuellen Entwicklungen! Außerdem müssen wir bis zur U17 Maßnahmen ergreifen, die allen Spielern Spielpraxis ermöglichen.

Trainer sollen gezwungen werden, auch die Schwächeren spielen zu lassen?
CHATZIALEXIOU: Ja, genau. Wir wollen ein Umdenken schaffen. Ein Spieler, der nicht spielt, kann sich nicht entwickeln. Das gilt für

Mannschaften an der Basis wie auch in den Wettbewerbsformen der Leistungszentren. Wir benötigen flexiblere Formate, in denen wir z. B. Einsatzzeiten garantieren. Andererseits sind auch Spiele vonnöten, in denen es richtig um etwas geht. Solche Spiele sind für die Entwicklung essenziell. Das bestätigt dir jeder, der es zum Profi geschafft hat. Allerdings sind wir überzeugt, dass das Maß wichtig ist. Wir wollen das Verhältnis dieser beiden Formate mit steigendem Alter graduell anpassen.

Sergej Evljuskin

Plötzlich saß der Überflieger auf der Bank

Sergej Evljuskin ist in der Jugend der Beste seines Jahrgangs: Als Teamkapitän in der Jugend-Nationalmannschaft wichtiger Leader für die Gleichaltrigen wie Jerome Boateng, Mesut Özil und Benedikt Höwedes. Doch als die anderen den WM-Titel 2014 feiern, schaut Evljuskin nur zu – am TV. Er ist schon lange überholt worden.

Als Sergej Evljuskin kürzlich gemeinsam mit seinen Kollegen eine Wohnungsdurchsuchung bei russischsprechenden Mietern durchführt, geht es mal wieder um Vielseitigkeit. Während seine deutschen Kollegen die Bewohner befragen, hört Sergej ganz genau zu, was sich untereinander russisch zugeraunt wird. Letztlich kann er zwar keine konkreten Hinweise auf ein mögliches Drogenversteck oder Ähnliches heraushören, aber Evljuskin profitiert mal wieder von seinen multiplen Interessen. Als gebürtiger Kirgise versteht und spricht er ganz gut Russisch, zudem kann er sich nicht nur mit Deutsch, sondern auch mit Englisch und Französisch ganz gut verständigen. Profifußballer ist Evljuskin nicht geworden. Dafür Polizist. Ordnungshüter – ein Job, der ihm liegt, wie er findet: „Als Polizist kann ich viele meiner Interessen im Beruf einbringen. Der Job ist spannend, abwechslungsreich, ich kann Menschen helfen und für Ordnung sorgen. Das passt schon ganz gut zu mir", sagt der 32-Jährige.

Für Ordnung sorgt der langjährige Kapitän diverser deutscher Nachwuchs-Nationalmannschaften zuvor jahrelang auf diversen Fußballplätzen der Republik. Als zentraler defensiver Mittelfeldspieler glänzt Evljuskin in seiner Jugend, mausert sich auf dieser Position zu einem der besten Nachwuchsspieler seiner Zeit. Gleich zweimal erhält er die Fritz-Walter-Medaille als bester Jugendspieler seines Jahrgangs. Das schafft außer ihm bislang nur Mario Götze. Als Anführer von Spielern wie Jerome Boateng, Mesut Özil und Benedikt Höwedes gilt Sergej Evljuskin als sichere Wette auf eine Profikarriere. Bis irgendwann der Karriereknick kommt. Und Evljuskin den Anschluss verliert. Seine Geschichte schreibt er nieder und veröffentlicht 2016 ein Buch mit dem Titel „Eigentlich wäre ich jetzt Weltmeister". Evljuskin beschreibt darin seinen Weg als Fußballer, seine Hoffnungen und Träume und seinen Umgang mit der grenzenlosen Enttäuschung, als es mit der großen Karriere dann doch nichts wird. Er erzählt auch vom Schmerz, als die Kollegen von einst den WM-Pokal in den Nachthimmel von Rio recken – ohne ihn, ihren einstigen Anführer.

Ein Buch gegen die Enttäuschung

Das Buch habe ihm gut getan, sagt Evljuskin heute. Er habe damit ein Stück weit seine Enttäuschung über die verpasste Karriere verarbeiten können. Denn als die Kollegen mit dem Austritt aus dem jugendlichen Alter bei den Großen so richtig durchstarten, geht es für Evljuskin bergab. Von der Jugendabteilung eines Bundesligisten, bei dem er im Nachwuchsleistungszentrum (NLZ) regelrechten Heldenstatus genießt, wird er weitergereicht zu niederklassigen Klubs. Anstatt um Bundesligapunkte und Erfolge auf internationaler Ebene zu kämpfen, landet Evljuskin in der 3., 4. und 5. Liga. Es nützt ihm auch nichts, dass er schon früh bei den Besten dabei ist. Evljuskin wird schon als 15-Jähriger im NLZ des VfL Wolfsburg ausgebildet. Parallel dazu startet er eine beeindruckende Karriere in den deutschen Jugend-Nationalmannschaften: Von der U16 bis zur U20 absolviert er über 40 Länderspiele – die meisten als Kapitän. Es nützt ihm später wenig. Als es um den Sprung nach ganz oben, in die Bundesliga, geht, fehlen Evljuskin Kraft und Durchsetzungsvermögen.

Vater verlässt die Einwanderer-Familie

Als jüngster von drei Söhnen ist Sergej gerade einmal zwei Jahre alt, als die Familie von Kirgisien nach Deutschland übersiedelt. Nach ein paar Wochen im Auffanglager Friedland bei Göttingen zieht die Familie nach Braunschweig. Während sich die Mutter in Deutschland prächtig integriert, gelingt dies dem Vater nicht. Er verlässt die Familie schließlich, als Sergej 12 ist. Was den Jungen prägt. „Es war natürlich nicht schön. Aber ich denke, dass ich ohne Vater früh gelernt habe, mehr Eigenverantwortung zu übernehmen, selbstständiger zu leben", glaubt er.

Zu jener Zeit ist Sergej auch schon in vollen Zügen im Fußball-Modus angekommen. Schon als Fünfjähriger verbringt er jede freie Minute auf dem improvisierten Fußballfeld im Park gegenüber der elterlichen Wohnung. In den endlosen Spielen drei gegen drei oder vier gegen vier lernt er die Basics des Straßenfußballs. Dort entdeckt ihn eines Tages auch ein Späher des nahe gelegenen Braunschweiger Sportclubs und holt ihn in den Verein. Beim BSC bleibt Sergej insgesamt acht Jahre. Es ist ihm wichtig, weiter in der Nähe seiner Freunde und Kumpels zu sein, und so erliegt er zunächst auch nicht den Abwerbeversuchen der größeren Braunschweiger Eintracht, der das Talent des Jungen natürlich auch nicht entgangen ist.

Über die Kreis- und die Bezirksauswahl landet Sergej als C-Jugendlicher in der Niedersachsenauswahl. Fußball bestimmt nun sein Leben. Mit Vereins- und diversen Verbandstrainings hat er schon zumeist eine Fünf-Tage-Fußballwoche. Zudem ist sein Ehrgeiz so richtig erwacht. Tag für Tag arbeitet er an seinen Stärken und Schwächen. „Ich habe trainiert, trainiert und trainiert. Wenn meine Kumpels keine Zeit hatten, bin ich allein raus in den Park und habe geübt: Sprints, Pässe, Technik. Oft stundenlang", erinnert er sich.

U16-Nationalmannschaft – „Jetzt geht's los"

2003 folgt der entscheidende Durchbruch: Sergej wird erstmals in die U16-Auswahl des Deutschen Fußball Bundes berufen. Die interessierten Vereine stehen jetzt Schlange, lassen keine Ruhe mehr. Sergej entscheidet sich zu einem Wechsel zum VfL Wolfsburg. Auch, weil er so in Braunschweig bei seiner Familie bleiben kann. Und er ist stolz, denn zum ersten Mal bekommt er auch etwas Geld für sein Hobby: 150 Euro bezieht er monatlich vom VfL und denkt erstmals so richtig an eine echte Fußballkarriere. „Ich habe geglaubt: ‚Jetzt geht's los. Du bist jetzt bei einem Bundesligisten, jetzt startet die Karriere'. Außerdem konnte ich mir unabhängig von der Unterstützung meiner Mutter erstmals etwas leisten. Das war schon toll für mich", erinnert sich Evljuskin. Sein Jugendtrainer beim VfL, Klaus Fricke lobt: „Er ist ein ruhiger und ausgeglichener Junge, mit dem die Trainingsarbeit viel Spaß macht. Sergej hat neben seiner guten Technik vor allem eine sehr gute Spielübersicht. Er hat das Potenzial, einmal auf höherer Ebene Fußball zu spielen."

Aber Sergej lernt auch die härtere Gangart im Jugendbereich des Bundesligisten kennen: Alle Spieler in seinem Team wollen sich zeigen, wollen glänzen, den vermeintlichen Konkurrenten schlecht aussehen lassen. Der Kampf um die Plätze im Kader und der Startelf am Wochenende wird härter. „Da wurde sich im NLZ nicht mehr gegenseitig geholfen. Es wurde eher versucht, dem anderen das Leben so schwer wie irgend möglich zu machen. Vor allem mir als Neuem und zu jener Zeit einzigem, der in der Jugend-Nationalmannschaft gespielt hat. Natürlich musste ich da voll mitmachen, beziehungsweise gegenhalten, obwohl das gar nicht meiner Natur entsprach. Hätte ich das nicht gemacht, wäre ich gnadenlos schnell weg vom Fenster gewesen."

Evljuskin besteht auch diese Prüfungen und wird bald zum Fördertraining des VfL Wolfsburg hochgezogen, das eigentlich für die besten A-Jugendlichen vorgesehen ist. Als Einziger aus der B-Jugend ist er der mit Abstand Jüngste bei den Übungseinheiten, die vom Trainer des Bundesligateams, Jürgen Röber, geleitet werden. Evljuskin klopft ans Tor der Profis. Aber der Aufwand ist immens. Tag für Tag pendelt er nach der Schule nachmittags im Zug von Braunschweig nach Wolfsburg, um von 17.30 Uhr bis 19 Uhr zu trainieren. Nach der Rückfahrt ist er zumeist um 21.30 Uhr wieder daheim. Und fällt müde ins Bett. So geht das jeden Tag, Woche für Woche: Schule, Fußball, Fußball, Schule, Fußball. Und während seine Freunde am Wochenende Party machen, winkt Sergej nur ab. „Alkohol habe ich sowieso nicht getrunken und für Frauen habe ich mich damals auch noch nicht interessiert. Disco und Kneipe besuchen ging halt nicht, wenn man topfit und ganz vorne dabei sein wollte. Ich war total auf mein Ziel fixiert und habe wirklich nur für Fußball gelebt", sagt Evljuskin.

14 Spiele in vier Wochen

Es reicht die Zeit aber auch schlichtweg nicht aus, um an irgendetwas anderes als Fußball überhaupt zu denken. Im Frühjahr 2004 beispielsweise bestreitet Evljuskin als 16-Jähriger sage und schreibe 14 Spiele in rund vier Wochen. Im Einsatz ist er dabei für die B-Jugend des VfL Wolfsburg in der Meisterschaft, für die Auswahl Niedersachsens und schließlich für die U16-Nationalmannschaft. Ein Spiel in der B-Jugend dauert 80 Minuten – Evljuskin verpasst keine einzige Minute dieser 14 Partien. „Ein bisschen müde bin ich schon", gesteht der Vielbeschäftigte damals in der VfL-Vereinszeitung. Er sagt aber auch: „Ich spiele halt gerne Fußball. Da nehme ich das in Kauf."

Sein erstes Länderspiel macht er 2003, für die U16 des DFB. In Weil am Rhein geht's gegen die Schweiz, es ist für alle neu zusammengestellten Jahrgänge ein Traditionsduell zum Auftakt einer Saison. Evljuskin spielt in der Innenverteidigung neben Tom Schütz, hinter den beiden hütet Sven Ulreich das Tor. Über die Außen kommen Daniel Halfar und Sebastian Tyrala. Manuel Konrad und Stefano Celozzi führen Regie im Mittelfeld. Am Ende gewinnt das Team deutlich mit 5:0. Für Evljuskin ist das der Auftakt zu einer großen Serie in den diversen U-Teams des DFB. Insgesamt kommt er dort auf eine Bilanz von 42 Partien, die meisten ab der U17 als Kapitän. Er führt in den kommenden Jahren Spieler wie Mesut Özil, Max Kruse, Jerome Boateng, Ralf Fährmann, Benedikt Höwedes, Manuel Schmiedebach oder Sven Ulreich aufs Feld. Alles Akteure seines 88er Jahrgangs, die später erfolgreiche Bundesligaprofis werden. Als Höhepunkte dieser Phase gewissermaßen wird Evljuskin 2005 und 2006 jeweils die Fritz-Walter-Medaille in Gold verliehen. Die bekommt der „beste Nachwuchsspieler des Jahres" vom DFB verliehen.

Der „Kaiser" beim VfL Wolfsburg

Evljuskin ist zu jener Zeit beim VfL Wolfsburg in aller Munde, überall wird er nur der „Kaiser" genannt. Die Vereinsverantwortlichen spüren: Hier haben sie es mit einem echten Rohdiamanten zu tun. Weil es dann in der A-Jugend des Klubs nicht so berauschend läuft, wird Evljuskin schon als B-Jugendlicher als Verstärkung zu den A-Jugendlichen hochgezogen. Er spielt zu jener Zeit mit zwei Jahre Älteren zusammen. Ähnliches passiert ihm zwei Jahre später, als er als A-Jugendlicher zur Amateurmannschaft delegiert wird. Der Diamant soll so geschliffen werden – was aber nicht nur positive Auswirkungen hat. „Ich war meiner Zeit voraus. Was aber den Nachteil hatte, dass ich immer auch irgendwie der Sonderling war. Denn alle wussten, dass ich eigentlich nicht ins jeweilige Team gehörte. Dadurch wurde ich auch komisch beäugt, weil ich in der Wahrnehmung meiner Mitspieler schon als so etwas wie ein Wunderkind angesehen wurde. Da war dann auch der Neid schon spürbar." Was für Evljuskin zur Folge hat, dass ihm eine echte Bindung zum Team fehlt. Er bleibt nie so lange in einer Mannschaft, als dass er gemeinsam mit den anderen einen nächsten Entwicklungsschritt machen könnte. Er bleibt Solist.

Fehlende Bindung, dafür der scheinbar glatte Weg hinauf zu den Profis. Zumindest wäre es so gewesen, wenn zu jener Zeit Wolfsburgs A-Jugend-Trainer Peter Hyballa zu entscheiden gehabt hätte: „Sergej hat schon 30 Länderspiele gemacht, ist auf der Position im zentralen defensiven Mittelfeld in seinem Alter der beste Spieler in Deutschland.

Man würde absolut nichts falsch machen, wenn man ihn direkt zu den Profis hochziehen würde", sagt Hyballa im Frühjahr 2006 in der Wolfsburger Allgemeinen Zeitung.

Immer nur bergauf – so ist der Schein

Es geht alles rasend schnell bergauf: Fritz-Walter-Medaillen, Kapitän in der Jugend-Nationalmannschaft, Euphorie im Verein und den Medien – es läuft einfach für Sergej Evljuskin. Dabei ist er sich einer Tatsache damals schon bewusst: Fußball ist ein Mannschaftssport. Und ohne seine Kollegen hätte er diesen Höhenflug nie hinlegen können. „Ich bin trotz des Erfolges nach außen immer bescheiden und ruhig aufgetreten. Das ist meine Art, die bis heute so geblieben ist", sagt Evljuskin. Und er ist überzeugt davon: „Alleine schafft man im Fußball nichts. Ohne ein starkes Team im Rücken ist kein Fußballer auf der Welt dauerhaft erfolgreich. Das ist selbst bei Topstars wie Cristiano Ronaldo oder Lionel Messi nicht anders. Ohne Team ginge da gar nichts."

Egoismus kann man Evljuskin in jener Zeit wahrlich nicht vorwerfen. „Ich war immer auch einer, der vor dem Tor lieber noch einmal quer spielt, anstatt selber die Bude zu machen. Weil ich mich immer auch freue, wenn ein Mitspieler ein Tor schießt und ich die Vorlage gebe." Diese Selbstlosigkeit – man ahnt es schon – ist im Profifußball natürlich eine heikle Sache. Und tatsächlich ist es genau diese Zurückhaltung das Ego betreffend, die Evljuskin gewissermaßen im harten Profigeschäft auf die Füße fällt. Hyballa erinnert sich an die Selbstlosigkeit seines Kapitäns anhand eines simplen Beispiels: „Er hatte – obwohl er im Verein als der kommende Profi hochgejubelt wurde – immer noch diese Demut. Um nur ein Beispiel zu nennen: Wenn ein Tor getragen werden musste, dann war er immer der Erste, der mit angepackt hat. Diese Haltung wurde ihm später vielleicht auch etwas zum Verhängnis, weil er einfach immer ein netter und hilfsbereiter Kerl war."

Profivertrag zwischen Tür und Angel

Im Frühjahr 2006, Sergej ist gerade 18, erfüllt sich aber erst einmal ein großer Traum: Er bekommt vom VfL Wolfsburg einen Profivertrag. Ebenso wie Emre Öztürk, ein Teamkollege aus der A-Jugend. Einfach so zwischen Tür und Angel. „Ich war gerade auf dem Weg zum Training, da kam ein VfL-Verantwortlicher auf mich zu und hat gefragt, ob ich Profi werden will. Das war einfach überragend. Ein unbeschreibliches Gefühl. Die Bestätigung für all die Jahre, in denen ich auf 1.000 Dinge verzichtet, in denen ich rund um die Uhr geschuftet und trainiert hatte. Ich hatte das Gefühl, dass mir jetzt die ganze Welt offensteht", erinnert er sich. Pragmatischer beurteilt Klaus Augenthaler, der damalige Trainer der Wolfsburger Profimannschaft, Evljuskins Entwicklung: „Die Jungs sollen mir zeigen, dass sie nicht nur froh sind, dabei zu sein. Nein, sie sollen mir auch zeigen, dass sie mehr als alles andere spielen wollen." Und für Evljuskin ist klar: „Die Tür steht jetzt weit offen. Wir müssen nur noch durchgehen. Wir werden versuchen, den gestandenen Profis Druck zu machen."

Die Dinge lassen sich gut an: Evljuskin reist im Sommer 2006 mit dem Profiteam ins Trainingslager. Er macht sich gut, ohne allerdings den Trainer auf Anhieb davon zu überzeugen, in der ersten Elf aufgestellt werden zu müssen. „Klaus Augenthaler hat das ganz pragmatisch gemacht", erinnert sich Evljuskin an seinen Auftakt bei den Profis. „Er kam in die Kabine, hat eine Liste von elf Spielern an die Tafel gepinnt und gesagt: ‚Das ist meine erste Elf. Alle anderen dahinter müssen beweisen, dass sie besser sind'. Entsprechend hat er die Rückennummern verteilt. Ich hatte die Nummer 26."

Sergej hat Mühe, sich trotz aller Vorschusslorbeeren und spielerischen Fähigkeiten vom Rang des Hinterbänklers nach vorn zu arbeiten. Wird er in der Vorbereitung noch regelmäßig zum Training der Profis delegiert, muss er zu Beginn der Spielzeit zumeist mit der Arbeit beim Amateurteam vorliebnehmen. Was auch damit zusammenhängt, dass er regelmäßig in die Schule geht und unbedingt sein Abitur abschließen will, das im kommenden Frühjahr auf dem Plan steht. „Für mich kam es auf keinen Fall in Frage, dass ich alles abbreche und mich nur noch auf den Fußball konzentriere. Dafür hatte ich einfach schon zu oft mitbekommen, dass ein Spieler sich verletzt hat und die Karriere plötzlich vorbei war. Um auf eine solche Situation vorbereitet zu sein, wollte ich definitiv nicht ohne Abschluss dastehen."

Abitur als Karrierebremse

Was theoretisch sicher die total richtige Entscheidung ist, wird im knallharten Profibusiness dennoch mit Argusaugen zur Kenntnis genommen. „Die meisten jungen Spieler, die vor dem Sprung in den Profibereich stehen, sind zu lieb. Sie sind am Anfang zu verzagt, lassen sich von großen Namen einschüchtern. Das darf man aber nicht machen, denn man hat eigentlich keine Zeit, sich zu akklimatisieren. Es gibt nur wenige Trainer, die einem jungen Spieler ein halbes Jahr Zeit geben und darauf warten, dass der Knoten platzt. Meistens zählen die ersten Wochen, und wenn man es in denen nicht allen zeigt, dann ist man ganz schnell ein gescheitertes Talent", sagt Klaus Augenthaler in Sergej Evljuskins Buch „Eigentlich wäre ich jetzt Weltmeister". Und Peter Hyballa analysiert im gleichen Werk schonungslos: „Leistungsfußball und Schule, das passt nicht so richtig gut zusammen. Denn wenn man es wirklich ernst meint mit der Schule, dann verpasst man viele Trainingseinheiten. Darauf muss der Trainer natürlich Rücksicht nehmen. Aber Fakt ist auch, dass ein Profitrainer unter enormem Erfolgsdruck steht. Er muss gewinnen, sonst fliegt er. Da ist es dann auch nur verständlich, dass man auf Spieler, die nur unregelmäßig dabei sein können, weniger setzt als auf die, die in jeder Trainingseinheit ihre Leistung bringen und das System des Trainers verinnerlicht haben." Hyballa findet: „Vielleicht hätte der Verein in Sergejs Fall mit dem Profivertrag besser noch ein Jahr gewartet. Dann hätte er sein Abitur in der Tasche gehabt und hätte von der ersten Sekunde an Vollgas geben können."

So aber kann Evljuskin im Herbst 2006 nur nachmittags im Amateurteam trainieren – bei den Profis findet er kaum noch statt. „Die Profis kannten mich zwar alle, aber haben mich auch spüren lassen, dass ich nicht fester Bestandteil der Mannschaft bin", konstatiert Evljuskin enttäuscht. Dennoch hält er unbeirrt an seinem Plan, das Abitur zu machen, fest. „Ich habe miterlebt, wie Mannschaftskollegen von mir von ihren Eltern dazu gedrängt wurden, für den Fußball die Schule abzubrechen. Wenn das dann schiefgeht, wird es richtig schwierig, wieder auf die Beine zu kommen und sich eine vernünftige Zukunft aufzubauen. So wollte ich auf keinen Fall enden."

U19 EM – plötzlich sitzt der Kapitän nur noch auf der Bank

Evljuskin zieht also „sein Ding" durch. Allerdings mit der Konsequenz, dass er ausschließlich in der Amateurmannschaft des VfL Wolfsburg zum Einsatz kommt. Es ist der erste richtige Bruch auf der Karriereleiter des einst „Unverzichtbaren". Der im Jahr darauf verschärft wird, als es mit der U19-Nationalmannschaft zur Europameisterschaft nach Österreich geht. Die EM soll zum Höhepunkt der Jahrgangsspieler von 1988 werden, für ihren Kapitän wird sie zu einem entscheidenden Einschnitt in negativer Hinsicht. Schon im Vorfeld setzt ihn Trainer Frank Engel im Qualifikationsspiel gegen Irland nur auf die Bank – es ist ein erster Fingerzeig auf die veränderte Hierarchie in der Mannschaft. Auch im ersten Gruppenspiel der EM gegen Russland sitzt der einstige Leitwolf Evljuskin nur auf der Ersatzbank. Das ändert sich dann auch während des gesamten Turniers nicht mehr. Einzig im Gruppenspiel gegen Serbien darf er am Ende für ein paar Minuten auf den Platz, ansonsten schmort der Anführer von einst am Spielfeldrand.

Nach dem Halbfinal-Aus gegen Griechenland entschuldigt sich Trainer Engel zwar bei seinem einstigen Vorzeige-Schützling für seine Entscheidung und dankt ihm für den respektvollen Umgang mit seiner Rolle als Ersatzspieler. Aber er sagt auch: „Sergej war im Jugendbereich ein sehr dominanter Spieler. Er war laufstark, ballsicher, hat hart für das

Team gearbeitet. Als ich ihn kennengelernt habe, kam er gerade in den A-Jugendbereich, und da kommt mehr Männlichkeit, also Körpereinsatz und mehr Tempo ins Spiel. Und da ist Sergej an eine Grenze gestoßen, das hat man gemerkt. Er war natürlich immer noch ein guter Fußballer, aber ab der U19 hatte er plötzlich Probleme, mitzuhalten." Was für Engel auch mit der enormen Konkurrenz in Evljuskins Jahrgang zu tun hat: „Da waren echte Brocken in seinem Team, an denen es in dieser Zeit schon kein Vorbeikommen mehr gab. Jerome Boateng, Benedikt Höwedes, Mesut Özil, Max Kruse, Sidney Sam, Nils Petersen, Daniel Schwaab – aus dem damaligen Team sind ja überdurchschnittlich viele zu Top-Bundesligaspielern geworden."

Herbst 2007: Tor geschlossen, die Plätze im Bundesligateam besetzen andere

Für Evljuskin wird die EM 2007 zum Fanal. Nicht nur, weil er auf der Ersatzbank aus dem Blickfeld gerät, sondern auch, weil er parallel zu den drei Wochen, die das Turnier inklusive Vorbereitung dauert, beim VfL Wolfsburg die Vorbereitung der 1. Mannschaft verpasst. Der neue Coach Felix Magath reist mit den Profis ins Trainingslager und nimmt Evljuskin natürlich nicht mit. Und dessen Vorstellung, bei der Europameisterschaft noch einmal so richtig auf sich aufmerksam zu machen, geht gründlich den Bach runter. „Dass ich am Ende zurückkomme und als Kapitän im gesamten Turnier nur acht Minuten gespielt habe, hat natürlich nicht dafür gesorgt, dass Felix Magath mich am Tor zum Stadion freudestrahlend empfangen hat", erinnert sich Evljuskin.

Eher das Gegenteil ist der Fall: Das Tor ist geschlossen, die Plätze in der Bundesligamannschaft sind verteilt. Evljuskin darf nach seiner Rückkehr direkt auf den Nebenplatz zu den Amateuren gehen. „So wie es war, war ich drei Wochen weg, hatte bei der Nationalmannschaft nichts gerissen und die gesamte Vorbereitung im Verein verpasst. Dadurch habe ich mir definitiv die Chance verbaut, mich bei den Profis zu etablieren", glaubt Evljuskin.

Die Auswirkungen sind fatal: Während der gesamten Saison 2007/08 empfängt Evljuskin keinerlei Signale mehr aus der Profimannschaft, selbst in der 2. Mannschaft läuft es schlecht. Zu Beginn noch Stammspieler, rutscht Evljuskin auch dort auf die Ersatzbank. Letztlich wird die Mannschaft in der drittklassigen Regionalliga Nord chancenlos Letzter. „Das war sportlich gesehen die schlimmste Zeit für mich. Das war einfach Mist. Das genaue Gegenteil von dem, was ich mir im Vorfeld der Europameisterschaft erträumt hatte. Denn die Saison sollte eigentlich mein Durchbruch werden. Ich war 19 Jahre alt, in dem Alter entscheidet sich ja meist, wohin der Weg geht. Geht es zu den Profis oder schafft man den Sprung nicht? Und ich war plötzlich noch nicht einmal mehr Stammspieler in der 2. Mannschaft. Ich hatte schreckliche Angst, dass sich jetzt alle Türen für mich schließen", erinnert sich Evljuskin.

Vierte Liga statt Bundesliga

Tatsächlich erfährt die Karriere Evljuskins, der im Januar 2008 20 Jahre alt wird, zu dieser Zeit seinen entscheidenden Knick. Er hat beim VfL Wolfsburg zwar einen Profivertrag bis 2010, spielt aber nur noch in der Amateurmannschaft, die den Sprung in die neu gegründete Dritte Liga verpasst hat und nur noch in der nun viertklassigen Regionalliga Nord antritt. All seine Versuche, mit guten Leistungen auf sich aufmerksam zu machen, bleiben fruchtlos im Hinblick auf eine erneute Beförderung in den Profikader. Das ist gerade 2008/09 auch kaum erstaunlich, denn unter Felix Magath legt das Team eine Fabelsaison hin und wird Deutscher Meister. Mit Christian Gentner, Makoto Hasebe und Josué ist das Team gerade in der Zentrale bestens besetzt, für einen talentierten Youngster ist da wenig Platz.

Evljuskin ist selbstkritisch, wenn er an seine ersten Gehversuche bei den Profis zurückdenkt: „Im Nachhinein hätte ich von Anfang an mehr die Ellbogen auspacken müssen. Aber so bin ich halt nicht. Ich habe nicht realisiert, dass genau diese paar Monate bei den Profis meine Chance sind. Ich war der Meinung, dass ich erst einmal langsam ankomme bei den Profis. Reinschnuppere, mich akklimatisiere. Und dann, wenn ich drin bin, irgendwann richtig Gas gebe. Diese Einstellung hat vermutlich dazu geführt, dass ich zu brav und zurückhaltend war."

Doch auch, als im Jahr darauf bei den Profis mit Armin Veh für den nach Schalke abgewanderten Felix Magath ein neuer Trainer kommt, bleiben die Bundesliga-Türen für Evljuskin verschlossen. Auch für Veh ist der Nachwuchsmann kein Thema, obwohl es im Meisterteam überhaupt nicht mehr rund läuft. In der Winterpause kommt Lorenz-Günter Köstner für den glücklosen Veh, an Evljuskins Status ändert sich aber weiterhin nichts. Er bleibt im Amateurteam stecken. Die Highlights in dieser Zeit sind an einer Hand abzuzählen. „Wir haben mal mit der 2. Mannschaft gegen Braunschweig gespielt, 17.000 Zuschauer im Stadion. 16.000 davon aus Braunschweig. Die haben uns 90 Minuten lang ausgepfiffen und beleidigt. Wir haben gewonnen. Nach dem Spiel saßen wir in der Kabine und haben uns gesagt: ‚Boah, war das geil. Davon wollen wir mehr haben'. Ich mag es definitiv lieber vor 20.000 Zuschauern zu spielen, als vor 20. Selbst wenn die alle gegen mich sind."

„Durch die Erfolge des Vereins hintenübergekippt"

Für Peter Hyballa, einen der größten Förderer Evljuskins, ist das Scheitern seines Schützlings an der Hürde Bundesliga auf der einen Seite erstaunlich, hat aber vor allem auch mit dem VfL Wolfsburg zu tun: „Man muss ganz klar sagen: Sergej war damals einfach noch zu schwach für die Mannschaft. Aber Wolfsburg gehörte damals ja auch zu den drei Top-Teams der Bundesliga. Vielleicht hat man damals den Fehler gemacht, Sergej nicht die Zeit zu geben, die er gebraucht hätte, um sich zu entwickeln. Er ist sicherlich durch die großen Erfolge, die der Verein hatte, etwas hintenübergekippt."

Außerdem sieht er in seinem ehemaligen Musterschüler auch ein bisschen ein Opfer seiner Zeit. Denn den ausgeprägten Jugendwahn, den Hyballa heute im Profifußball ausgemacht hat, gab es damals – 2007 – noch nicht. „In einem Jahr bekommst du die Fritz-Walter-Medaille, im nächsten setzt du dich nicht bei den Amateuren des VfL Wolfsburg durch. Was heute ziemlich sicher nicht mehr so wäre. Wenn sich heute der Kapitän der U-Nationalmannschaft in Wolfsburg nicht durchsetzt, dann würde er bestimmt aus der 1., sicher aber aus der 2. Liga Angebote bekommen."

Aber Hyballa spricht auch deutlich die immer offensichtlicher werdenden Defizite des einstigen Überfliegers an: „Er hatte schon Schwächen, vor allem was das Tempo anbelangt. Auch die Balleroberungsquoten waren bei ihm nicht so gut wie bei den Spielern, die im Profibereich an ihm vorbeigezogen waren. Top war bei ihm immer das Mannschaftsdienliche. Aber am Ball fehlte ihm dann das Überdurchschnittliche für ganz oben."

Sackgasse VfL Wolfsburg – ein Vereinswechsel muss her

In Wolfsburg ist Evljuskin offensichtlich in eine Sackgasse geraten und es ist klar: Es muss ein Vereinswechsel her. Am besten in die 2. oder 3. Liga, zu einem Traditionsverein. Um auf relativ hohem Niveau als Stammspieler sozusagen einen Neuanfang zu starten. Und tatsächlich scheinen sich neue Türen zu öffnen, als schon im Februar 2010 Peter Hyballa anruft. Er habe für die neue Saison einen neuen Verein und wolle ihn unbedingt dorthin mitnehmen, meint sein ehemaliger Jugendtrainer, der den VfL Wolfsburg auch mittlerweile verlassen hat. Für Evljuskin ist klar, dass er sich auf den Deal einlässt – Hyballa kennt ihn schließlich gut und hat immer auf ihn gesetzt. So soll das auch bei dessen neuem Verein werden. Wenngleich Hyballa mit dem Namen des Klubs noch nicht herausrücken will. So ist Evljuskin dann auch völlig überrascht, als bekannt wird, dass es sich bei Hyballas neuen Klub um Rot-Weiss Essen handelt. Einen Traditionsverein, das ja. Aber nur in der 4. Liga. Evljuskin stimmt dennoch zu, als er im Frühjahr bei Rot-Weiss vorstellig wird. Im Mai besucht er ein Heimspiel des Ruhrgebietsvereins und ist beeindruckt von der Stimmung im Stadion. Obwohl das Team unterklassig spielt, verbreiten rund 10.000 Fans eine Riesenstimmung. „Ich war beeindruckt. Da war

Gänsehautstimmung. Und mir war klar, dass ich hier unbedingt auch demnächst mit auflaufen wollte", erinnert sich Evljuskin.

Doch im Fußballgeschäft läuft es nun mal meist anders als man denkt. So auch in diesem Fall. Ende Mai – rund vier Wochen nachdem Evljuskin einen Vertrag in Essen unterschrieben hat – wird plötzlich bekannt, dass Rot-Weiss finanzielle Probleme hat. Innerhalb einer Woche müssen über drei Millionen Euro aufgetrieben werden, ansonsten bekommt der Klub keine Lizenz für die 4. Liga. Und das Unheil nimmt seinen Lauf: Essen scheitert, wird zum Zwangsabstieg verurteilt – und die Verträge sowohl mit Trainer Hyballa wie auch dem angedachten Spielmacher Evljuskin sind nichtig. Konsequenz: Evljuskin steht im Juni 2010 plötzlich ohne alles da. Kein alter Verein mehr, kein neuer. Und das alles zu einer Phase, zu der die Kaderplanungen bei allen Klubs eigentlich abgeschlossen sind. „Da habe ich zum ersten Mal Existenzängste bekommen", sagt Evljuskin. „Ich habe gedacht: Scheiße, jetzt ist alles vorbei!"

Hansa Rostock statt Rot-Weiss Essen

Zum Glück ist Evljuskins Name in der Szene aber noch lange nicht verbrannt und nur wenige Tage nach dem Essen-Tiefschlag meldet sich Zweitliga-Absteiger Hansa Rostock. Evljuskin reist an die Ostsee, schaut sich alles an und einigt sich mit Trainer Peter Vollmann und Manager Stefan Beinlich auf einen Zweijahresvertrag plus Option bei Aufstieg. Mit Evljuskin wollen die Hansestädter im ersten Jahr nach dem Abstieg die Konsolidierung hinbekommen, um im zweiten dann die Rückkehr in die 2. Liga zu realisieren.

Für Evljuskin hat dieser Vereinswechsel auch einschneidende logistische Folgen. Er bezieht in Rostock eine eigene Wohnung, verlässt also zum ersten Mal sein Elternhaus in Braunschweig, von wo er bis dahin stets nach Wolfsburg gependelt war. Mit 22 beginnt ein echter neuer Lebensabschnitt. Nach sechs Wochen im Hotel findet er eine passende Wohnung, gleichzeitig lernt er ein nettes Mädchen kennen, mit dem er nun einen Gutteil seiner Freizeit verbringt.

Privat läuft es, sportlich bleiben aber erneut viele Wünsche offen. Vor dem ersten Spieltag eröffnet ihm der Trainer, dass er noch nicht in der Startelf stehe, dies aber nur eine Frage der Zeit sei. Allerdings legt die erste Elf gleich eine glänzende Serie hin und verliert von den ersten Saisonspielen nur ein einziges. Evljuskin bleibt also erst einmal nur die Ersatzbank. Er wird zwar immer mal eingewechselt, doch der Durchbruch gelingt nicht. Und so kann er sich auch nur bedingt mitfreuen, als in Rostock am Ende einer tollen Spielzeit Platz zwei und damit der direkte Wiederaufstieg in die 2. Liga gefeiert wird.

Und ganz besonders bitter: Während sich Evljuskin fest vornimmt, nun dann eben in der 2. Liga in Rostock den nächsten Schritt zu machen, legen die Vereinsverantwortlichen ihm trotz gültigen Vertrags einen Vereinswechsel nahe. Trainer Peter Vollmann über die damalige Zeit: „Sergej hatte das Problem, dass man nie wusste: Ist er ein ‚Sechser', ‚Achter' oder ‚Zehner'? Er ist auf keiner Ebene schlecht, aber auch auf keiner richtig gut. Man sucht Spieler mit überragenden Stärken und dann kann man über eine Schwäche auch mal hinwegsehen."

Hoffnung in Babelsberg

Obwohl er eigentlich unbedingt 2. Liga spielen will, lässt er sich schließlich doch vom Verein ausleihen, um irgendwo anders Spielpraxis zu sammeln. Gemeldet hatte sich Drittligist Babelsberg mit Trainer Dietmar Demuth. Evljuskin packt also seine Siebensachen und zieht ins Berliner Umland. Und endlich läuft es auch auf dem Platz mal wieder rund: Evljuskin akklimatisiert sich rasch bei dem neuen Verein und avanciert zum Stammspieler, mit dem Babelsberg den anvisierten Klassenerhalt schafft. Der Verein verpflichtet ihn fest, nachdem sein Vertrag in Rostock mit dem direkten Wiederabstieg Hansas automatisch aufgelöst ist.

Das Glück hält aber nicht allzu lange. Schon in der Folgesaison kämpft Babelsberg verzweifelt um den Klassenerhalt, verliert ihn am Ende am letzten Spieltag. Evljuskin steht Mitte Mai 2013 erneut ohne Vertrag und Arbeitgeber da. Erste neue Angebote aus unteren Ligen lehnt er ab, will unbedingt einen erneuten Rückschritt vermeiden. Dritte Liga soll es schon sein. Letztlich ist er so aber bis August arbeitslos. „Eine schlimme Phase mit erneuten Existenzängsten. Ich stand buchstäblich auf der Straße", erinnert er sich. Das Ende des Transferfensters am 31. August nähert sich, letztlich bleibt Evljuskin gar nichts anderes übrig: Er sagt Viertligist Goslar zu und wechselt zurück in die Nachbarschaft von Braunschweig. Damit verbunden ist ein erneuter Umzug: Von Babelsberg geht's zurück in die alte Heimat – er zieht zunächst wieder in sein Jugendzimmer im Elternhaus in Braunschweig ein, bevor er mit seinem Cousin in Braunschweig eine WG gründet. „Das hat mir zusätzlich noch das Gefühl gegeben, dass etwas schiefgelaufen ist", sagt Evljuskin, „Ich hatte es definitiv nicht geschafft, meine Karriere ans Laufen zu bringen."

Fußball-Vagabund mit 26

Aber immerhin: In Goslar funktioniert's auf dem Fußballplatz. Im dritten Spiel markiert Evljuskin schon seinen zweiten Treffer, nach sieben Spielen rangiert das Team ungeschlagen auf Rang eins. Aber nach nur einer Spielzeit geht's schon wieder weiter: Evljuskin unterschreibt beim ambitionierteren Klassenrivalen Hessen Kassel. Evljuskin ist mit nunmehr 26 Jahren im klassischen Fußballer-Vagabundenleben angekommen. „Eigentlich passte das gar nicht zu mir. Vorher hatte ich bis zu meinem 22. Lebensjahr mit Braunschweig und Wolfsburg genau zwei Vereine. Jetzt waren in nur vier Jahren mit Rostock, Babelsberg, Goslar und nun Kassel vier neue Klubs dazugekommen." Die Jugend in der behüteten Familie, mit seinen Kumpels beim Fußball haben ihn geprägt. „Ich fühle mich immer dann am wohlsten, wenn ich einen festen Lebensmittelpunkt habe. Wenn ich den Verein, für den ich spiele, mitsamt den Menschen, dir dort arbeiten, kenne und eine Beziehung zu ihnen aufgebaut habe. Das gibt mir dann das Gefühl, zu Hause zu sein."

Zudem hadert Evljuskin auch mit der Qualität in der viertklassigen Regionalliga: „In der 3. Liga spielt man noch in schönen Stadien und gegen bekannte Traditionsklubs. In Rostock, Osnabrück, Münster, Dresden, Bielefeld. In der 4. Liga heißen die Gegner KSV Baunatal oder FC Nöttingen. Das sind Mannschaften, die spielen teilweise nur hobbymäßig, nach der Arbeit." Evljuskin räumt ein: „Für mich war der Schritt in die 4. Liga richtig schwierig. Ich hatte all die Jahre gegen große Vereine gespielt, jetzt ging's plötzlich gegen Dorfklubs. Ich wusste vor dem Spiel noch nicht einmal, wo mancher Gegner überhaupt liegt. Ich wollte doch in den Profifußball, nach ganz oben. Jetzt steckte ich in der 4. Liga fest."

Presse stürzt sich auf den „Gescheiterten"

Zudem stürzt sich die Presse auf den scheinbar Gescheiterten: „Die verlorenen Söhne des DFB" oder „Vergeudetes Talent" steht in den Überschriften, wenn über ihn berichtet wird. Evljuskin: „Am Anfang hat das schon wehgetan. Ich habe mich schon gefragt, ob die Journalisten daran denken, dass ein Fußballer auch Gefühle hat. Das sollten sie doch bedenken, wenn sie mit teils bösartigen Schlagzeilen über Lebensläufe urteilen. Denn ‚verschenkt' habe ich meine Karriere ja nicht. Es ist nur nicht so gelaufen, wie ich mir das gewünscht habe."

Evljuskin hat sich arrangiert mit seiner Situation, er ist – im Herbst 2020 – seit sieben Jahren in Kassel. Dort, beim Traditionsverein Hessen Kassel, hat er die Heimat wiedergefunden, von der er zuvor erzählt hat. Hier kennt man ihn, hier wird er auf der Straße angesprochen. „Hey, Siggi, wie geht's?", heißt es hier und dort. „Das freut mich. Das macht mir Spaß", sagt Evljuskin dann, auch wenn er das Kapitel Profifußball und die damit einhergehende Prominenz abgehakt hat. Nur hin und wieder denkt er noch an die Momente, in denen er zu den wenigen Auserwählten zählte. In seiner Jugend beispielsweise. „In Wolfsburg haben wir unsere ersten Autogrammkarten schon in der B-Jugend bekommen, also mit 15, 16 Jahren. Das war schon cool, da fühlt man sich wie ein kleiner Star. Ich habe die ersten gleich stolz wie Oskar an meine Familie verteilt. Aber das Allerbeste war dann, wenn man als angehender Profi auf dem Mannschaftsbild mit drauf war. Neben den ganzen Stars. Im Kicker-Sonderheft. Da war ich schon unglaublich stolz!"

Nationalteam Kirgisistans fragt an

Stolz war Evljuskin auch, als er 2015 vom Fußballverband Kirgisistans kontaktiert wurde. Man fragte an, ob er Interesse daran hätte, für sein Heimatland in der Nationalmannschaft zu spielen. Für Evljuskin, der als Jugendspieler über 40 Länderspiele für Deutschland angesammelt hatte und eigentlich nur die deutsche Auswahl im Auge hatte, war das eine ganz neue Perspektive. An die er sich erst einmal gewöhnen musste. „Nach ein paar Tagen Überlegung habe ich dann aber zugesagt", berichtet er. Nach viel Papierkram – wenn man im Jugendbereich für eine anderes Land schon international gespielt hat, ist es schwer, später eine Spielgenehmigung für ein anderes zu erhalten – reist er in sein Heimatland, wo alle Unterlagen eingeholt werden können. Es schließt sich ein zweiwöchiges Trainingslager mit der Mannschaft vor zwei WM-Qualifikationsspielen an. Als die Begegnungen gegen Bangladesch und Australien vor der Tür stehen, wird es aber doch nichts mit einem Einsatz, weil noch nicht alle Genehmigungen vom Weltverband FIFA vorliegen. Letztlich muss auch dieses Kapitel wieder unbefriedigend geschlossen werden – Evljuskin bekommt von der FIFA keine Spielberechtigung ausgestellt.

„Plan B" wird aktuell

In Kassel hat Evljuskin gelernt, Abstand zum Profifußball zu gewinnen. Der Fußball in seinem Verein ist immer noch ein ganz wichtiger Bestandteil seines Lebens, er spielt nach wie vor mit voller Leidenschaft und haut im Training und den Spielen alles raus. Aber der Fußball steht für Evljuskin mittlerweile nicht mehr an allererster Stelle. Schon in Babelsberg begann Evljuskin an „Plan B" zu arbeiten, absolvierte damals einen Fernlehrgang zum Betriebswirt. In Kassel schloss sich ein Fernstudium an der Uni Wismar in Sportmanagement an – ein anspruchsvolles Bachelor-Studium.

Mittlerweile hat er eine nächste Ausbildung beendet – Evlsjuskin ist nun fest bei der Polizei im gehobenen Dienst beschäftigt. Bei der Polizei hat Evljuskin sozusagen seine Erfüllung außerhalb des Fußballs gefunden. „Man muss verantwortungsbewusst und gewissenhaft sein. Ich mag ja auch das immer Neue und die Spannung, die natürlich jeden Einsatz begleitet", sagt er. Außerdem genießt Evljuskin die finanzielle Sicherheit, die der neue Job nach den vielen Jahren im unsicheren Fußballgeschäft mit sich bringt. „Bei der Polizei habe ich einen krisensicheren Job. Das ist mir auch schon sehr wichtig und beruhigt mich ein Stück weit. Nach all den Panikattacken, die ich als Fußballer hatte, wenn ich nicht wusste, wie es mit meiner Karriere weitergeht, ist das sehr beruhigend."

Das Studium, die Ausbildung – die Aktivitäten, die er teils unter enormem Zeitdruck neben seinem Fußball auf sich genommen hat, sieht er heute ausnahmslos positiv. „Ich habe oft in der Bibliothek gesessen und viele Menschen kennengelernt, die mit Fußball nichts am Hut haben. Damit haben sich mir ganz neue Horizonte geöffnet, ich habe viele unglaublich interessante Dinge außerhalb des Fußballs kennengelernt. Ich habe ja jahrelang auch nur Fußball gedacht, gespielt und geträumt. Hatte nur Freunde aus dem Fußballbereich. Das schränkt, was die Weiterentwicklung betrifft, schon stark ein. Ich kann nur jedem Fußballer empfehlen, sich weiterzubilden. Es reicht einfach nicht, nur den Kicker zu lesen."

„Goldketten und dickes Auto brauche ich nicht"

Übermäßig viel Geld hat Evljuskin nicht verdient. Aber er hat vom Fußball immer gut leben können. Auch in der 4. Liga. „Ich bin immer gut mit dem Geld ausgekommen, weil ich aber auch nie mit der Kohle um mich geworfen habe", sagt Evljuskin. Ein dickes Auto, teure Reisen, oder sündhaft teure Markenklamotten – darauf steht Evljuskin nicht: „Ich bin einfach nicht der Typ, der tausend Dinge braucht. Das wäre bei mir auch nicht anders, wenn ich heute Millionär wäre. Ich spare mir lieber etwas für die Zukunft an, anstatt jetzt auf dicke Hose zu machen und die Kohle zum Fenster rauszuwerfen."

Gar nichts kann Evljuskin mit Fußballern anfangen, die den nötigen Respekt vor ihrer Umwelt vermissen lassen. Arroganz, Überheblichkeit

– das ist ihm regelrecht zuwider. „Fußballer sind für die Jugend natürlich große Vorbilder. Ich bin der Meinung, dass sie sich auch dementsprechend verhalten sollten. Sie sollten nicht rumprotzen, sondern ihre Sonderstellung mit einem guten Maß an Demut leben", findet er. Vorbilder in dieser Hinsicht sind für Evljuskin die spanischen Ex-Profis des FC Barcelona, Xavi und Andres Iniesta. „Solche Fußballer liegen mir. Trotz ihrer Weltklasse sind sie stets zurückhaltend und bescheiden aufgetreten. Ich denke, genauso muss man mit Blick auf die Jugend seinen Job als Profifußballer versehen." Ganz und gar nicht mag er hingegen jene Kicker, die ganz offensichtlich das Geldverdienen an die vorderste Stelle heben und entsprechend unglaubwürdig daherkommen. Evljuskin erinnert in diesem Zusammenhang an Spieler wie Julian Draxler, Ousmane Dembélé oder Pierre-Emerick Aubameyang. „Diese Spieler haben an einem Tag das Emblem ihres Vereins auf der Brust geküsst und waren wenige Wochen später bei einem anderen Klub, weil es dort mehr zu verdienen gab. Das sind Auswüchse im Fußball, die nicht meine sind", sagt er.

Vielleicht sind es auch genau diese Charaktereigenschaften, die Evljuskins Sprung in die Profi-Elite verhindert haben. „Vielleicht habe ich es tatsächlich aufgrund meiner angeborenen Bescheidenheit nicht bis an die Spitze geschafft. Aber ich bin nun mal so wie ich bin. Und da will ich mich auch nicht verbiegen lassen." Und als gescheitert sieht er sich ohnehin nicht an. Wichtige Entscheidungen trifft er heute gemeinsam mit seiner Lebenspartnerin Regina, mit der er seit 2019 auch zusammen wohnt. Evljuskin lächelt, wenn er sich seine Zukunft ausmalt: „Ich bin jetzt Polizist. Das ist ein angesehener Beruf, für den ich von den meisten Menschen sehr geachtet werde. Das hat nun wirklich nichts mit Scheitern zu tun."

Jonas Ermes
„Ich glaub, ich will das nicht mehr"

Aus dem kleinen Sauerland in die große Fußballwelt des Ruhrgebiets: Jonas Ermes ist in den 2000er Jahren eines der größten deutschen Torwarttalente. Die Klubs reißen sich um ihn, letztlich entscheidet er sich für den VfL Bochum. Trotz Verletzungen scheint er seinen Weg zum Profi zu machen – bis er plötzlich eine Entscheidung trifft: Er hört einfach auf.

Es ist an einem Julitag im Sommer 2011. Jonas Ermes ist gerade mit den Profis des VfL Bochum aus dem Trainingslager in der Klosterpforte am Rande des schönen Teutoburger Waldes zurückgekehrt. Und der 19-Jährige stellt sich eine Frage: „Bist du sicher, dass du das wirklich willst? Willst du wirklich Profifußballer sein mit allem, was dazugehört?" Ermes kann sich die Frage auf Anhieb nicht selbst beantworten – schließlich hat er in den letzten Jahren so hart gekämpft, um sich seinen Traum vom Profi zu erfüllen. Und nun, da er angekommen ist im Berufsfußball, kann er kaum noch Faszinierendes entdecken. „Ich liebte das Spiel. Das Elf gegen Elf auf dem Platz. Aber das Drumherum – die banalen Gesprächsthemen in der Kabine, der Druck, den ich mir selbst gemacht habe, diese ‚Friss oder Stirb'-Mentalität der Spieler und im System, die Fokussierung auf Geld. Das hat mich extrem abgefuckt."

Jonas fährt nach Hause zu seinen Eltern in den kleinen sauerländischen Ort Rönkhausen und sucht Rat. Das hat er schon immer so gemacht. Die Eltern sind seine engsten Vertrauten. Sie haben ihn von Kindesbeinen an in seinem Fußballtraum unterstützt. Haben ihn Tausende von Kilometern im Auto zu Trainings und Spielen chauffiert. Haben sich seine Sorgen und Nöte angehört. Haben mit ihm gefeiert, als die Erfolge kamen. Hautnah miterlebt, wie sich ihr Sohn mit zunehmendem Ehrgeiz aus dem beschaulichen Amateurfußball des

Sauerlands hochgekämpft hat in die pulsierende Profiszene im Ruhrgebiet. Ja, sogar bis in die Nationalmannschaft hat es ihr Junge mit seinem starken Willen gebracht. Und jetzt sagt er ihnen am Abendbrottisch: „Ich glaub, ich will das nicht mehr!"

Mutter Gabi schießt die Bälle aufs Tor

Jonas Ermes ist Torwart. Das war immer so. „Schon im Kindergarten musste meine Mutter Gabi auf dem Heimweg erst einmal auf dem Sportplatz Halt machen und mir ein paar Bälle aufs Tor schießen. Erst danach konnten wir die paar Meter weiter nach Hause zum Mittagessen gehen", erinnert sich Jonas Ermes an die Anfänge. Der Fußballplatz des TV Rönkhausen liegt gleich gegenüber des elterlichen Hauses. Aus dem Fenster seines Kinderzimmers schaut Jonas direkt auf den Aschenplatz – das „Glingebachstadion", wie sie im Ort liebevoll sagen. Dort beginnt die Karriere des kleinen Jonas, der 1996 mit vier Jahren seinen ersten Spielerpass ausgestellt bekommt. Endlich darf er selbst mitspielen, nachdem er zuvor immer nur die Zuschauerrolle hatte. Denn er war meist dabei, wenn seine gut fünf Jahre ältere Schwester dreimal die Woche zur Mädchenmannschaft des benachbarten FC Finnentrop fuhr. Während die Mädels trainierten oder spielten, saß Jonas am Spielfeldrand. Jetzt aber kann er selbst mitmachen. Weil sie beim TV Rönkhausen noch keine Bambinis haben, muss er gleich bei den bis zu drei Jahre älteren F-Jugendlichen ran. Und es ist klar, auf welcher Position: Jonas ist natürlich Torwart. Erstens, weil er sich dort am wohlsten fühlt. Und zweitens, weil er schon als kleiner Junge größer ist als die anderen.

Schwere Knieverletzung mit 11 Jahren

Jonas springt, hechtet, wirft sich mit voller Leidenschaft in jeden Ball – er bringt sich alles selbst bei. Schafft es schon in der D-Jugend in die Olper Kreisauswahl. Bis er im Sommer 2003 plötzlich nicht mehr auftreten kann. Es ist das rechte Knie. Knorpelschaden. Jonas muss operiert werden. Für den Jungen ist das schlimm, für die Eltern vielleicht noch schlimmer. „Das war ein Schock für uns alle. So jung war er und schon so schwer verletzt. Wir sind in dieser Zeit keine Minute von seiner Seite gewichen – er brauchte da unsere Unterstützung und Ratschläge ganz besonders", erinnert sich Vater Jürgen.

Jonas wird im Sportkrankenhaus in Lüdenscheid-Hellersen operiert, der Chefarzt persönlich hat sich der Sache angenommen. Klaus Germann, sein Auswahltrainer, ist einer der ersten Besucher nach der OP. Noch im Krankenhaus beschwört er seinen Schützling: „Bleib dran Junge, lass dich nicht unterkriegen. Du wirst diese Verletzung überwinden und danach deinen Weg weitergehen."

Der Trainer behält Recht. Zwar ist die Verletzung schlimm, das Sportverbot währt fast ein Jahr. Doch danach – mit 12 – startet der junge Keeper wieder durch. Er wechselt mit 13 in die besser bestückte C-Jugend von Rot-Weiß Lennestadt/Grevenbrück, zu jener Zeit einer der führenden Klubs in der Region. Der Wechsel lohnt sich, denn Jonas gerät nun ins Blickfeld der Scouts. Mit seinem Verein steigt er auf, spielt im Westfalenpokal, mit der C-Jugend-Auswahl des kleinen Kreis Olpe gewinnt er sensationell den Titel des Westfalenmeisters. Mit dabei ist sein Teamkollege Eugen Litter, der im Sturm die Tore macht, während Jonas hinten die Null hält. Beim Turnier in Kaiserau düpieren die Jungs aus dem kleinen Südwestfalen die Favoritenteams aus dem Ruhrgebiet. Für den starken Torwart des Teams bedeutet der Erfolg den nächsten Schritt auf der Leiter: Er wechselt in der B-Jugend zum etwas größeren TuS Plettenberg, der zumindest in der Bezirksliga spielt. Gleichzeitig wird er – ebenso wie Eugen Litter – in die von Dirk Reimöller trainierte Westfalenauswahl berufen.

Mit der Auswahlmannschaft, die fast nur aus Schalker, Dortmunder und Bochumer Jungs besteht, gehen die beiden auf ihre erste Fußball-Auslandsreise. Der Fußballverband unterhält eine Partnerschaft mit Bulgarien, wohin das Team für eine Woche reist. Jonas ist erstmals heraus aus seinem beschaulichen Sauerland. Er fühlt sich wohl im Kreis der Großstadtjungs und schon bald wird er selbst einer von ihnen. Denn natürlich werden die Scouts der größeren Vereine auf ihn aufmerksam. Ab Herbst 2007 fährt er einmal pro Woche zum Training des VfL Bochum, wo er donnerstags bei der dortigen U17 mittrainiert. Für Jonas sind diese Donnerstage eine regelrechte Offenbarung: „Bis dahin hatte ich immer so mein Freestyle-Torwartspiel gelebt. In Bochum bekam ich zum ersten Mal echtes Torwarttraining. Zum ersten Mal lernte ich die ganzen Basis-Techniken, die man als Keeper beherrschen muss."

Lieber zum VfL Bochum als nach Schalke oder München

Durch die Lehrgänge bei der Westfalenauswahl und das Torwarttraining beim VfL Bochum macht Jonas noch einmal einen mächtigen Leistungssprung. Und wird in die U16-Nationalmannschaft berufen. Gleich beim ersten Lehrgang unter Trainer Marco Pezzaiuoli steht er im Testspiel gegen einen älteren Jahrgang der TSG Hoffenheim im Tor, wenig später macht er sein erstes offizielles Länderspiel: In Irland wird er in der Halbzeit eingewechselt – für Marc-André ter Stegen.

Spätestens jetzt ist klar: Ermes stehen die Türen zu einem weiteren Wechsel, zu einem noch größeren Klub, weit offen. Neben dem VfL gibt es weitere Interessenten, auch beim FC Schalke 04 absolviert Jonas – wieder gemeinsam mit Eugen Litter – ein Probetraining. Doch dort hat ein gewisser Manuel Neuer auf sich aufmerksam gemacht. Vater Jürgen Ermes bespricht sich mit Schalkes U19-Cheftrainer Norbert Elgert und beide kommen zu dem Schluss: Neuer wird für absehbare Zeit auf Schalke alles blockieren. Jonas würde niemals Stammspieler bei den Profis werden können. Und auch Litter empfiehlt der Schalker Jugend-Chefcoach einen kleineren Verein, in dem er sicher Spielpraxis erhält. Litter wechselt zu den Sportfreunden Siegen, Ermes landet trotzdem im Ruhrgebiet: Der VfL Bochum hat's ihm angetan. „Dort habe ich mich wohl gefühlt. Es war irgendwie eine familiärere Atmosphäre dort als anderswo. Und das war mir damals schon sehr wichtig. Ich musste so ein Heimatgefühl beibehalten. Denn eigentlich liebte ich immer auch die etwas kleinere Welt, in der man vertrauter miteinander umging."

Ermes wechselt auch deshalb im Sommer 2008 zum VfL Bochum, weil es ihm ermöglicht, weiter zu Hause im Sauerland wohnen zu bleiben. Auf Schalke oder natürlich auch beim FC Bayern München, der ihm ebenfalls Avancen gemacht hatte, hätte er auf jeden Fall in ein Vereinsinternat umziehen müssen. Mit dem VfL verständigt er sich auf einen täglichen Fahrdienst. „Es war mir total wichtig, dass ich daheim im Umfeld meiner Familie und meiner Freunde bleiben konnte. Ich wollte im wahrsten Sinn des Wortes auf dem Boden bleiben. Nicht abheben."

Plötzlich erwachsen geworden

Es ist eine auf den ersten Blick erstaunliche Entscheidung eines damals gerade einmal 16-Jährigen. Die er ganz allein getroffen hat. Überhaupt scheint Ermes für sein Alter schon sehr abgeklärt. „Er hat solche Dinge zwar mit uns abgesprochen, aber im Grunde schon damals immer für sich selbst Entscheidungen getroffen", erinnert sich Mutter Gabi. Die selbst erstaunt darüber ist, wie schnell ihr Sohn selbständig wird. „Der Fußball und seine Erlebnisse dort haben ihn irgendwie schnell erwachsen werden lassen. Das war für uns auch deshalb so erstaunlich, weil Jonas eigentlich immer die Nestwärme im Sauerland gebraucht hat. Noch im 5. Schuljahr war ihm eine Klassenfahrt mit Übernachtungen gar nicht recht und er rief abends immer bei uns an. Und jetzt hatte er plötzlich so eine Reife."

Ermes mag seine kleine Welt im Sauerland. Gleichzeitig ist in ihm enormer Ehrgeiz gewachsen. Er will es nun unbedingt schaffen: Will sich seinen Traum vom Profifußball erfüllen. Koste es, was es wolle. Die Mühen sind groß: Täglich besteigt er um 6.45 Uhr einen Bus, der ihn zum Attendorner St. Ursula-Gymnasium bringt. Nach acht Stunden Schule geht's so schnell wie möglich zurück nach Rönkhausen. Um die Fahrzeit zu verkürzen, holt ihn seine Mutter stets schon mit dem Auto am Finnentroper Bahnhof ab. Daheim zieht Jonas sich schnell um, das Mittagessen wird eingepackt und im Auto geht es in Windeseile nach Mellen bei Balve, wo der Bus des Bochumer Fahrdienstes wartet. Das Mittagessen wird ebenso unterwegs im Auto erledigt wie der erste Teil der Hausaufgaben. Den zweiten Teil erledigt er abends nach dem Training auf der Zugfahrt von Bochum zurück nach Plettenberg, wo ihn Mutter oder Vater Ermes gegen 22 Uhr wieder einsammeln.

Stress pur, aber es läuft persönlich rund für Jonas Ermes. Gleichzeitig erlebt er aber auch erstmals die Schattenseiten des höherklassigen Fußballgeschäfts: Obwohl er in der B-Jugend des VfL Bochum eine ausgezeichnete erste Saison spielt, läuft es im Team überhaupt nicht. Die Mannschaft von Trainer Frank Rinklake stolpert von einer Niederlage zur nächsten, die Stimmung ist angespannt. „Es war eine familiäre Atmosphäre in Bochum. Sicher lange nicht so kalt und ausschließlich leistungsorientiert wie bei anderen Jugend-Bundesligisten. Trotzdem kippte aber auch bei uns dann die Stimmung, als es nicht lief. Es war plötzlich Stress da. Es hing so ein Damoklesschwert Abstieg über uns. Dass der VfL Bochum mit seiner B-Jugendmannschaft aus der Bundesliga absteigt – das hatte es, glaube ich, noch nie gegeben", erinnert sich Ermes.

Trotzdem passiert es dem Team, daran kann auch ein zwischenzeitlicher Wechsel auf der Trainerbank nichts ändern. Christian Britscho übernimmt von Rinklake, den Abstieg kann aber auch er nicht verhindern. Für Jonas Ermes eine komische Situation. Denn während rund um seine Mannschaft Untergangsstimmung herrscht, befindet sich der Keeper auf einem regelrechten Höhenflug. Er, der wenige Monate zuvor noch in der provinziellen sauerländischen Bezirksliga im Tor stand, ist nun Stammkeeper im Nachwuchsteam eines Bundesligisten und hat sich auch noch in den Kader der Jugend-Nationalmannschaft gespielt. Er ist mittlerweile gut 1, 90 Meter groß, gewinnt enorm an Selbstvertrauen und hat sich etabliert als Stammkeeper im Bundesliga-Nachwuchs.

Er lernt in der Strafraumbeherrschung dazu, bekommt Fang- und Absprungtechniken von kompetenten Trainern persönlich gezeigt. Jene Techniken, die er sich zuvor jahrelang nur in YouTube-Videos und diversen Internet-Portalen hatte abgucken können. Christian Britscho erinnert sich an einen physisch und psychisch außerordentlich starken Schlussmann: „Jonas hatte alles, was man als Torhüter auf höchstem Niveau benötigt: Er war fleißig, diszipliniert und physisch sehr stark. Hatte aber auch diese Portion Verrücktheit, die man als Torhüter nun einmal braucht: Er hatte keine Angst vor Ball und Gegner. Sprang mit voller Überzeugung in jeden Ball, in jede erforderliche Situation – ohne Rücksicht auf seine Gesundheit."

Während er auf dem Platz seine verrückte Seite zeigt, ist Jonas außerhalb des Platzes eher ein ruhigerer Vertreter seiner Zunft. „Ich war schon immer ein Typ, der seine ruhigen Momente brauchte, um sich zu konzentrieren und um den Fokus auf die bevorstehende Aufgabe zu richten. Dieser Lärm in der Kabine, diese Hektik der von Testosteron und Adrenalin gesteuerten Lautsprecher – das ist mir schon damals tierisch auf die Nerven gegangen", sagt Ermes. „Ja", bestätigt Jugendtrainer Britscho, „Jonas war seinen Altersgenossen, was die Reife betrifft, damals ein Stück voraus. Er hat nicht übermäßig viel gesprochen. Aber wenn er etwas gesagt hat, dann wurde ihm auch zugehört. Er hat ein sehr hohes Ansehen in der Kabine genossen. Auch wenn er an bestimmten Themen nicht teilgenommen hat."

Grundsätzlich glaubt Britscho aber auch, dass der heutige Jugendfußball die Protagonisten automatisch etwas früher reifen lässt: „Der heutige Jugendfußball ist sicherlich ein Sport von Frühreifen. Die Jungs sind mit 14 oder 15 Jahren ständig unterwegs, von zuhause weg, bewegen sich in Hotels, auf Flughäfen und in Zügen auf der ganzen Welt. Ist ja klar, dass man da schneller reift und Erfahrungen sammelt, die ja sogar viele Erwachsene noch nicht gemacht haben."

Ruhe und Entspannung findet Ermes zunehmend auf den Auto- und Zugfahrten. Wenn er die Aufgaben für die Schule erledigt hat, greift er gern zu Büchern, Zeitungen und Magazinen. Ihn interessieren zunehmend Politik und Zeitgeschehen, er will mehr von der Welt mitbekommen, als ihm in der geschlossenen Fußballblase offenbart wird. „Vor allem die sozialen Ungerechtigkeiten unserer Gesellschaft haben mich interessiert. Und das passte natürlich so überhaupt nicht zu den Gesprächsthemen, die im Kreis der Fußballer so kursierten", beschreibt Ermes.

Mit der U17-Nationalmannschaft zur WM in Nigeria

Obwohl er mit seinem Team abgestiegen ist, reißen die persönlich positiven Nachrichten nicht ab: Der VfL übernimmt ihn zur folgenden Saison in die von Darius Wosz trainierte U19, gleichzeitig wird er für den vorläufigen Kader der U17-Nationalmannschaft für die WM 2009 in Nigeria nominiert. Ermes' Leben besteht nur noch aus Schule, Auto- und Zugfahrten und Fußball. Neben dem Training in der Woche und den Spielen am Wochenende mit dem VfL Bochum kommen ständige Termine mit der Nationalmannschaft hinzu. In den zahlreichen Lehrgängen wird der Kader von 40 auf 23 Mann reduziert. Als im September 2009 das endgültige Team für die WM in Nigeria nominiert wird, ist klar: Jonas Ermes ist dabei. Hinter Marc-André ter Stegen und Bernd Leno wird er als dritter Torwart mit zur WM reisen.

Es ist ein weiterer – manchmal für ihn selbst kaum zu glaubender – Erfolg für Ermes, der sich selbst eine solche Karriere kaum zugetraut hatte. Er, der sich jahrelang auf den Ascheplätzen des Sauerlands in den Dreck geworfen hatte, ist nun – zumindest in seiner Altersklasse – bei den Größten seines Sports dabei. „Für mich war damit tatsächlich ein Traum in Erfüllung gegangen", sagt Ermes. Gleichzeitig wachsen in dem 17-Jährigen, der sein letztes Jahr in der Schule angeht, während der WM-Reise nach Nigeria im Herbst 2009 erste Zweifel an dem „Betrieb Profifußball".

Ermes hat sich vor der Reise über die Verhältnisse im Gastgeberland informiert, weiß ganz gut Bescheid über Nigerias Bevölkerungsexplosion in den Städten, über die Armut im Land, über die terroristischen Aktivitäten der Boko-Haram-Bewegung im Norden des Landes. Umso enttäuschter ist er, als er merkt, dass das Team ganz bewusst vom DFB isoliert wird. „Wir waren regelrecht eingeschlossen in der Fußballwelt. Es zählte das nächste Training, das nächste Spiel – sonst nichts. Wir durften unser Hotel nicht verlassen, bekamen keinerlei Kontakt mit der Bevölkerung. Einzig, wenn wir im Mannschaftsbus vom Hotel zum Stadion fuhren, bekamen wir zumindest etwas von der Wirklichkeit zu sehen. Von den Slums, der Armut in dem riesigen Stadt-Moloch von Lagos."

Mit den Kollegen Bernd Leno und Christopher Avevor kann er sich zumindest ein klein wenig zum Thema austauschen – ansonsten bleibt er mit seinen Gedanken eher allein. Er schreibt ein Tagebuch mit seinen Erlebnissen, das später in gebundener Form alle Familienmitglieder geschenkt bekommen. Ermes sieht die eigentlich faszinierende Reise nach Afrika unter dem Strich zwiegespalten. „Es war beides: Einerseits eine tolle Reise, die mir in dieser mir unbekannten Welt extrem geile Momente bescherte, und andererseits dieses unangenehme Gefühl, von dieser Welt isoliert zu sein." So ist ihm ein eher unscheinbarer Moment der Reise in bester Erinnerung geblieben: „Den schönsten Moment dieser Reise hatte ich tatsächlich, als wir einmal eine deutsche Schule besuchten und wir dort mit den Kids trainiert haben. Da habe ich pure Freude gespürt."

Ermes ist zum ersten Mal desillusioniert, was seinen Lieblingssport betrifft. Um ihn herum wurde eine Blase aufgebaut, in der er sich nicht richtig wohl fühlt. Das Turnier verläuft auch sportlich nicht wirklich toll. Als dritter Torwart ist sein sportlicher Einfluss begrenzt und das Team performt trotz Akteuren wie ter Stegen, Mario Götze, Kevin Volland und Shkodran Mustafi nicht besonders. In der Vorrunde in Abuja setzt es nach einem 3:3 gegen Nigeria zum Auftakt ein 1:2 gegen Argentinien. Zumindest reicht es nach einem abschließenden 3:1 gegen Honduras zu Platz drei in der Vorrundengruppe und den Einzug ins Achtelfinale. Dort ist dann aber nach einem 3:4 nach Verlängerung gegen die Schweiz (mit u. a. Granit Xhaka, Haris Seferovic und Ricardo Rodriguez) das Turnier für die deutsche Auswahl beendet.

Ermes ist spätestens nach der Nigeria-Reise bewusst: Es gibt noch eine andere Welt neben dem Fußball. Und: Er interessiert sich sehr dafür. Es reicht ihm nicht, sich ausschließlich in der Fußballblase zu bewegen. Dabei läuft es auf dem Fußballplatz nach wie vor glänzend für ihn. Im zweiten Jahr in der Bochumer U19 ist er unangefochtener Stammkeeper, trainiert bereits regelmäßig bei den Profis mit. Und das alles, obwohl er sich vom Typ her durchaus vom klassischen Torwart unterscheidet. „Torhüter sind oft laute und verrückte Typen, die auch gern mal etwas Show machen. Bei mir war das etwas anders. Ich war zwar auf dem Platz ein regelrechtes Tier und hatte wirklich vor keiner Situation Angst. Ich war auch laut – aber eben nur auf dem Platz. Ganz anders außerhalb: Da war ich eher ein introvertierter Typ. Und trotz dieser eher untypischen Torwart-Art war ich sehr gut in der Mannschaft verankert."

„Hey, heute gewinne ich Euch das Spiel!"

Gemeinsam mit den VfL-Jugend-Torwarttrainern Christian Oveley und Marko Knoop arbeitet er nicht nur an den physischen Aufgaben eines Keepers. Er lernt auch, mit der Sonderrolle des Torwarts im Team zurechtzukommen. Mit dem Bewusstsein, häufig derjenige zu sein, der ein Spiel entscheidet. Negativ oder positiv. „Der Torwart ist natürlich einem viel höheren Druck ausgesetzt. Und es gibt durchaus Fälle von Keepern, die diesem Druck nicht gewachsen sind. Ich habe diese Verantwortung für die Mannschaft meistens eher genossen. Auch ich hatte – wie glaube ich jeder im Profifußball – Tage des Zweifelns. Aber normalerweise bin ich mit dem Gefühl raus auf den Platz gegangen: ‚Hey, heute gewinne ich euch das Spiel, Jungs'." Ermes profitiert offenbar von der Arbeit beim VfL, denn er findet im Trainerteam auch Ansprechpartner, die ihn mental unterstützen, wenn er zweifelt. „Gerade unsere Torwarttrainer haben mich und meine Probleme gut verstanden. Und dann gab es immer auch noch Jugendtrainer Christian Britscho, zu dem ich immer gehen konnte, wenn ich Sorgen oder Nöte hatte."

Dem fällt vor allem auch die mentale Stärke seines Keepers auf. „Jonas konnte ein Spiel gut lesen und hat unsere Mannschaft immer sehr stark gecoacht. Davon haben die anderen enorm profitiert, denn seine Hinweise und Kommandos saßen."

Früh im Jahr 2010 wird klar: Der VfL möchte ihn behalten, möchte ihn im nächsten Jahr zum Profi machen. Es buhlen nun erneut Klubs wie Schalke, Bayern München und Hannover 96 um Ermes, doch gemeinsam mit seinem Berater Kai Michalke entscheidet sich Ermes erneut für den VfL. Michalke ist der Meinung, man solle ein Angebot des Ausbildungsvereins wertschätzen – und sich im Zweifel für ihn entscheiden. Dieser Meinung ist auch Ermes. Und er bleibt dem VfL treu, obwohl er woanders erheblich mehr Geld hätte verdienen können. Aber Geld ist Ermes nicht so wichtig. „Ich war schon immer mit wenig gut ausgekommen. Und ich fand, dass ich von dem Verdienst, der da im Vertrag stand, sehr gut leben konnte. Da habe ich gar nicht erst geschaut, was ich woanders hätte kriegen können." Er unterzeichnet einen Drei-Jahresvertrag, der vorsieht, dass er in der Saison 2011/12 in der Amateurmannschaft spielt, um anschließend fest in den Profikader aufzurücken. Der VfL ist auch damit einverstanden, dass Ermes parallel zum Fußball ein Studium aufnimmt. An der Ruhr-Universität in Bochum beginnt er nach dem Abi ein Bachelor-Studium in Management and Economics. Vor und nach den Trainingseinheiten besucht er, so oft es geht, den Unterricht vor Ort. „Es war mir zunehmend wichtig, weiterhin auch in der Welt außerhalb des Fußballs zu leben. Deshalb habe ich mich seinerzeit auch gegen ein Fernstudium entschieden, wie es andere Fußballprofis gern machen. Ich wollte auf den Campus. Wollte die Leute im Studium kennenlernen."

Im Sommer 2011 reist Ermes mit den Profis des VfL zunächst ins Lauf-Trainingslager nach Willingen im Sauerland, es folgt das oben erwähnte Trainingslager in der ostwestfälischen Klosterpforte. Er ist als vierter Torwart dabei. Neben Andreas Luthe, Michael Esser und Philipp Heerwagen genießt er so etwas wie Welpenschutz. Außerdem verstehen sich die vier gemeinsam mit ihrem Torwarttrainer Peter Greiber ausgezeichnet. Daran liegt es also nicht, dass sich bei Ermes nach der Rückkehr grundsätzlich Zweifel an seinem einstigen Traumberuf eingestellt haben. „Ich mochte es, auf dem Rasen zu stehen. Dort alles zu tun, was ich konnte. Um den Sieg zu kämpfen. Aber das Drumherum – das hat mir halt überhaupt nicht gefallen", sagt Ermes. Die banalen Kabinengespräche, das Feilschen um die Plätze im Kader, die komplette Welt nur ausgerichtet auf den Fußball, das nächste Training und das nächste Spiel. Ermes kann sich plötzlich nicht mehr vorstellen, dass er dieses Leben führen will. „Alles ist im Team ab mittwochs darauf ausgerichtet, den Sprung in den Kader für nächsten Samstag zu erreichen. Nur die Sieger werden akzeptiert. Die Verlierer der Woche interessieren freitags niemanden", klagt er. Es verwirrt ihn sogar, dass bei einer Autogrammstunde plötzlich 40-jährige Familienväter eine Unterschrift von ihm wollen. Von ihm, der noch nichts geleistet hat im Leben – so kommt es ihm vor. Für sein Empfinden ist er Teil einer Gruppe, deren Wert völlig falsch eingeschätzt wird. Eine so exponierte Sonderrolle im Leben einzunehmen, kommt ihm wie ein krasses Missverhältnis vor.

„War nicht das, was ich vom Leben erwartete"

„Ich wurde unverhältnismäßig überhöht. Das war einfach nicht das, was ich mir vom Leben erwartete. Andere Themen, die mir wichtig waren, musste ich hingegen in dieser Blase Profifußballmannschaft total ausblenden. Und ich wusste, dass ich das aber eigentlich gar nicht will. Ich war nach dem Trainingslager komplett verunsichert und habe dem Verein das auch mitgeteilt", erzählt Ermes. Parallel zu seiner eigenen Entwicklung betrachtet er den Werdegang einiger Kollegen von einst. Mario Götze zum Beispiel, sein Mitspieler von der U17-WM in Nigeria zwei Jahre zuvor, startet bei Borussia Dortmund voll durch. Die Familie kann seine Zweifel gut verstehen: „Meine Mutter hat damals nur zu mir gesagt, sie sei froh, dass es mir nicht so gehe wie Götze. Sie jedenfalls hätte keine Freude daran, wenn sie sich in meiner Begleitung nicht mehr frei in der Öffentlichkeit bewegen könnte."

Ermes' Zweifel werden ernst genommen beim VfL: Gemeinsam mit der Vereinsführung beschließt er, erst einmal wieder fest in die Amateurmannschaft zurückzukehren und auch nicht mehr bei den Profis zu trainieren. Er geht in die Amateurmannschaft und trifft dort auf einen weiteren wichtigen Wegbegleiter in seiner Karriere: Torwarttrainer Christian „Bob" Maly. Der ehemalige Drittligakeeper des Wuppertaler SV und der SG Wattenscheid ist eine Art „Seelenverwandter". Kennt Ermes' Gedankengänge als Fußball-Torwart, versteht aber auch dessen Zweifel am System Profifußball. „Bob hat mir viel Halt gegeben. Wir waren schnell auf einer sehr vertrauten Ebene, die mir sehr geholfen hat. Ich hatte da jemanden, dem ich vertrauen konnte." So startet Ermes in die Saison 2011/2012.

Wenige Tage später sind all diese Überlegungen Makulatur. Es streikt sein rechtes Knie. Wie acht Jahre zuvor. Erneut hat er einen Knorpelschaden erlitten. Und wieder muss operiert werden. Acht lange Monate fällt er aus. Es ist eine schwere Zeit für Ermes, die ihm aber eines verdeutlicht: Der Fußball fehlt ihm. Und zwar enorm. Er stellt sogar fest: Er will nicht ohne Fußball. Wird seine Zweifel an der Szenerie im Profifußball bei Seite schieben und noch einmal voll angreifen. „Ich habe mir klar gemacht, dass ich die negativen Seiten am Fußballgeschäft schlucken und damit leben kann und das auch tun werde. Und dann könnte ich die tollen Seiten dieses Sports auch genießen."

So passiert es dann auch. Ermes quält sich durch die Reha, kehrt auf den Platz zurück und ist auch wieder bei den Profis dabei. Aber dann entzündet sich seine Operationswunde im Knie. Und er ist wieder raus. Noch einmal acht Monate. „Und diese erneute Pause hätte es wirklich nicht gebraucht", sagt Ermes. „Das war echt überflüssig. Weil ich ja nach der ersten Pause – die mir ja sogar für den Kopf ganz hilfreich war – ganz klar wusste, was ich wollte."

Die ersten zwei Jahre seines Dreijahresvertrags sind vorbei und nach der zweiten langen Pause hat Ermes Mühe, wieder auf sein altes Niveau zurückzukehren. „Es war körperlich sehr schwer, aber vor allem auch mental. Ich habe lange gebraucht, um die Zweifel an meinem Knie zu überwinden. Ich hatte einfach Mühe, meinem Körper die extremen Belastungen des Profifußballs wirklich zuzutrauen." Das dritte Jahr des Vertrages ist unbefriedigend: Ermes ist zwar dabei, macht in der Amateurmannschaft auch seine Spiele. Aber überragend ist er kaum noch. Also ist es kaum überraschend, dass der VfL Bochum den Vertrag des Torhüters nicht verlängert. Für Jugendtrainer Britscho beinahe eine Tragödie: „Man muss ganz klar sagen, dass Jonas' Körper im entscheidenden Moment den Belastungen nicht Stand gehalten hat. Hätten die Knie mitgemacht, hätte Jonas sicherlich im Fußball bis heute eine Menge Geld verdienen können. Er hatte alles, was man für eine Profikarriere als Torwart braucht."

Nach zwei Knieverletzungen plötzlich auf der Straße

Ermes steht jetzt aber auf der Straße. Und er muss eine Entscheidung treffen: Soll er irgendwo unterklassig Fußball spielen und den Schwerpunkt auf sein Studium legen? Oder doch lieber noch einmal andernorts in der Regionalliga oder sogar höher angreifen und alles weiter dem Fußball unterordnen? „Ich entschied mich für die zweite Variante. Ich wollte es noch einmal wissen", sagt Ermes. Einen Verein zu finden, ist aber nicht ganz leicht, Torhüterplätze gibt es halt nicht so viele im Profifußball. Also wartet Ermes ab, trainiert im VDV-Camp der arbeitslosen Spieler mit und greift schließlich zu, als nach einem ergebnislosen Probetraining beim KFC Uerdingen im September 2014 Viertligist Alemannia Aachen anfragt.

Doch die Dinge gehen schief: Das Training am ersten Tag läuft noch gut, am zweiten Tag bei einem Testspiel aber bekommt Ermes einen Schlag aufs Knie ab. Er kann nicht mehr gehen, die Ärzte befürchten das Schlimmste: Kreuzbandriss. Bei der Untersuchung im Krankenhaus bestätigt sich die Horror-Verletzung nicht, aber Ermes fällt dennoch die nächsten acht Wochen aus. „Das war stimmungsmäßig der nächste entscheidende Bruch bei mir. Ich hatte es noch einmal versucht, aber mein Körper hatte nicht standgehalten. Innerlich entschloss ich mich, nun einfach den Schwerpunkt auf das Studium zu legen und bei der Alemannia den Vertrag im Winter zu kündigen."

So bespricht er es auch mit dem Verein, der einverstanden ist. Bis sich im letzten Spiel vor der Winterpause Stammkeeper Frederic Löhe im Auswärtsspiel beim FC Hennef (1:1) eine Gelb-Rote Karte einhandelt. Ermes rückt für die letzte halbe Stunde in den Kasten, macht seine Sache ausgezeichnet und plötzlich ist wieder alles anders. Denn für die im Aufstiegskampf befindliche Alemannia steht gleich im ersten Spiel nach der Winterpause das absolute Top-Duell mit Rivale Rot-Weiss Essen auf dem Spielplan. Und Löhe würde dann gesperrt fehlen. „Es gibt nur eine Lösung", sagte Co-Trainer Rainer Plaßhenrich noch in Hennef auf dem Platz zu Ermes: „Du musst weitermachen. Wir brauchen dich da!"

Ermes aber hat schon alles in die andere Richtung organisiert: Mit dem Studium soll es voll losgehen, auch ein zehntägiger Urlaub in New York gemeinsam mit seiner Lebensgefährtin Anna mitten in der Vorbereitungszeit ist schon gebucht. Wenn Ermes also blieb, musste auf diese Dinge Rücksicht genommen werden. Die Alemannia lässt sich darauf ein, ihr Torwart verpasst zehn Tage der Vorbereitung, hat nach seiner Rückkehr aber noch drei Wochen, um sich auf dieses eine Topspiel gegen Essen vorzubereiten. Und dann kommt er, der 7. Februar 2015: Alemannia empfängt vor über 30.000 Zuschauern am Aachener Tivoli Rot-Weiss Essen. Mit Jonas Ermes im Tor. Und der macht sein Meisterstück: Liefert eine überragende Partie und gewinnt mit seinen Jungs 1:0. „Für mich war in diesem Moment eine Riesenlast von den Schultern gefallen. Ich hatte bewiesen, dass ich es noch kann, und ich hatte das Gefühl, in Aachen geliefert zu haben. Ich hatte das Vertrauen, das man in mich gesetzt hatte, gerechtfertigt. Diese Erkenntnis tat meinem

Selbstvertrauen unheimlich gut und ich erlebte dann anschließend das vielleicht schönste halbe Jahr meiner Fußballkarriere."

Ermes tritt nach dem Essen-Spiel bereitwillig ins zweite Glied zurück, pusht in den nächsten Wochen seinen Kollegen Löhe aber zu Top-Leistungen. Die Alemannia bleibt auch aufgrund ihrer starken Torhüter bis zum Schluss oben dran, verpasst den Aufstieg letztlich nur hauchdünn. Ermes bekommt im letzten Saisonspiel, beim 7:0-Sieg in Siegen, noch einmal eine Art Abschiedsspiel und verlässt die Alemannia im Sommer 2015. Man hatte ihm dort neben dem Fußball keine berufliche Perspektive bieten können. Und diese ist Ermes mittlerweile mindestens genauso wichtig wie ein Vertrag als Fußballer.

Abschied vom Profifußball – mit 23

Also sagt er dem Profifußball endgültig adé. Über die VDV hatte er einen Job als Betriebswirt bei der PricewaterhouseCoopers (PWC)-Filiale in Siegen bekommen, und er entschließt sich, Fußball nur noch als Hobby zu betreiben. Gemeinsam mit zwei alten Freunden heuert er bei Bezirksligist SC Listernohl-Windhausen-Lichtringhausen („SC LWL") im heimischen Sauerland an, merkt aber bald, dass es nicht ganz passt: Mit seinen 23 Jahren provoziert der Gang auf ein Fußballfeld noch viel zu viel Ehrgeiz bei ihm. „LWL" ist ein toller Verein, aber es fehlt ihm die sportliche Perspektive und ein professionelleres Umfeld im Amateurklub. Ermes merkt zwei Dinge: LWL und er passen zu dieser Zeit nicht zusammen. Und er und PWC passen auch nicht zusammen. „Auch das Leben als Betriebswirt war nicht das Richtige für mich. Ich merkte, dass ich in einem Unternehmen, das allein auf Profitmaximierung ausgerichtet ist und in dem die menschliche Komponente zuweilen sehr kurz kommt, nicht richtig bin. Ich wollte eher sozial tätig sein und diese Chance bot sich mir dann auch", berichtet Ermes.

Gemeinsam mit Andreas Luthe, seinem ehemaligen Torhüterkollegen beim VfL Bochum, gründet er „In safe hands e.V.". Einen gemeinnützigen Verein, der über sportpädagogische Projekte mit Kindern zu einem vorurteilsfreien und wertschätzenden interkulturellen Zusammenleben beitragen möchte. Gearbeitet wird hauptsächlich an Grundschulen, wo über Sport und Bewegung die emotionalen, sozialen und interkulturellen Kompetenzen der Kinder gefördert werden. Schnell wächst die Organisation, die hauptsächlich über Stiftungs- und Spendenbeiträge sowie Präventionsgelder von Krankenkassen finanziert wird, so stark an, dass Ermes dort ein Vollzeit-Engagement antritt. Die guten Kontakte von Luthe und Ermes in den Profifußball können sie gewinnbringend in die Organisation einbringen. Neben der sozialen Aufgabe genießt Ermes die Arbeitsbedingungen – der Umgang untereinander ist ihm wichtig: „Die Wünsche und Bedürfnisse der Mitarbeitenden werden bei uns ausdrücklich stark berücksichtigt. Wir haben eine ganz besondere Wertschätzung füreinander. Das ist am Ende genau ein solches Betätigungsfeld, das meinen Wünschen und Bedürfnissen sehr nahekommt", sagt er. Für Britscho ist Ermes' soziales Engagement eine beinahe logische Fortsetzung von dessen Lebensweg. „Schon als Andi Luthe und Jonas das Projekt damals beim VfL Bochum vorgestellt haben, dachte ich bei mir, dass das nun wieder typisch ist für Jonas: Er selbst verzichtet darauf, seine eigene Karriere mithilfe seiner Kontakte vielleicht noch einmal in Bewegung zu bringen. Stattdessen nutzt er seine Kontakte in den Profifußball lieber, um anderen Menschen zu helfen. Genau so war er immer: Selbstlos."

Und dann kommen nach dem SC LWL ja auch noch Nuri Sahin und sein Projekt beim RSV Meinerzhagen. Der ehemalige Dortmunder Profi holt in seinem Heimatverein Meinerzhagen im Sauerland viele alte Freunde und Weggefährten zusammen und führt den Verein zwischen 2016 und 2019 von der Bezirks- bis in die Oberliga. Mit Jonas Ermes im Tor. „Eine herrliche Zeit mit netten Jungs und tollen Erfolgen", sagt Ermes, der in Meinerzhagen seine Fußballkarriere gewissermaßen würdig beendet. Nach dem Ende seiner aktiven Karriere im Tor hilft er dem Team 2019/20 noch ein Jahr als Trainer, nur hauchdünn scheitert man auch wegen der Corona-Pandemie am Aufstieg in die

Regionalliga. Danach ist für Ermes Schluss mit dem Fußball. Mit mittlerweile 28 Jahren ist er beruflich endgültig zu stark eingespannt, außerdem haben seine Anna, die er 2016 geheiratet hat, und er im November 2019 Nachwuchs bekommen. Der Profifußball ist seither allenfalls noch eine Erinnerung im Leben von Jonas Ermes. Die er nicht missen will. Von der er aber auch weiß, dass sie mit dem Leben, wie er es sich im Traum einmal vorgestellt hat, kaum etwas zu tun hat. „Profifußball ist nicht immer schön, macht nicht immer Spaß. Man lernt, dass es eher harte Arbeit ist, Profifußballer zu sein."

Interview mit Sportpsychologe Dr. René Paasch

„Mentalität ist oft der entscheidende Faktor"

Warum schaffen tolle Jugendfußballer trotz ihres großen Talents oft nicht den Durchbruch zum Profifußball? Sportpsychologe Dr. René Paasch erklärt im Interview die wichtigsten psychischen Eigenschaften, die ein junger Fußballer mitbringen muss.

Dr. René Paasch ist Sportpsychologe. Er bietet Beratung und Betreuung im Breiten- und Spitzensport sowie Coaching im betrieblichen Umfeld und Gesundheitsförderung an. Mit seiner UEFA B-Lizenz, mehrjähriger Erfahrung in der Zusammenarbeit mit Profi- und Amateurvereinen und zahlreichen Betreuungen von Spielern ist er einer der Fußballexperten im Netzwerk „Die Sportpsychologen".

Herr Paasch, immer jünger, immer besser: Man hat den Eindruck, in der heutigen Spielergeneration werden die Talente viel schneller ins Profigeschehen integriert als früher. Wird die Bundesliga tatsächlich stetig jünger?
DR. RENÉ PAASCH: Nein, ganz im Gegenteil. Der Fußball, den wir heute erleben, befindet sich schon seit vielen Jahren in einem besorgniserregenden Wandel. Die Deutsche Fußball Liga hat in ihrem aktuellen Sportreport einen klaren Negativtrend ausgemacht. So sind in der Bundesliga-Hinrunde der Saison 19/20 lediglich 9,2 Prozent der eingesetzten Profis U21-Spieler gewesen. In der Saison 2017/2018 waren es noch 17,1 Prozent. Die Quote einheimischer U21-Talente sei in diesem Zeitraum von 7,8 auf nur noch 3,0 Prozent gefallen. Ein konkreter Blick auf die Einsatzzeiten in der Hinrunde und an den ersten beiden Rückrunden-Spieltagen zeigt allerdings, dass das Problem sogar noch größer ist. Die 18 Ver-

eine setzten bis dahin insgesamt 440 Spieler ein, davon waren zum damaligen Zeitpunkt gerade mal 20 Profis 20 Jahre alt oder jünger und wurden regelmäßig bei ihren Teams eingesetzt – das sind gerade mal 4,5 Prozent.

Wenn man sich beispielsweise die Kader der deutschen U15- und U16-Nationalteams der letzten 20 Jahre ansieht, fällt auf, dass nur ein ganz geringer Teil der dort vertretenen Jugendspieler später auch Bundesligaspieler wurden. Woran liegt's?
PAASCH: Für meine Begriffe fehlt es im deutschen Nachwuchsfußball vor allem an einer Schlüsselposition: Es fehlt unseren Talenten an Mentoren statt Trainern. Die Beziehungen zu Mentoren sind eine der wirkungsstärksten Erfahrungen im Aufwachsen junger Spieler. Mentoren laden ein, ermutigen und inspirieren ihre Spieler, Herausforderungen anzupacken. Sie begleiten und leiten sie durch diese und die zukünftige Fußballwelt, stehen ihnen bei Schwierigkeiten zur Seite, feiern ihre Erfolge und helfen ihnen, mit dem Misserfolg umzugehen.

Provokant gefragt: Sind Jugendtrainer nicht gut genug?
PAASCH: Dass die gefühlte Beschleunigung im Fußball immer heftiger wird und dass unsere Jugend-Nationaltrainer alle immer weniger Zeit haben für eine ganzheitliche Talententwicklung zu sorgen, ist ein Teil des Leistungssports. Wenn es gelänge, klassische Fehler zu vermeiden, die wir aufgrund von festgefahrenen Nachwuchsleistungszentren machen, wäre die Talentwicklung jetzt schon viel weiter. Die Trainer, nicht selten junge Uni-Absolventen, sind dort häufig unterbezahlt. Es herrscht ein großer Wettbewerb, häufig ein Kampf um den nächsten Karriereschritt. Der U13-Coach will U14-Trainer werden und so weiter. Um solche Ziele zu erreichen, gehören unvergütete Überstunden zum Alltag. Für „kleine" Anliegen der Nachwuchskicker ist dabei kaum Zeit.

Interview mit Sportpsychologe Dr. René Paasch

Wann kann man erkennen, ob ein Talent später das Zeug zum Bundesligaspieler hat?
PAASCH: Die meisten Spieler, die früh in ein Leistungszentrum kommen, also zum Beispiel mit zehn oder zwölf Jahren oder noch jünger, sind mit höchster Wahrscheinlichkeit schon nach drei Jahren nicht mehr dabei. Das liegt daran, dass das System in erster Linie ein Selektionssystem ist. Einige Spieler bewähren sich, die anderen nicht. Für diese werden dann neue Spieler geholt. Die Wahrscheinlichkeit, die ersten drei Jahre dort zu überdauern, liegt unter 50 Prozent, die ersten fünf Jahre sogar unter 30 Prozent. Die meisten Spieler erreichen im Leistungszentrum noch nicht einmal das Jugendalter.

Welches sind die wichtigsten Eigenschaften, die man als junger Fußballer mitbringen muss, um später Fußballprofi werden zu können?
PAASCH: Neben den physischen Eigenschaften eines talentierten Fußballers wie Geschicklichkeit, Schnelligkeit, Reaktionsvermögen und Ausdauer sind auch Intelligenz und Mentalität sehr maßgeblich für eine zukünftige Profikarriere. Die Spieler leben rund um die Uhr für den Traum. Auch wenn das oft bedeutet, andere Lebensbereiche zu vernachlässigen. Wer nicht bereit ist, Zeit und Geduld aufzubringen, hat wenige Chancen im Leistungsfußball zu bestehen.

Häufig erleben wir, dass gerade die absoluten Überflieger der Jugend-Nationalteams den Sprung später nicht schaffen. Ist es für die Entwicklung nachteilig, wenn ein Spieler früh in der Jugendkarriere so viel besser war als die Gleichaltrigen?
PAASCH: Der Weg zum Profi ist steinig und schwer und verlangt neben Disziplin und Durchsetzungsvermögen vor allem die Bereitschaft auf vieles zu verzichten. Zweifelsohne ist hierbei auch Glück in gewisser Form unabdinglich. Denn sogar dann, wenn man tatsächlich die ersten Spiele im Profibereich absolviert hat, kann die

Karriere durch Nuancen abrupt beendet werden. Leistungseinbrüche, schwere Verletzungen, egozentrische Berater, immenser Leistungsdruck oder der plötzliche Ruhm – es gibt genügend Gründe für eine gescheiterte Karriere.

Welche Rolle spielen in diesem Zusammenhang die professionellen Berater der Spieler?
PAASCH: Viele behaupten, dass Erfolg und Karriereschritte maßgeblich von einem guten Management abhängen. Berater vertreten junge Talente und sind unter anderem für Vertragsverhandlungen, Vereinswechsel und jegliche Organisationen abseits des Platzes zuständig. Außerdem verschaffen sie wichtige Kontakte zu Sponsoren und Werbepartnern. Aus diesem Grund ist es von großer Bedeutung, als junger Spieler ein seriöses und gutes Management an seiner Seite zu haben.

Wie kann optimale elterliche Unterstützung die Karriere eines Jugendfußballers beeinflussen?
PAASCH: Wonach wir im Leistungssport mit den Eltern gemeinsam suchen sollten, ist ein innerer Kompass, den jeder Spieler im Laufe seiner Karriere entwickelt. Er hilft, sich in den von außen an den Spieler herangetragenen Anforderungen und Angeboten orientieren zu können. Dazu zählen nicht nur die vielen finanziellen Verlockungen und Konsumgüter, die ihm von Spielerberatern oder Vereinen angeboten werden. Und: Kinder und Jugendliche sind keine Leistungsmaschinen. Sie dürfen nicht zurechtgestutzt und nach Belieben verbogen werden, damit sie möglichst viel Ertrag und Leistung bringen.

Also sollte man als Eltern die heranwachsenden Talente eher „in Ruhe lassen"?
PAASCH: Eltern haben grundsätzlich einen wichtigen Einfluss auf die Karriereentwicklung Ihrer Kinder. Sie sind dem Vereinsleben ihres Kindes verbunden und somit emotional an dem Erfolg oder Misserfolg beteiligt und fordern bei den Trainern eine realistische Einschätzung zu den Erfolgschancen ein. Die Kindheit ist der entscheidendste und prägendste Abschnitt der körperlichen, seelischen und geistigen Reife eines Menschen. Eltern sollten dies im Hinterkopf behalten, wenn sie beim nächsten Spiel emotional entgleisen sollten oder ihre Jungen versuchen fremdzusteuern.

Heute ist das Spielerumfeld durch Eltern, Berater, Freunde und Kontakte in den Sozialen Medien sehr groß, entsprechend werden die Spieler von außen stark beeinflusst. Kann ein Trainer angesichts dieser Bedingungen noch eine persönliche Bindung und ein Vertrauensverhältnis zum Spieler aufbauen?
PAASCH: Faktoren wie elterliche Unterstützung, Trainer-Spieler-Beziehung, Disziplin, Systematik oder der richtige Umgang mit Kritik und Misserfolg sind es, die letztlich den Unterschied ausmachen können. Im Nachwuchsfußball ist der Trainer neben dem Spieler die zentrale Person. Seine Kompetenz und seine Arbeitsweise sind entscheidend für Erfolg oder Misserfolg.

Lässt sich pauschal sagen, welche Trainereigenschaften für Nachwuchsspieler die wichtigsten sind?
PAASCH: Spieler haben ein gutes Gespür für die Fähigkeiten ihres Trainers, die Angemessenheit seiner Handlungen und ob er über einen Sinn für Abläufe, Menschen und Umstände sowie über Einfühlungsvermögen verfügt. Deshalb ist aus meiner Sicht die Empathie eine essenzielle Voraussetzung, damit die Handlungen eines Trainers von Erfolg gekrönt sind. Sportlern muss von Seiten

des Trainers ein Gefühl der Zuwendung, des Verstandenwerdens auf mentaler und emotionaler Ebene und der Aufmerksamkeit gegenüber ihren Bedürfnissen vermittelt werden.

Wie wichtig sind Disziplin und Selbstreflexion für einen jungen Spieler? Sind sich selbst hinterfragende Jugendspieler erfolgreicher? Oder ist derjenige Spieler mit dem größten Ego und Selbstbewusstsein im Konkurrenzkampf eines Nachwuchsleistungszentrums erfolgreicher?
PAASCH: Das Selbstvertrauen und die Reflexionsfähigkeit ist bei Jugendspielern die zentrale Größe. Jugendspieler mit wenig Selbstvertrauen und schwacher Selbstreflexion beschäftigen sich eher mit ihren Schwächen, anstatt sich auf ihre Stärken zu besinnen. Sie denken häufig über die Konsequenzen des Sports nach – was denken andere über mich, ich kann das nicht und vieles mehr – und leisten nur den vorgegebenen Durchschnitt. Die Handlungsfähigkeit und -orientierung werden dadurch gestört und die individuellen Fehler steigen.

Wie baut man als Jugendspieler das nötige Selbstvertrauen auf?
PAASCH: Um ein optimales Selbstvertrauen aufzubauen, braucht man eine gute Eigen- und Fremdwahrnehmung. Außerdem Erfahrungen, handlungsförderliche Selbstgespräche, konditionelle Fähigkeiten, regelmäßige Rückmeldungen des Trainers und den nötigen Respekt vor jeder gegnerischen Mannschaft.

Einige Experten haben während der Recherche zum Thema angemerkt, dass sehr viele erfolgreiche Profifußballer aus ländlichen Gebieten stammen. Ist das Leben in einer Großstadt mit all seinen äußeren Einflüssen eher negativ für die Konzentration auf eine Fußballkarriere?

PAASCH: Das kann man so pauschal nicht sagen. Beide Varianten haben Vor- und Nachteile. Das Wichtigste für ein Talent ist, dass es viele Gleichaltrige um sich hat. Fehlen sie, macht es keinen großen Unterschied, ob es in einer schmucklosen Hochhaussiedlung oder in einem abgelegenen Häuschen am Waldrand aufwächst. Kinder und Jugendliche erwerben soziale Kompetenzen am besten, wenn keine Hierarchieunterschiede bestehen. Anfangs sagen ihnen die Eltern noch, wie sie sich verhalten sollen – später werden Mannschaftskollegen und Freunde aber immer wichtiger.

Damir Bektic

Kämpferisch auf dem Rasen, schweigsam in der Kabine

Als Damir Bektic im Mai 2015 mit Herthas U19 den DFB-Vereinspokal gewinnt, ist er obenauf. Inmitten des „Goldenen Jahrgangs" von Hertha BSC wird er als Taktgeber im Mittelfeld bewundert. Doch nach der A-Jugend kommt der Bruch. Die Karriere stagniert. Auf der Suche nach den Gründen offenbaren sich unterschiedliche Meinungen.

Es ist eine liebgewordene Tradition: Seit 2010 findet wenige Stunden vor dem DFB-Pokalfinale ein paar Meter vom Berliner Olympiastadion entfernt die Ouvertüre des großen Fußballfests statt: das Pokal-Finale der U19-Junioren. So ist das auch am Nachmittag des 30. Mai 2015, als sich die U19-Teams von Hertha BSC und Energie Cottbus im kleinen, aber feinen Stadion am Wurfplatz treffen, um den Titel der A-Junioren untereinander auszuspielen. Die Berliner gehen favorisiert ins Match, haben sie doch im Halbfinale Vorjahresfinalist FC Schalke 04 mit einem 2:1-Sieg ausgeschaltet und sich zuvor schon gegen den FC St. Pauli (1:0) und Titelverteidiger SC Freiburg (2:0) durchgesetzt. Der klassentiefere Gegner aus Cottbus, der in dieser Saison erst den Sprung ins Jugend-Oberhaus geschafft hat, musste allerdings ebenfalls im Halbfinale einen dicken Brocken aus dem Weg räumen: Der VfL Wolfsburg konnte mit 6:5 im Elfmeterschießen bezwungen werden.

Dennoch sind die Berliner der heiße Titel-Tipp, entsprechend legen die Hauptstädter auch los: Im mit 4.500 Zuschauern ausverkauften Amateurstadion drücken sie den Gegner in die Defensive, dessen Torhüter Avdo Spahic muss schon im ersten Abschnitt bei zwei Schüssen von Shawn Kauter und Dominik Pelivan glänzend parieren. Kurz nach dem Seitenwechsel allerdings ist der Energie-Riegel gebrochen, als Herthas Abwehrhüne Nico Beyer nach einem Eckball am höchsten steigt und die Kugel per Kopf ins linke Eck befördert. Der Rest ist Herthaner Überlegenheit, für die maßgeblich auch ein drahtiger Spieler auf der Sechs verantwortlich ist: Damir Bektic. Der beidfüßig starke 1,84 Meter große Stratege, der im Jahr zuvor mit der silbernen Fritz-Walter-Medaille des DFB ausgezeichnet worden war, agiert als heimlicher Chef des Teams. Bektic, der 2013 in der U17-Auswahl von Nationalcoach Christian Wück debütiert hatte, gilt zu jener Zeit im deutschen Jugendfußball als einer der aussichtsreichsten Akteure. Vor ihm haben Talente wie Julian Brandt und Max Meyer ebenfalls mal jene Silberne Auszeichnung des DFB erhalten.

Bektic gewinnt an diesem 30. Mai 2015 entscheidende Zweikämpfe in Herthas Mittelfeld und lenkt sein Team, das vom ehemaligen Profi Michael Hartmann trainiert wird, mit beeindruckender Spielübersicht – und das als junger Jahrgang.

Früh gelernt, sich durchzusetzen

Mit Älteren hat Damir noch nie Probleme gehabt. Er hat früh gelernt, sich durchzusetzen. Was sicherlich damit zu tun hat, dass er früh mit seinem älteren Bruder Adnan und dessen Freunden unterwegs war. Er hat auch viel mit ihnen Fußball gespielt. Respekt vor dem Älteren – das ist ihm daher eher fremd. Sein Jugendtrainer Gerd Thomas, der den jungen Damir beim FC Internationale im Berliner Stadtteil Schöneberg als F- und E-Jugendlichen trainierte, erinnert sich gern an einen für Bektic typischen Auftritt: „Wir spielten mit Damirs E-Jugendmannschaft gegen ein Team, das aus älteren Jungs bestand. Damir stieg damals im Zweikampf schon immer recht kräftig ein. Als ein deutlich größer gewachsener Gegenspieler liegenblieb und sich laut beschwerte, meinte Damir nur zu ihm: ‚Wenn dir das nicht passt, dann geh doch besser Tischtennis spielen!'. So war Damir damals – als Elfjähriger."

Auch bei der Hertha hat sich der privat eher introvertiert daherkommende, auf dem Fußballplatz aber äußerst aggressiv zu Werke gehende Bektic locker im Kreis der Älteren durchgesetzt. Während der Großteil seiner Mannschaftskameraden nach dem Berliner Titelgewinn ins Seniorenlager wechselt, kann Bektic noch ein weiteres Jahr bei Herthas U19 dranhängen.

So gerät die offizielle Ehrung der Berliner am Abend im Olympiastadion auch zu so etwas wie einem Abschied von später erfolgreichen Profis. Maximilian Mittelstädt und Yanni Regäsel feiern bereits in der folgenden Spielzeit ihre Bundesligadebüts bei den Profis, auch Torhüter Nils Körber und Kapitän Nico Beyer schaffen 2015/16 den Sprung in den Profikader. Shawn Kauter trainiert bis zu einer schweren Verletzung regelmäßig mit der Mannschaft des damaligen Trainers Pal Dardai, Jordan Torunarigha folgt ein Jahr später.

Viele ziehen weiter zu den Profis – nur der Mittelfeldmotor nicht

Nur Damir Bektic bleibt der Sprung nach ganz oben in Herthas Bundesligateam letztlich verwehrt. Dabei gilt der gebürtige Berliner, dessen Eltern 1994 im Zuge des Bosnien-Kriegs nach Deutschland gekommen waren, eigentlich als größtes Faustpfand im Berliner Jugendlager jener Tage. „Damir ist sicherlich einer der intelligentesten Spieler, die ich jemals unter meinen Fittichen gehabt habe", sagt Ante Covic, der in diesen Jahren die U23 der Herthaner trainiert. Bektic rückt nach der Spielzeit 2015/16 zu ihm auf und beeindruckt den ehemaligen Hertha-Profi vor allem mit seiner Spielauffassung: „Als zentraler Spieler auf der Sechs konnte ich mir keine bessere Persönlichkeit vorstellen. Trotz seines jungen Alters beeindruckte Damir mit seiner Spielintelligenz, seinem Fleiß und seiner Lernwilligkeit. Außerdem hatte er einen extrem guten rechten Fuß, mit dem er blitzgescheite Standards spielen konnte", schwärmt Covic.

Seine ersten Schritte unternimmt Bektic beim FC Internationale Berlin, gleich vor seiner Haustür im Stadtteil Schöneberg. In seinem Jahrgangsteam tummeln sich Kinder aus vielen Ländern, der bosnisch verwurzelte Damir spielt gemeinsam mit Jungs aus Kroatien, Ghana, dem Libanon und Kolumbien. Es ist eine sehr talentierte Mannschaft, aber auch ein wilder Haufen, in dem Damir als eine Art Ruhepol fungiert. „Er hat schon als Zehn- und Elfjähriger die Dinge zusammengehalten und die Richtung vorgegeben. Die anderen haben sich an ihm orientiert", sagt Gerd Thomas. Von den Scouts der Hertha und von Union Berlin wird er allerdings zunächst übersehen. Erst mit 12, als er schon die Berliner Elitesportschule „Poelchau" besucht, werden die dort arbeitenden Hertha-Trainer auf den Mittelfeldspieler aufmerksam und lotsen ihn zur Hertha. Mit 12 wechselt er also den Verein und durchläuft bei der Hertha alle folgenden Jugendmannschaften.

Gemeinsam mit seinem Bruder Adnan und seinem Kumpel und Schöneberger Nachbarn Maxim Pronichev fühlt er sich wohl auf der Poelchau-Schule in Charlottenburg, wo der Sportler-Nachwuchs der Stadt gefördert wird. 2006 erhielt die Schule das Prädikat „Eliteschule des Sports", 2008 kam vom Deutschen Fußball-Bund die Einstufung als „Eliteschule des Fußballs" hinzu. An der „Poelchau", wie die Schule von den Schülern nur kurz genannt wird, muss man eine Aufnahmeprüfung bestehen, es ist alles auf den Sport ausgerichtet. Der Stundenplan ist in der Oberstufe auf drei statt zwei Jahre gestreckt, damit Schüler sowohl ihr Trainingspensum als auch das Abitur schaffen. An den Wochenenden bleibt kaum Freizeit, denn es stehen Wettkämpfe an. Hartnäckig hält sich das Gerücht der Kritiker, die da behaupten, die besten Sportler würden das Abitur an der „Poelchau" auch ohne besondere außersportliche Leistungen bestehen.

Aufgewachsen im „Multikulti" von Schöneberg

„Für uns ging es den ganzen Tag nur um Fußball", bestätigt Pronichev, der Bektic kennt wie wohl kaum ein Zweiter. „Wir sind zusammen groß geworden. Und was ich sagen kann: Auf Damir kann man sich als Freund immer verlassen. Er ist da, wenn man ihn braucht", findet er. Pronichev, von Jugend an als Mittelstürmer mit einem Torjägergen ausgestattet, kennt aber auch eine Art Verschlossenheit seines Kumpels. Dessen Ernsthaftigkeit, die ihn schon als Jugendlichen so viel reifer als die meisten Altersgenossen erscheinen lässt. Vielleicht hat er diese im nicht immer leichten Alltagsleben in den Straßen der Großstadt entwickelt, wo man sich nun einmal häufig durchsetzen muss. Sich nicht unterbuttern lassen darf.

In Bektics Nachbarschaft im Stadtteil Schöneberg haben fast 50 Prozent der Bevölkerung einen Migrationshintergrund. Maxim Pronichev spricht eher liebevoll von „Multikulti", wenn er vom Leben auf Schönebergs Straßen spricht, bei dem gelegentlich rund um den etwas gefürchteten Nollendorfplatz natürlich auch Ellbogeneinsatz vonnöten sei. Sein Freund Damir habe unter diesen Bedingungen eine gewisse „Härte" entwickelt, die Außenstehende, die ihn nicht näher kennen, womöglich als Arroganz auslegen könnten. „Damir macht nicht viele Worte und man kommt nicht so leicht an ihn ran. Aber wenn das Eis einmal gebrochen ist, kann man auch echten Spaß mit ihm haben", sagt Pronichev.

In der Sportschule absolvieren Bektic und Pronichev vormittags die erste Trainingseinheit, nachmittags folgt bei der Hertha eine weitere. Beide entwickeln sich unter Herthas U15-Trainer Andreas Thom so gut, dass sie als 14-Jährige in den erweiterten Kreis der deutschen Nationalmannschaft rücken. Ohne allerdings spielen zu dürfen. Denn beide besitzen keine deutschen Papiere. Während Bektics Eltern bei dessen Geburt in Deutschland nur einen bosnischen Pass für ihren Jungen beantragten, hat der ebenfalls in Berlin geborene Pronichev russische Wurzeln und nur einen russischen Ausweis.

Pronichev entscheidet sich schließlich für den russischen Verband, der an ihn herangetreten ist. Er spielt fortan in den dortigen Jugend-Nationalmannschaften. Bektic aber beantragt einen deutschen Pass – was sich jedoch zieht. Fast zwei Jahre muss er auf das Dokument warten, erst im September 2013 kommt – nach Intervention des DFB – endlich die ersehnte Urkunde. Bektic darf erstmals beim Vierländerturnier der U15 in Hamburg für das deutsche Team in einem offiziellen Länderspiel auflaufen. Beim 2:2 gegen die Niederlande führt er wie bei der Hertha Regie als defensiver Mittelfeldstratege. Bei den anschließenden Spielen gegen Israel und Italien festigt er seine Position und wird ein halbes Jahr später für die U17-Europameisterschaft auf Malta nominiert. Unter Nationaltrainer Christian Wück hat das deutsche Team mit Stammspieler Damir Bektic aber nicht das nötige Durchsetzungsvermögen, um bei dem Turnier weit zu kommen. Nach unglücklichen 0:1-Niederlagen gegen Schottland und Portugal ist bereits nach der Vorrunde Schluss für Bektic und seine Kollegen.

Auf der „Poelchau" zählt nur Fußball

Dennoch ist Bektic zu jener Zeit auf dem Weg nach oben. In der Nationalmannschaft ist er gesetzt wie bei der Hertha, mit der er ein Jahr später den erwähnten DFB-Pokal gewinnt. Allerdings ohne seinen Kumpel Pronichev, der zwischenzeitlich ein Angebot des russischen Erstligisten Zenit St. Petersburg angenommen hat und in der dortigen Jugend spielt. Während Bektic die Sache durchzieht und an der Poelchau sein Abitur macht, bricht Pronichev die Schule ein Jahr vor dem Abi ab und setzt voll auf die Karte Fußball. „Das hat mir als Jugendspieler unheimlich viel gebracht. Ich habe viel gelernt in einer ganz anderen Welt und bin dort erwachsen geworden", sagt Pronichev heute. Zwar kommt Pronichev nach zwei Jahren zur Hertha zurück, bevor er zu Zweitligist Erzgebirge Aue und schließlich zu seinem heutigen Klub Rot-Weiss Essen wechselt. Häufige Tapetenwechsel, die schon vielen Talenten zu schaffen gemacht haben. Pronichev bewertet sie aber keineswegs negativ: „Ich habe es auf diese Art immerhin zum Profifußballer geschafft", sagt er.

Bektic schafft dies nicht. Bis heute nicht. Obwohl es auch bei der Hertha so viele Experten erwartet hatten. Schließlich hat ihn Hertha BSC zu U19-Zeiten auch mit einem Dreijahresvertrag samt Profiaussicht ausgestattet. „Ich hatte extremes Verletzungspech", sagt Bektic selbst. „Er ist an den Erwartungen gescheitert, die diese Fritz-Walter-Medaille an jeden Ausgezeichneten richtet", vermutet Trainer Ante Covic eher.

Seit 2005 verleiht der DFB die Fritz-Walter-Medaille an die besten Nachwuchsspieler ihres Jahrgangs. Zunächst in den Jahrgängen U19, U18 und U17, seit 2015 nur noch in den Jahrgängen U17 und U19. Die Auszeichnung ist benannt nach dem 2002 verstorbenen Ehrenspielführer der Nationalmannschaft Fritz Walter, der 1954 Weltmeister mit Deutschland in Bern wurde. Wer den Preis gewinnt, entscheidet eine Jury, die sich aus Mitgliedern des DFB-Präsidiums, des DFB-Jugendausschusses und des DFB-Trainerstabes zusammensetzt. Der Verein, der den Preisträger ausgebildet hat, erhält zudem eine Prämie in Höhe von 20.000 Euro für Gold, 15.000 für Silber Euro und 10.000 Euro für Bronze.

Immer wieder wird über den Sinn und Unsinn dieser Auszeichnung diskutiert. Viele Experten kritisieren, die Medaille bürde den Ausgezeichneten zu viel Druck auf und manch ein Talent verkrafte die Medaille nicht. Was auch die Beteiligten selbst mitunter durchaus so sehen. So warnt Nils Teixeira, der 2008 in der U17 Bronze gewann, in einem Podcast bei „Schluesselspieler.de" vor möglichem Abheben der Ausgezeichneten: „Wenn man diese Auszeichnung als junger Spieler richtig einordnen kann, bringt sie einem sicherlich Schwung, weil man an Selbstvertrauen gewinnt. Es kann aber auch das Gegenteil passieren: Man wird arrogant, nachlässig, ruht sich auf seinem Können aus und arbeitet nicht genug an sich weiter. Dann ziehen die anderen, die vorher schlechter waren, an einem vorbei."

Bei einem Blick auf die Liste der Gewinner der Fritz-Walter-Medaille sollte man aber sicher eher zu dem Schluss kommen, dass die Ausgezeichneten ganz gut mit den daraus folgenden Erwartungen zurechtgekommen sind. Es sind fast ausschließlich große Namen dabei, die anschließend auch als Seniorenspieler ihren Weg gemacht haben. Zwar wurden nicht alle Weltmeister wie Mario Götze, Toni Kroos oder Benedikt Höwedes. Aber in der 1. oder 2. Liga sind sie eigentlich fast alle gelandet.

Die bisherigen Gewinner und Platzierten der Fritz-Walter-Medaille

2005	U19	U18	U17	Juniorinnen
Gold	Florian Müller	Marc-Andre Kruska	Sergej Evljuskin	Anja Mittag
Silber	Manuel Neuer	Sören Halfar	Daniel Halfar	Patricia Hanebeck
Bronze	Eugen Polanski	Kevin-Prince Boateng	Sebastian Tyrala	Celia Okoyno da Mbabi
2006	**U19**	**U18**	**U17**	**Juniorinnen**
Gold	Kevin-Prince Boateng	Sergej Evljuskin	Lars Bender	Anna Blässe
Silber	Robert Fleßers	Robert Fleßers	Marko Marin	Nadine Keßler
Bronze	Daniel Adlung	Jose Alex Ikeng	Sven Bender	Stefanie Draws
2007	**U19**	**U18**	**U17**	**Juniorinnen**
Gold	Benedikt Höwedes	Marko Marin	Patrick Funk	Babett Peter
Silber	Manuel Konrad	Eric Maxim Choupo Moting	Konstantin Rausch	Katharina Baunach
Bronze	Jerome Boateng	Stefan Reinartz	Nils Teixeira	Bianca Schmitt

2008	U19	U18	U17	Juniorinnen
Gold	Dennis Diekmeier	Toni Kroos	Manuel Gulde	Jana Burmeister
Silber	Florian Jungwirth	Sebastian Rudy	Lennart Hartmann	Kim Kulig
Bronze	Marcel Risse	Richard Sukuta-Paso	Shervin Radjabali-Fardi	Valeria Kleiner
2009	**U19**	**U18**	**U17**	**Juniorinnen**
Gold	Lewis Holtby	Marco Terrazzino	Mario Götze	Marina Hegering
Silber	Konstantin Rausch	Sören Bertram	Reinhold Yabo	Alexandra Popp
Bronze	André Schürrle	Felix Kroos	Marc-Andre ter Stegen	Dzenifer Maroszan
2010	**U19**	**U18**	**U17**	**Juniorinnen**
Gold	Peniel Mlapa	Mario Götze	Timo Horn	Svenja Huth
Silber	Stefan Bell	Reinhold Yabo	Andre Hoffmann	Ramona Petzelberger
Bronze	Shervin Radjabali-Fardi	Matthias Zimmermann	Kolja Pusch	Kyra Malinowski
2011	**U19**	**U18**	**U17**	**Juniorinnen**
Gold	Marc-Andre ter Stegen	Julian Draxler	Emre Can	Johanna Elsig
Silber	Matthias Zimmermann	Sonny Kittel	Robin Yalcin	Luisa Wensing
Bronze	Kevin Volland	Markus Mendler	Olisseas Vlachomidos	Melanie Leupolz
2012	**U19**	**U18**	**U17**	**Juniorinnen**
Gold	Antonio Rüdiger	Matthias Ginter	Leon Goretzka	Lena Lotzen
Silber	Andre Hoffmann	Thomas Pledl	Max Meyer	Lina Magull
Bronze	Patrick Rakovsky	Dominik Kohr	Pascal Itter	Sara Däbritz

2013	U19	U18	U17	Juniorinnen
Gold	Matthias Ginter	Kevin Akpoguma	Timo Werner	Melanie Leupolz
Silber	Yannick Gerhardt	Joshua Kimmich	Julian Brandt	Sara Däbritz
Bronze	Dominik Kohr	Anthony Syhre	Donis Avdijaj	Franziska Jaser
2014	**U19**	**U18**	**U17**	**Juniorinnen**
Gold	Niklas Stark	Julian Brandt	Benedikt Gimber	Sara Däbritz
Silber	Max Meyer	Levin Öztunali	Damir Bektic	Pauline Bremer
Bronze	Joshua Kimmich	Jonas Föhrenbach	Timo Königsmann	Jasmin Sehan
2015	**U19**		**U17**	**Juniorinnen**
Gold	Jonathan Tah		Felix Passlack	Pauline Bremer
Silber	Timo Werner		Niklas Dorsch	Nina Ehegötz
Bronze	Lukas Klostermann		Constantin Frommann	Laura Freigang
2016	**U19**		**U17**	**Juniorinnen**
Gold	Benjamin Henrichs		Gian-Luca Itter	Nina Ehegötz
Silber	Philipp Ochs		Kai Havertz	Anna Gerhardt
Bronze	Maximilian Mittelstädt		Arne Maier	Tanja Pawollek
2017	**U19**		**U17**	**Juniorinnen**
Gold	Salih Özcan		Fiete Arp	Jana Feldkamp
Silber	Aymen Barkok		Jean-Manuel Mbom	Janina Minge
Bronze	Gökhan Gül		Lars Lukas Mai	Sophia Kleinherne

2018	U19	U17	Juniorinnen
Gold	Kai Havertz	Noah Katterbach	Tanja Pawollek
Silber	Arne Maier	Oliver Batista-Meier	Sophia Kleinherne
Bronze	Manuel Wintzheimer	Luca Unbehaun	Lena Oberdorf
2019	**U19**	**U17**	**Juniorinnen**
Gold	Nicolas Kühn	Karim Adeyemi	Klara Bühl
Silber	Josha Vagnoman	Jordan Meyer	Lena Oberdorf
Bronze	Yann Aurel Bisseck	Lazar Samardzic	Gia Corley
2020	**U19**	**U17**	**Juniorinnen**
Gold	Noah Katterbach	Florian Wirtz	Lena Oberdorf
Silber	Kevin Ehlers	Torben Rhein	Gia Corley
Bronze	Frederik Jäkel	Luca Netz	Carlotta Warmser

Die Fritz-Walter-Medaille brachte nicht allen Glück

Es gibt aber eben auch jene Spieler, denen die Medaille eher kein Glück gebracht hat. Florian Müller zum Beispiel. Er ist der erste Gewinner – bei seiner Wahl 2005 setzte er sich immerhin gegen Manuel Neuer durch und war jahrelang Stammkraft in den verschiedenen deutschen U-Nationalmannschaften. Er wechselte seinerzeit in seinem ersten Profijahr von Union Berlin zu Bayern München, wo er bei der enorm starken Konkurrenz aber kaum zum Zug kam. Von dort aus ging er zum 1. FC Magdeburg in die Dritte und anschließend zu Alemannia Aachen in die Zweite Liga. Dort schien ihm der Durchbruch in höhere Sphären noch einmal gelingen zu können, ehe er jäh von Verletzungspech gebremst wurde. Er riss sich gleich zweimal das Kreuzband im linken Knie und musste seine Karriere mit 26 Jahren beenden.

Auch Bektic hat mit Blessuren zu kämpfen, die seinen glatten Gang ins Profilager womöglich entscheidend bremsen. So stellt sich gleich nach Bektics Austritt aus dem Jugendalter die erste schwerere Verletzung ein. Im ersten U23-Spiel der Saison 2016/17 unter Trainer Ante Covic scheidet der Abiturient in der Auswärtspartie bei RB Leipzigs Zweitvertretung zur Halbzeit mit starken Schmerzen im linken Fuß aus. Die Röntgenaufnahmen beim Arztbesuch in der folgenden Woche zeigen: Der Nachwuchsmann hat sich einen Ermüdungsbruch zugezogen. Bektic fällt drei Monate aus. Anschließend hat er Mühe, sich wieder an das Niveau des Teams heran zu kämpfen. Er bekommt in der zweiten Saisonhälfte zwar noch seine Einsätze, doch die Berliner verlängern den Vertrag nicht über die Spielzeit hinaus.

Covic: „Bektic wurde zu ungeduldig"

Bektic ist im Sommer 2017 vereinslos und irgendwie scheint das einstige Fußballjuwel vom Radar der Scouts und Experten verschwunden zu sein. „An Damir sieht man, wie schwierig der Übergang von der Jugend zu den Senioren für viele Spieler ist. Er hatte mit der höheren Geschwindigkeit und der robusteren Körperlichkeit im Seniorenfußball zu kämpfen. Andere aus seinem Hertha-Jahrgang hatten es schon zu den Profis geschafft, er war aber irgendwie hängengeblieben. Das machte ihm zu schaffen. Er wurde sicherlich auch etwas ungeduldig und verlor ein wenig den Fokus", beschreibt Ante Covic Bektics Probleme aus seiner Sicht.

„Damir hat sich zu dieser Zeit bei der Hertha einfach verzockt", glaubt hingegen Gerd Thomas, Bektics Jugendtrainer. Thomas kennt Damir Bektic und dessen Umfeld und sieht in dessen Fall ein klassisches Beispiel für schlechte Spielerberatung: „Da waren Berater um ihn herum, die starken Einfluss genommen haben. Und ich denke, als es dann um die Vertragsverlängerung bei der Hertha ging, haben sie sich verspekuliert. So saß Damir dann plötzlich auf der Tribüne, anstatt unten auf dem Rasen spielen zu können." Kumpel Pronichev hat diese Verhandlungen mitbekommen und sieht ebenfalls im Frühsommer 2017 einen echten Schnitt in der Karriere seines Freundes. „Vielleicht wäre alles anders gekommen, wenn Damir damals einen anderen Klub – meinetwegen in der 2. Liga – gefunden hätte. Aber das klappte ja leider nicht."

Kansas City meldete sich nicht wieder

Bektic hängt in der Luft. Er greift nach jedem Strohhalm, der ihm eventuell noch den Weg in den „echten" Profifußball ebnen kann. So reist er im Herbst 2017 für zwei Wochen in die USA: Kansas City aus der amerikanischen MSL hat ihn zu einem Probetraining eingeladen. „Ich hab dort in einem luxuriösen Hotel gewohnt und zehn Tage am Training teilgenommen. Der Verein hat die Reise übernommen und mir sogar noch ein Taschengeld ausbezahlt. Man signalisierte mir, dass es mit einem Vertrag klappen würde." Zurück in Berlin wartet Bektic auf das Vertragsangebot aus den USA, was dann aber doch nicht kommt. „Sie haben sich einfach nicht mehr gemeldet", sagt Bektic.

Dafür meldet sich wenige Wochen später Oliver Zapel, Trainer der Reservemannschaft Werder Bremens. Nach zwei Trainingseinheiten legen die Bremer ihm ein Vertragsangebot vor, das Bektic dankend annimmt. Endlich kann er wieder in einem Team seine Klasse zeigen, wenngleich die Aufgabe nicht gerade dankbar ist. Werders Mannschaft hängt beinahe aussichtslos am Tabellenende der Dritten Liga fest. Und wieder läuft es denkbar ungünstig für Bektics neues Team. Im ersten Heimspiel nach der Winterpause empfängt Werder am 3. Februar 2018 Preußen Münster. Als Tabellenletzter will man mit einem runderneuerten Team eine Aufholjagd starten und es sieht auch zunächst gut aus. Nach gut 50 Minuten führt das Zapel-Team mit 2:0, auf der Ersatzbank jubelt auch Damir Bektic mit seinen neuen Kollegen. Doch die Partie soll sich noch zum Alptraum für die Bremer entwickeln, denn Preußens Michele Rizzi erwischt eine Sahne-Halbzeit. Innerhalb von nur 34 Minuten netzt der Preußen-Stürmer gleich viermal und Werder hat am Ende mit 2:4 verloren. Daraufhin muss Trainer Zapel seinen Platz räumen. Bektic hat wieder einmal einen großen Fürsprecher verloren. Zapel hätte auf ihn gesetzt, denn er hält viel von Bektics Interpretation des Fußballs: „Damir ist auf dem Platz ein Spieler, der sehr verantwortungsvoll agiert. Er spielt unheimlich aggressiv, seine Zweikampfführung ist sehr dominant. So einen wünscht man sich als Trainer im zentralen Mittelfeld."

Zapel lernt den „Zauderer" Bektic kennen

Aber Zapel hat auch den „anderen" Damir Bektic kennengelernt. Den Zauderer, als der er außerhalb des Feldes offensichtlich daherkommt. „Damirs Problem liegt eher außerhalb des Platzes. In seinem Verhalten in der Kabine, den anderen Spielern gegenüber. Er ist dort sehr verschlossen, extrem unkommunikativ. Damit steht er sich selbst im Umgang mit den Kollegen doch sehr im Weg. Für ihn wird im Blick auf seine weitere Karriere wichtig sein, dass er dieses Verhalten ändert, um nicht untergebuttert zu werden", glaubt Zapel. Für den Trainer ist Bektics Verhalten im Übrigen nichts völlig Unbekanntes. Er hat es als so etwas wie ein „Großstadtphänomen" identifiziert: „Ich hatte schon einige Spieler aus Berlin, die ähnliche Akklimatisierungsprobleme in meinen Mannschaften hatten. Vielleicht lernen diese Jungs in der Stadt einfach nicht so das Sozialverhalten, das in einem funktionierenden Team nötig ist."

Bektics Befürchtungen mit Zapels Demission jedenfalls bewahrheiten sich: Es kommt als Nachfolger bei Werder Bremen Sven Hübscher – unter ihm bekommt Bektic im gesamten restlichen Saisonverlauf genau einen Kurzeinsatz. Und Bremens Zweitvertretung steigt in die Vierte Liga ab. Bektics Vertrag läuft aus, wird nicht verlängert. Wieder ist eine Saison für ihn verloren. Im Rückblick räumt Bektic durchaus ein, zu jener Zeit womöglich nicht offen genug kommuniziert zu haben. „Ich bin nun einmal nicht der Typ, der gleich große Reden schwingt, wenn er irgendwo neu hinkommt. Vielleicht war ich zu ruhig. Vor allem hätte ich wahrscheinlich das offene Gespräch mit Trainer Hübscher über meine Perspektive suchen sollen, als er mich über Wochen nicht eingesetzt hat. Das habe ich nicht gemacht. Ich hab stillschweigend hingenommen, dass ich unbeachtet auf der Bank gesessen habe. Das würde ich heute sicherlich anders machen."

Bektic bleibt aber dabei: Er zieht hauptsächlich sein Verletzungspech heran, wenn er nach den Gründen für eine bislang verpasste Profikarriere gefragt wird. Er verweist dann auch auf den Beginn der Spielzeit 2018/19. Die Zweitvertretung des FC St. Pauli hat sich damals an ihn erinnert und ihn unter Vertrag genommen. Nach einem Spiel muss er aber erst einmal wieder passen: Ein Bänderriss beschert ihm eine vierwöchige Pause. Anschließend läuft es ordentlich, Bektic mausert sich im St. Pauli-Mittelfeld zur Stammkraft. Bis er im April 2019 plötzlich im rechten Fuß jenen Schmerz spürt, den er zuvor von seinem linken Fuß kannte. Die Röntgenaufnahme belegt: Bektic hat sich diesmal im rechten Fuß einen Ermüdungsbruch zugezogen. Die Folgen erweisen sich diesmal auch psychischer Art: Die erneute Verletzung zieht Bektic moralisch runter. „Ich hatte in diesem Moment zum ersten Mal keinen Bock mehr", sagt Bektic. „Dieser erneute Bruch – es war einfach frustrierend." Zudem gibt es auch noch Probleme bei der Reha. War bei der ersten Fraktur links noch alles rasch wieder verheilt, schließt sich diesmal rechts eine Knochenspalte nicht. Er fällt erneut wochenlang aus. Was dazu führt, dass Bektic auch in Hamburg keine Vertragsverlängerung angeboten bekommt. Er steht im Frühsommer 2019 fußballerisch mal wieder auf der Straße.

Cottbus bietet einen Ausweg

Die Dinge sind nun schwer, Bektic hadert mit sich und der Fußballwelt. Daher ist er dankbar, als einige Tage später das Telefon klingelt und Claus-Dieter „Pele" Wollitz am Apparat ist. Der Trainer von Viertligist Energie Cottbus bietet ihm an, seine Verletzung in Cottbus auszukurieren, die dortigen Ärzte würden ihn fachgerecht begleiten. Danach wolle man in Sachen Beschäftigung mal schauen. So läuft es. Bektic bezieht ein Zimmer im Cottbuser Sorat-Hotel, einem Sponsor des Vereins, kuriert seine Verletzung aus und unterschreibt im Oktober einen Vertrag bei den Lausitzern. Bektic fügt sich gut ein, macht noch sechs Spiele im Jahr 2019 und ist dabei, als Energie zum Jahresabschluss ausgerechnet die U23 von Hertha BSC im Spitzenspiel eindeutig bezwingt. Endlich einmal wieder ein echter Erfolg auf dem Fußballplatz. Bei Bektic kommt so etwas wie neue Fußball-Lust auf. Doch es rumort in Cottbus, im Umfeld des Vereins. Im Winter 2019 platzt zur Überraschung auch der Experten eine mittelschwere Bombe: Trainer Wollitz verlässt den Verein kurzerhand. Bektic hat mal wieder seinen Fürsprecher verloren.

Und wieder – er kennt es ja schon – steht er fußballerisch sprichwörtlich auf der Straße. Es folgt der Coronavirus. „Es kommt mir bei mir manchmal vor wie verhext", sagt Bektic. Er hadert, ist allerdings nach wie vor felsenfest davon überzeugt, noch den Sprung in den Profifußball zu schaffen. Was auch bedeutet, dass er nach wie vor seine ganze Zeit auf Fußball und Training verwendet. Plan B, eine Ausbildung, kommt noch nicht in Frage. „Nein, ich möchte es weiterhin versuchen und alles auf die Karte Fußball setzen. Noch bin ich jung", sagt er.

Zurück in die Heimat

Und im Sommer 2020 folgt er dem Ruf von Almir Numic, einem finanzkräftigen Dienstleistungsunternehmer, der das Ruder beim Berliner Traditionsklub Tasmania Berlin übernommen hat. Gemeinsam mit seinem Berater Souleymane Sané, dem Vater von Deutschlands Senkrechtstarter Leroy Sané, möchte der den aktuellen Fünftligisten Tasmania zurück in den Profifußball führen. Es werden höherklassige Spieler verpflichtet, Damir Bektic ist einer von ihnen. Und der ist endlich einmal wieder guter Dinge, was seine Karriere betrifft: „Ich denke mittlerweile, dass ich hier in Berlin am besten aufgehoben bin. Hier passe ich hin. Und hier sollte ich auch versuchen, meine Karriere weiterzuentwickeln." Bedenken, dass er sich in der 5. Liga unter Wert verkauft, hat er mittlerweile nicht mehr. „Für mich ist jetzt wichtig, dass ich regelmäßig spiele. Ich bin auch diese ewigen Vereinswechsel leid. Und wenn ich gemeinsam mit diesem Verein den Weg nach oben gehen kann, passt das doch gut." Und er glaubt: „Mein großer Durchbruch im Profifußball – der kann auf jeden Fall noch kommen!"

Heiko Hesse

Lieber Weltbank als Westfalenstadion

Als Heiko Hesse 1998 Deutscher A-Jugendmeister mit Borussia Dortmund wird, scheint die Profikarriere vorgezeichnet. Doch ein gutes Jahr später entscheidet sich der zuverlässige Verteidiger für eine Karriere auf einem anderen Parkett: der Finanzwirtschaft.

Es gibt diese Szene im Film „Die Champions", da steht Heiko Hesse auf der Tribüne des leeren Dortmunder Westfalenstadions und wird gefragt: „Na, hast du davon geträumt, hier auch mal zu spielen?" Hesse schweigt eine Weile und sagt dann: „Ich glaube, das ist der Traum von jedem jungen Fußballer. Einmal im Dortmunder Stadion zu spielen." Wehmütig schaut er ins weite Rund. In diesem Moment ist sie zu spüren: die Trauer. Die Enttäuschung darüber, es nicht zum Profifußballer geschafft zu haben.

„Die Champions" ist ein beeindruckendes Projekt der beiden Filmemacher Christoph Hübner und Gabriele Voss. Drei Jahre lang haben sie vier Nachwuchsspieler Borussia Dortmunds begleitet: Von ihrem Deutschen Meistertitel mit der A-Jugend des BVB 1998 bis 2001. Haben ihnen zugeschaut: Francis Bugri, dem feinen Dribbler aus Kassel, Mohammed Abdulai, der als 16-Jähriger aus Ghana zum BVB gekommen war, Claudio Chavarria aus Chile und eben Heiko Hesse. Als der Film 2003 in die Kinos kommt, sind die Kritiker begeistert. Und animieren Hübner und Voss dazu, weiterzumachen. Dran zu bleiben. Weiter zu verfolgen, was aus dem Traum vom Profifußball der vier Protagonisten wird. So erscheint im Jahr 2010 „Halbzeit", die Fortsetzung. Der schon längst wieder in seine Heimat Südamerika zurückgekehrte Chavarria ist da schon nicht mehr dabei, wird von Florian Kringe ergänzt, den Hübner auch schon seit 1998 mit der Kamera begleitet hat.

Kringe ist einer der wenigen aus der Dortmunder Jugend, der den Sprung zu den Profis geschafft hat. Francis Brugri, das wohl größte Talent, ist krachend gescheitert. Ebenso wie Abdulai, Chavarria und auch Hesse. Der zumindest hat auf einer ganz anderen Ebene eine Erfolgsgeschichte geschrieben: Als er in seinem ersten Seniorenjahr in Dortmunds Amateurmannschaft nicht zum Einsatz kommt wie erhofft, beendet er für sich kurzerhand das Kapitel Fußball in Deutschland. „Für mich war immer klar", sagt er: „Wenn ich etwas mache, möchte ich zu den Besten gehören. Und im Fußball gelang mir das offensichtlich nicht. Da war für mich klar, dass ich besser etwas anderes mache." Er schickt am 16. Dezember 1999 – mitten in der Saison – seine Abmeldung an Borussia Dortmund und verfolgt von einem auf den anderen Tag seinen ganz persönlichen „Plan B": Er nimmt ein Stipendium in den USA an und geht im Sommer 2000 nach dem Abitur zum Studium der Wirtschaftswissenschaften nach New Hampshire. 2010, als „Halbzeit" in den Kinos läuft, hat Hesse mit Fußball schon lange nichts mehr zu tun. Er hat nun ein abgeschlossenes Wirtschafts-Studium mit Promotion in Oxford, inklusive eines Jahresaufenthalts in Yale, in seinem Lebenslauf und arbeitet seit 2007 für den Internationalen Währungsfond (IWF) in Washington. Statt mit dem Fußball jongliert er mit Zahlen.

2019 erscheint „Nachspiel". Filmautor Hübner besucht Hesse in Brüssel, wo er mittlerweile für die Europäische Kommission arbeitet. Mohamed Abdulai wird in seinem Alltag als Busfahrer in Bochum-Wattenscheid begleitet, Florian Kringe hat nach anhaltender Verletzungsproblematik und fast 300 Profispielen für Borussia Dortmund, den 1. FC Köln, Hertha BSC und St. Pauli seine Karriere 2015 beendet. Er arbeitet jetzt als Scout für einen Spielerberater. Francis Bugri ist gar kein Thema mehr. Dessen Karriere ist die vielleicht traurigste der von Hübner beschriebenen. Und der Betrachter bekommt den Eindruck: Heiko Hesse scheint 20 Jahre zuvor mit seinem Ausstieg aus dem Fußballgeschäft nicht die schlechteste Entscheidung getroffen zu haben.

Heiko Hesse

Heiko Hesse wächst auf in Kaiserau (Stadt Kamen) im Kreis Unna. Ein kleiner Ort, knapp 20 Kilometer entfernt von Dortmund, Fußballfreunden bekannt durch seine Sportschule. Hier bereitete sich die bundesdeutsche Fußball-Nationalmannschaft vor der WM 1974 ebenso vor wie vor der WM 1990. Es ist also gewissermaßen ein weltmeisterlicher Ort.

Kein Wunder, dass die Kids im Ort fußballverrückt sind und dieser Hype auch an Heiko Hesse nicht vorübergeht. Dabei haben seine Eltern mit Fußball nichts am Hut. Sein Vater arbeitet als einfacher Chemiker bei Schering in Bergkamen (war früher dort unter Tage tätig im Bergwerk) und ist wenig an Fußball interessiert. Seine Leidenschaft in jüngeren Jahren gilt eher dem Reisen. Seine Touren in den 1970ern führen ihn besonders nach Asien in verschiedene Länder. Dort, in Thailands Hauptstadt Bangkok, lernt er auch Heikos Mutter kennen, in einem Krankenhaus, wo sie als Krankenschwester arbeitet. Die beiden verlieben sich, heiraten und bekommen zwei Kinder in Deutschland. Heiko im Jahr 1980 und zweieinhalb Jahre später die Tochter Nicole. Die Familie wächst erst in Bergkamen auf und zieht 1986 nach Kaiserau.

Heikos Fußballbegeisterung entsteht auf dem Schul-Pausenhof der Grundschule, wo untereinander gestritten wird, wer den aktuell heißesten Helden von Borussia Dortmund verkörpern darf. Der BVB wird vergöttert in Kaiserau, es ist die Zeit, da Borussia Dortmund dank Millioneninvestitionen plötzlich die Bundesliga dominiert. Die Meistertitel 1995 und 96 unter Präsident Gerd Niebaum und Manager Michael Meier sorgen für Fußball-Euphorie in der Region – auch wenn sich später herausstellt, dass sich der Verein damals finanziell derart übernommen hat, dass es ihn um ein Haar zerrissen hätte. Aber davon wissen die Jungs in der Jahn-Grundschule ebenso wenig wie die Älteren später auf dem Städtischen Gymnasium in Kamen. In der Grundschule geht es für die Jungs auch darum, sich gegen die anderen durchzusetzen. Ebenso wie auf der Straße. Hesse wächst in einem Mehrfamilienhaus in der Kaiserauer Heimstraße auf – gehobener sozialer Wohnungsbau, sozusagen. Arbeitermilieu. Der Vater bei Schering, die Mutter ist Hausfrau. „Ellbogen auspacken", heißt es gerade für Heiko, der als „Halb-Deutscher" auch äußerlich einiges von seiner asiatischen Mutter geerbt hat. „Ich sah nun einmal anders aus als die anderen. Das hat vor allem auf der Straße dafür gesorgt, dass ich mir meinen Status etwas härter erkämpfen musste, als vielleicht andere", erklärt Heiko. Er packt also ebenso die Ellbogen aus und lernt sich früh durchzusetzen.

Dabei hilft ihm durchaus auch sein Fußballtalent. Als kluger und schneller Verteidiger hat er schon früh den Sinn des Spiels begriffen. Spielt einfach etwas vorausschauender und intelligenter als seine Altersgenossen. Mit sieben Jahren tritt er dem SuS Kaiserau bei, mit elf spielt er in der Kreisauswahl Unna-Kamen, mit der er in den Jahren darauf an den Westfalenmeisterschaften in Duisburg-Wedau teilnimmt. Dort sind sie, die Scouts der Profiklubs – dort sichten sie die Talente, die einmal die Berufsfußballer von morgen werden sollen. Und dort wird auch der Kader für die Westfalenauswahl von Hesses Jahrgang gescoutet. Und Heiko Hesse ist dabei. 1993 wird er erstmals in die Auswahl berufen. Da ist er 13 Jahre alt. Trainer ist Paul Schomann. Der Coach, der später beim DFB Karriere machen wird, avanciert zu Heikos wichtigstem Ratgeber. „Bei ihm habe ich unheimlich viel gelernt. Wir hatten auch menschlich schnell eine gute Verbindung", erinnert sich Hesse.

Im zweiten Jahr C-Jugend, 1994, erfolgt der logische Schritt: Borussia Dortmund tritt an die Eltern von Heiko Hesse heran. „Der damalige Jugendtrainer Volker Pröpper und Nachwuchs-Chef Michael Skibbe saßen bei uns im Wohnzimmer und überzeugten meine Eltern von einem Wechsel", erinnert sich Hesse. Der SuS Kaiserau erhält als Entschädigung einen Satz Trikots und Bälle, und Heiko Hesse ist fortan BVB-Spieler. Was für den Vater bedeutet: Er muss seinen Filius nunmehr dreimal die Woche – im Wechsel mit dem Vater des Mannschaftskameraden Daniel Rach aus Unna-Massen – zum BVB-Training in den Dortmunder Fredenbaum fahren. Ein Jahr geht das so, dann steigt Heiko in den Zug um. Und sein Tagesablauf sieht nun so aus:

Schule bis 13 Uhr, Mittagessen, Mittagspause und Hausaufgaben, um 17.10 Uhr in Kamen-Methler/Kaiserau in den Zug nach Dortmund, wo um 18 Uhr das Training beginnt.

Hesses Leben wird nun vom Fußball bestimmt, was auch damit zu tun hat, dass er für noch höhere Weihen bestimmt ist. Die deutsche Jugend-Nationalelf wird ein Thema. U15-Trainer Bernd Stöber hat ihn in den erweiterten Kreis der Nationalspieler aufgenommen. Als väterlicher Ratgeber in Fußballdingen fungiert nun Rolf Stock, Heikos Sport- und Deutschlehrer am Gymnasium in Kamen. Dessen Sohn Tobias wird später auch Jugendspieler und sein Mitspieler bei Borussia Dortmund – die Dinge ähneln sich. Heiko genießt den fachlichen Austausch mit seinem Lehrer und saugt dessen Tipps begierig auf. Er will lernen, besser werden. Und das möglichst schnell. Dieser Ehrgeiz ist es, der Heiko schneller vorankommen lässt als andere in seinem Alter. „Ich war sehr diszipliniert. Und wollte der Beste werden. Unbedingt. So war ich damals, so bin ich heute noch", sagt Hesse. Hesse ist „Einzelkämpfer" wie auch Teamsportler, braucht nicht unbedingt viele enge Freunde. Diejenigen, die ihm nahestehen, sind dann allerdings umso wichtiger und die Kontakte halten immer noch. Da ist sein bester Freund seit dem Kindergarten Marc Arwed Rutke, späterer Trauzeuge bei Heikos Hochzeit. Da ist auch Andrija Dabovic. Den Gleichaltrigen lernt er in der C-Jugend Borussia Dortmunds kennen, die beiden freunden sich an. Eine Verbindung, die ein Leben lang halten wird. „Andrija kennt mich nach Arwed wie wahrscheinlich kaum ein Zweiter vor allem im Fußball", sagt Hesse. Der Verbindung reißt trotz völlig verschiedener Lebenswege auch später nie ab. „Andrija war sogar viele Jahre später noch Ehrengast bei meiner Hochzeit", berichtet Hesse.

Erst einmal aber bestimmt der Fußball Heiko Hesses jugendliches Leben. Allerdings auch nicht ausschließlich. Denn der 15-Jährige hat noch ein anderes Hobby entdeckt: Aktien. „Ich habe mich schon sehr früh für Geldwirtschaft interessiert. Habe entsprechende Fachzeitschriften gelesen und bei ntv die Börsensendungen rauf und runter geschaut", sagt Hesse. Es bleibt nicht beim Zuschauen, er kauft – mit einer bei der Bank hinterlegten Erlaubnis der Eltern – nun auch selbst Wertpapiere. Schnell ist wieder der Ehrgeiz geweckt und Hesse bekommt ein logistisches Problem: Beim häufigen An- und Verkauf der Aktien ist die mit anderen Aktivitäten belegte Zeit sein größter Feind. „Ich bin dann in der Schule manchmal rasch auf die Toilette gegangen, um von dort meine Bank anzurufen. Vom Klo aus habe ich gelegentlich Aktien geordert oder verkauft." Die Pausen in der Schule nutzt er zudem zu schnellen Besuchen im Geldinstitut, um seine Geschäfte voranzubringen. „In der Schule wussten sie Bescheid über mein Hobby. Ich hatte dort mit den Lehrern auch die Idee einer Börsen-AG verfolgt. Sie haben meine außerschulischen Aktivitäten daher unterstützt und ein Auge zugedrückt, wenn ich mal wegmusste".

So reist er mit Erlaubnis der Schule zu den Hauptversammlungen der Telekom oder von Bayer, während seine Mitschüler die Schulbank drücken. Für Hesse entwickelt sich das Aktiengeschäft zu einem einträglichen Geschäft: Er stockt die 600 Mark Fußballgehalt, die er als B-Jugendlicher beim BVB bekommt, schnell deutlich auf: „Mit den Aktiengeschäften habe ich damals schon durchaus mehr verdient. Es war ein lukratives Zubrot", erinnert er sich. Und gibt das Geld gerne auch für das Reisen in ferne Länder aus. Als er den Führerschein hat, kauft er sich in der A-Jugend von seinem Geld einen alten VW Golf, während Mitspieler eher BMW aus der beliebten 3er Reihe bevorzugen. Es ist nicht so, dass er die Wagen als Statussymbole braucht. Die Meinung der anderen ist ihm oft egal. Aber Hesse lernt den Wert des Geldes kennen – und lieben. „Ich habe damals schon gemerkt, dass Geld nicht alles auf der Welt ist. Aber es erleichtert und ermöglicht dir vieles. Und es ist nie von Nachteil, genügend Geld zu besitzen. Diese Einstellung habe ich im Grunde bis heute beibehalten."

In der Fußballmannschaft bleibt Heikos Talent im Umgang mit Wertpapieren natürlich auch nicht unbemerkt. Im Mannschaftskreis erntet er bald den Spitznamen „Professor", seine Trainer wollen teilhaben am finanziellen Erfolg mit Aktienempfehlungen. „Einige der BVB-Jugendtrainer wollten mir dann sogar Geld geben, das ich gewinnbringend für sie angelegt hätte", sagt Hesse. Daraus wurde dann aber doch nichts.

Aufgrund seiner guten Leistungen und seinem Charakter erwirbt sich Hesse beim BVB schnell den Respekt der anderen. Mit seiner professionellen, disziplinierten Art ist er auch auf dem Rasen einer der Chefs. Zumal er auch schon bald ins Blickfeld der Jugend-Nationalmannschaft gerät. „Ich habe es leider nicht in den Kader der auserwählten 18 geschafft für die Länderspiele, war aber in meinem Jahrgang immer bei den Spielern auf Abruf. So etwas hat im Klub natürlich auch das Standing verbessert", sagt er. Hesse ist als Defensivspieler so bissig und taktisch diszipliniert, dass er seine Defizite im Bereich Technik ausgleichen kann. „Ich war technisch sicher nicht der Beste. Aber als Verteidiger war ich für die gegnerischen Angreifer mit meinem Willen und meinem Ehrgeiz ein durchaus unangenehmer Gegenspieler", sagt er.

Beim BVB läuft es blendend zu jener Zeit. Nicht nur bei den Profis in 1995 und 1996 mit den deutschen Meisterschaften, auch in der Jugendabteilung. Borussia Dortmund holt einen Meistertitel nach dem anderen. Bei zweien ist auch Heiko Hesse mit dabei: 1996, als die B-Jugend den deutschen Titel holt, und 1998, als dieses Kunststück der A-Jugend sogar zum fünften Mal in Folge gelingt. Er ist in beiden Jahren als junger Jahrgang im Team der Älteren dabei. Seine Nachteile gleicht er mit Willen und Ehrgeiz aus. Im sogenannten „Jugendhaus" des BVB, geleitet vom hemdsärmeligen „Herbergsvater" Sven Kirchhoff, werden zu jener Zeit Spieler aus aller Welt untergebracht. Unter anderem Claudio Chavarria, Mohammed Abdulai und auch Francis Bugri. Hesse bleibt daheim in Kaiserau wohnen. „Das Jugendhaus – das hätte ich nicht gemacht. Dafür war mir die Schule einfach zu wichtig. Und im Jugendhaus war es sicherlich viel schwerer, sich auch auf die Schule zu konzentrieren", sagt er. In „Champions" ist zu sehen, wie Hesse sein Engagement in der Schule und auf dem Börsenparkett gegenüber dem

Filmemacher Hübner verteidigt: „Nein, ich setze auf keinen Fall nur auf Fußball. Ich brauche die Schule, damit ich mir ein zweites Standbein aufbauen kann. Denn was passiert denn, wenn ich mir eine schwere Verletzung zuziehe und die Fußballkarriere von einem auf den anderen Tag vorbei ist? Dann stehe ich plötzlich da: Habe nichts mehr, wenn ich mir vorher kein zweites Standbein geschaffen habe", sagt er da.

Eine höchst professionelle und kluge Einstellung für einen Jugendlichen – denkt der Außenstehende. Beim BVB kommt Hesses Weg allerdings nicht so gut an. Von Trainer Edwin „Eddy" Boekamp wird er in „Champions" eindrücklich darauf hingewiesen, sich mehr auf den Fußball konzentrieren zu müssen. „Ich habe mehr von dir erwartet", sagt Boekamp nach der Spielzeit 1998/99 zu ihm. „Wenn du es beim BVB noch schaffen willst, musst du es auch wirklich wollen. Du musst mehr geben!"

Im Verein hat man zu jener Zeit auch noch nicht sonderlich viel Erfahrung mit jungen ausländischen Spielern – das Thema Integration wird kaum verfolgt. „Viele der Jungs aus Ghana, Israel oder Südamerika haben daher damals trotz großen Talents den Sprung beim BVB nicht geschafft", erinnert sich Hesse. In „Champions" ist zu sehen, wie Claudio Chavarria mehr oder weniger am Deutschunterricht verzweifelt, Mohammed Abdulai spricht nach wie vor nur Englisch. Neben Fußball und Schule ist da nichts außer Langeweile.

Das Schicksal der beiden, die in Deutschland letztlich nie wirklich im Profifußball Fuß fassen können, mag beispielhaft für fehlende Integrationsarbeit gewesen sein. Während Abdulai nach seiner Zeit in der BVB-Jugend zunächst zum KFC Uerdingen wechselt, um später nach fehlgeschlagenen Versuchen unter anderem in Belgien bei der SG Wattenscheid 09 landet, gerät Chavarrias Deutschland-Aufenthalt im Jahr 2000 gänzlich zum Desaster. Er kann sich nach der Jugendzeit nicht in Dortmunds Amateurmannschaft in der Regionalliga durchsetzen. Nachdem er wegen einer Verfehlung von Boekamp suspendiert wird, spielt er ein halbes Jahr für den niederrheinischen SV Straelen, bevor er

Patrick Falk

Lucas Scholl

Joti Chatzialexiou

Sergej Evljuskin

Jonas Ermes

Dr. René Paasch

Damir Bektic

Heiko Hesse

Felix Casalino mit Ronaldinho

Prof. Dr. Oliver Höner

Fabio Dell'Era

Jonas Wendt

Dr. Gerrit Hartung

Walter Laubinger

Manuel Fischer

Thomas Krücken

Ferdi Esser

Dennis Kings

völlig desillusioniert in seine Heimat Südamerika zurückkehrt. Er, der sich selbst gern als legitimen Nachfolger des chilenischen Starspielers Marcelo Salas gesehen hat, scheitert in Deutschland krachend. Chavarria verdient später in diversen halbprofessionellen Klubs in Südamerika seinen Lebensunterhalt.

Für Heiko Hesse ist diese Entwicklung wenig überraschend: „Zu jener Zeit waren die Jugendabteilungen der Profivereine viel weniger professionell bestückt als heute. Es gab oft die Trainer der ‚alten Schule', die waren weniger auf dem wissenschaftlichen Stand wie die Leute heute in den Nachwuchs-Leistungszentren. Die Jungs aus dem Ausland, von den anderen Kontinenten, wurden oft wenig außerhalb des Fußballplatzes betreut. Entsprechend sind sie dann auch im Sport gescheitert." Zumal die Luft bei Borussia Dortmund für junge Spieler extrem dünn ist zu jener Zeit. Als Dortmund 1997 am Zenit steht mit dem Gewinn der Champions League. Bei den Profis spielen Weltklassespieler wie Julio Cesar, Andreas Möller, Karl-Heinz Riedle und Jürgen Kohler – für die ebenso erfolgreichen wie hoffnungsvollen Talente aus der eigenen Jugend ist kein Platz. Selbst Francis Bugri, der als Supertalent gilt und bei Profitrainer Matthias Sammer anfangs in der Bundesliga eingesetzt wird, bekommt im zweiten Seniorenjahr die Rote Karte von Borussia: Für genau seine Position wird für 25 Millionen Mark Tomas Rosicky aus Tschechien verpflichtet. Gleiches Alter, gleiche Position, aber schon ein Stück weiter. Bugri muss sich wieder hintenanstellen. Darf weiter bei den Profis mittrainieren, spielt aber bei den Amateuren in der Regionalliga. „Man hätte damals als Jugendspieler gleich zu einem anderen, etwas kleineren Bundesligisten oder in die Zweite Liga wechseln sollen. Das wäre ein leichterer Weg in den Profifußball gewesen", sagt Hesse.

Bugri geht erst 2004, und für ihn beginnt eine Odyssee. Er ist ständig auf der Suche nach Umwegen, die ihn zurück in den Profifußball führen könnten. Es ist auch eine Suche nach sich selbst. VfB Lübeck, Hessen Kassel, Kickers Emden, dann ein Zweitligist in Dänemark und schließlich die Sportfreunde Lotte in der ostwestfälischen Provinz: immer unterwegs und nirgends zuhause. Letztlich bleibt Bugri im Amateurfußball hängen.

Für Hesse geht es auch nicht im Fußball weiter. Aber aus einem anderen Grund als bei den anderen: Er entscheidet sich ganz bewusst für eine andere Richtung. Hängt die Fußballschuhe mit 20 Jahren an den Nagel und geht im Jahr 2000 in die USA. In New Hampshire bekommt er ein Stipendium und nimmt ein Studium der Kunstgeschichte und Wirtschaft auf. Immerhin hat ihm seine BVB-Vergangenheit zu diesem Schritt verholfen, denn das Stipendium finanziert er, indem er in der College-Fußballmannschaft spielt. Ein Jahr später zieht er weiter nach England. In Essex beginnt er ein Wirtschaftsstudium – eine schwierige Zeit im ersten Sommer von 2001. Im Film „Nachspiel" ist zu sehen, wie Hesse aus einem Brief an Filmemacher Hübner vorliest: Er schreibt da von Einsamkeit, schlechter Laune, Sinnlosigkeit des Lebens und einer Sackgasse, in der er sich möglicherweise befindet. „Das war damals wahrscheinlich die schwierigste Zeit in meinem Leben", erinnert er sich. „Ich war mental in einem tiefen Loch, habe an allem gezweifelt, was ich mache und bis dahin erreicht habe." Die Dinge werden besser in Essex, als er ein Jahr an der Uni überspringen kann sowie einen semi-professionellen Fußballverein findet, mit dem er das Studium finanziert. Es kulminiert in 2003, als Hesse dank eines Stipendiums an der berühmten Universität von Oxford aufgenommen wird für ein Masterstudium und eine Promotion in Ökonomie. Fußball spielt nun keine Rolle mehr in Heiko Hesses Leben. Er ist voll auf eine Karriere in der Finanzwirtschaft umgeschwenkt.

Vorangegangen sind nach dem Meistertitel mit der A-Jugend des BVB 1998 zwei ernüchternde Jahre: Nach 1998/99, dem zweiten Jahr A-Jugend, bekommt auch Hesse – wie die meisten anderen – einen Amateurvertrag und landet in der U23 des BVB. Dort regiert nun Eddy Boekamp, der A-Jugend-Trainer von Hesse während der deutschen Meisterschaft in 1998. Dieser allerdings hält nicht allzu viel von Hesse und setzt auf die erfahrenen Spieler. Hesse macht kein Spiel im Amateurteam in der Regionalliga und sitzt oft auf der Bank. Er spürt: „Das ist es nicht für mich!" Ein Wechsel zur Hammer Spielvereinigung in die Verbandsliga kommt im Januar 2000 zustande, und dann kommt das Angebot mit den USA im Frühjahr. „Über einen befreundeten Kollegen habe ich dort ein Stipendium angeboten bekommen. Da war für mich die Entscheidung klar: Ich gehe in die USA nach meinem Abitur im Sommer 2000", berichtet Hesse. In „Nachspiel" sagt Boekamp schonungslos offen, was er von Hesses fußballerischen Fähigkeiten wirklich hält: „Heiko ist mit seiner Disziplin in der Defensive sicherlich brauchbar. Aber wenn es gilt, nach vorne zu spielen, kommt er schnell an seine Grenzen. Ich denke, wir haben bei ihm alle Möglichkeiten ausgereizt, ihn optimal gefördert. Für ganz oben reicht es nicht. Für ihn macht es Sinn, ein paar Ligen tiefer zu spielen und mit dem Fußball einfach sein Studium zu finanzieren."

Hesse macht zwar genau das, zumindest Teilen von Boekamps hartem Urteil kann er aber nicht folgen: „Mit dem begrenzten Talent hat er sicher Recht. Aber ich denke nicht, dass man bei mir alles ausgereizt hatte. Hätte man mir im ersten Seniorenjahr mehr Chancen und Spielzeit gegeben, wäre die Entwicklung möglicherweise anders gelaufen."

Hesse macht Karriere. Nicht auf dem Fußballplatz, sondern in der Finanzwelt. Nach dem Doktortitel, den er sich in nur einem Jahr mit viel Disziplin und Engagement in Oxford holt, kann er sich die Jobs in der Wirtschaft quasi auswählen. Er entscheidet sich für ein Angebot bei der Weltbank für die Wachstumskommission mit dem Nobelpreisgewinner Michael Spence als einem seiner Chefs. Er zieht dafür, nach einem Jahr an der Yale Universität während der Oxford-Promotion, nach Washington DC. Seine Frau Evi, eine gebürtige Griechin, lernt er hier kennen. Die promovierte Molekularbiologin wird seine Ehefrau, die beiden kaufen ein Haus im noblen Georgetown in Washington DC, bekommen drei Kinder in den Jahren darauf – alles Jungs mit dem Jüngsten – der erst 2020 mitten in der Pandemie geboren wird. Der Älteste hat mit sechs Jahren angefangen, in der Schule

Fußball zu spielen. „Aber in den USA ist Fußball kein Massensport wie in Europa neben den anderen Sportarten und keinem ähnlichen Ligasystem. Generell werde ich meine Jungs auch nicht zum Fußball drängen, da sie selber entscheiden sollen, was ihnen Spaß macht", sagt Hesse.

Dem Fußball trauert er nicht hinterher, zumindest sagt er das. Grundsätzlich findet er aber, dass ihm auch der Fußball trotz seiner gescheiterten Profikarriere viel geholfen hat im Leben. „Es war für mich auf jeden Fall erst einmal ein Weg heraus aus dem Arbeitermilieu. Und dann lernt man beim Fußball, was wichtig ist im Leben. Man lernt, dass Talent allein nicht ausreicht, wenn man Großes erreichen möchte. Um dort erfolgreich zu sein, ist harte Arbeit nötig." Generell, findet er, hat ihm der Fußball geholfen, jene Eigenschaften zu entwickeln, die ihm dann später auch in der Finanzwelt weitergeholfen haben. „Als Fußballer lernst du Teamfähigkeit und du lernst, mit Rückschlägen umzugehen. Denn die kommen ja auch im ‚richtigen' Leben."

Mittlerweile lebt die Familie in Athen, der Heimat von Ehefrau Evis Familie. Im Sommer 2020, inmitten der Corona-Pandemie, haben sich die beiden zum Umzug nach Griechenland entschlossen. „Eine kurzfristige Entscheidung für das ganze Schuljahr der Kinder mitten im griechischen Heimaturlaub", berichtet Hesse. Die Familie bezieht eine Wohnung in Piräus bei den Schwiegereltern, die Kinder besuchen eine private englische Schule in Athen. „Die beste, die es in Griechenland gibt", sagt Hesse nicht ohne Stolz. Das Haus in Washington DC haben sie behalten, „dort steht alles noch so, wie wir es im Sommer verlassen haben", sagt Hesse. Die Rückkehr in die USA soll im Sommer 2021 erfolgen, und er kann von Athen aus im Home-Office für den IWF arbeiten. Nach Kaiserau, in die Heimat seiner Eltern, zieht es Hesse gelegentlich für Familienbesuche. „Ich komme sehr gerne in die Heimat zurück für einige Tage, aber dort ist die Welt eher zu klein für mich längerfristig", sagt er. Heimat ist für Hesse im Übrigen dort, wo er sich gerade mit seiner Familie aufhält. Das hat er so gelernt, auf seinen vielen Stationen in unterschiedlichen Teilen der Welt. „USA,

England, Griechenland, dazwischen drei Jahre in Brüssel in Belgien bei der Europäischen Kommission bis 2019 – wir haben schon an vielen Orten dieser Welt gelebt. Wir fühlen uns dort wohl, wo wir zusammen sind", sagt Hesse.

Felix Casalino

YouTube-Star statt Fußballprofi

Felix Casalino ist ein Kind des Ruhrgebiets. Wie so viele in der Region wollte er nichts lieber werden als Fußballprofi. Es hat nicht ganz gereicht, dafür verdient er mittlerweile auf andere Art mit seinem Lieblingssport sein Geld: mit YouTube-Videos. Er ist im Team der „Freekickerz" einer der Stars der Szene.

Es ist ein nasskalter, grauer Abend, dieser 17. November 2018. Doch für Felix Casalino scheint an diesem Tag die Fußball-Sonne. In Person zum Beispiel von Ronaldinho, neben dem der junge 20-jährige Amateurkicker in der Umkleidekabine der Frankfurter Commerzbank-Arena Platz genommen hat. Man macht sich für das Spiel bereit. „Ronaldinho and friends" spielen gegen die „Adler All Stars", eine Auswahl ehemaliger Eintracht-Stars. Ronaldinho hat Rafael van der Vaart im Team und Dida ist da, der ehemalige brasilianische Nationaltorwart. Torsten Frings sitzt in der Kabine, dazu Größen wie Marco Matterazzi, Kevin Kuranyi und Andres Iniesta. Und eben Felix Casalino, der eigentlich auch mal den Traum hatte, gut bezahlter Fußballprofi zu werden. Dem die große Karriere aber versagt blieb. Casalino kickt 2018 in der 5. Liga – beim westfälischen Oberligisten TSG Sprockhövel. In die Welt der Fußball-Sterne hat er es trotzdem geschafft.

Casalino ist ein Star in einer etwas anderen Fußballwelt als der Champions League. Der Student, der im Herbst 2018 an der Dortmunder Fachhochschule ein BWL-Studium begonnen hat, ist Mitglied der „Freekickerz". Einer kleinen Gruppe von Jungs, die den gleichnamigen YouTube-Kanal betreibt und damit in der Szene der Fußball-Jugend schier durch die Decke gegangen ist. Waren es anfangs 2010 noch einfache abgefilmte Schussübungen, die von den Freekickerz ins Netz gestellt wurden, dreht das Team heute Fußballvideos mit allen Größen der Welt.

Cristiano Ronaldo, Manuel Neuer, Robert Lewandowski, Cesc Fabregas, Thomas Müller, Gianluigi Buffon – sie alle waren schon dabei, wenn die jungen deutschen YouTuber zur Video-Challenge riefen. Casalino und seine Freunde vergleichen sich dann mit den Stars in Elfmeter- oder Freistoßduellen, mit Jürgen Klopp drehte man in dessen Liverpooler Büro auch mal einen Fußball-Wissensquiz. Weit über acht Millionen Follower haben die Freekickerz mittlerweile – damit sind sie nicht nur weltweiter Branchenführer. Sie sind in der jungen fußballaffinen Generation regelrechte Stars. Promis, die auf der Straße erkannt werden.

Felix Casalino und die Freekickerz – Gold wert für die Industrie

Und sie sind für die Industrie der Sportartikelhersteller die perfekten Verbindungsleute zur jungen Generation. Bringen Puma, Adidas, Nike oder New Balance neue Fußballschuhe oder Bälle auf den Markt, ist ein Test-Video auf dem YouTube-Kanal der Freekickerz für die Firmen Gold wert. Gründer Konstantin Hert und seine Freunde arbeiten mittlerweile mit einer Management-Firma zusammen, die ihr Business organisiert. Sie reisen um die Welt, können mittlerweile bestens leben von ihrem einstigen Hobby. Felix Casalino, der neben seinem Prominenten-Status als Mitglied der Freekickerz auch selbst mittlerweile eine Marke geworden und gut damit beschäftigt ist, seine persönlichen Social-Media-Kanäle zu bespielen, kann seine Karriere manchmal selbst noch nicht so richtig fassen: „Ich bin zwar kein Profi geworden, bin aber trotzdem erfolgreich im Fußball und verdiene auch Geld damit. Das ist manchmal wie ein Traum für mich, der in Erfüllung gegangen ist." Ein Traum, der auch unvergessliche Tage wie den mit Ronaldinho beinhaltet. Momente, die der junge Oberligakicker wie im Rausch erlebt hat. Die aber real werden, wenn er zum Beispiel in seinem WG-Zimmer auf Ronaldinhos Badelatschen herunterschaut, die vor seinem Bett stehen. „Die hab ich geklaut, als Ronaldinho fertig geduscht und schon auf dem Weg zum Abendessen war", lacht Casalino.

Eine Karriere als YouTube-Star ist es also geworden. Dabei wollte Felix als Kind und Jugendlicher nichts sehnlicher, als „echter" Fußballprofi zu werden. Vater Stefan, dessen Familie aus Süditalien stammt, ist glühender Schalke-Fan, Felix wächst quasi mit den Tönen der Sportschau und des Sportstudios am Wochenende in den Ohren auf. Schon mit vier Jahren stellt er sich in seinem Heimatort Sprockhövel bei den Minikickern der dortigen TSG ins Tor, später wechselt er dann doch lieber ins Feld. „Ich war erst lauffreudiger Mittelfeldspieler, aber ab ungefähr der C-Jugend gab es für mich dann nur noch eine Position: die des Mittelstürmers", berichtet Casalino. Die gute Jugendarbeit der TSG ist in der Region bekannt, die Nachwuchsteams des Vereins spielen in höherklassigen Ligen. Und sie befinden sich im Radar der größeren Vereine. So geht Casalino im Sommer 2014 auf ein Angebot des Traditionsklubs Schwarz-Weiß Essen ein, als der den jungen Goalgetter im Alter von 16 in seine B-Jugend holen will. „Ich wollte damals einfach mal einen Tapetenwechsel und hatte auch das Gefühl: Vielleicht klappt es mit dem Schritt in Richtung Profifußball bei einem Traditionsverein wie Schwarz-Weiß Essen eher", erinnert sich Casalino, dessen Traum aber wenig später quasi schockartig in die Brüche geht.

Knieverletzung stoppt die Fußballkarriere

Er ist gerade ein halbes Jahr bei Schwarz-Weiß, da eröffnen ihm die Ärzte: Sportverbot. Und zwar zehn Monate – mindestens. Was war passiert? „Ich hatte latent Schmerzen im rechten Knie, es konnte aber lange keiner sagen, woher die kamen. Bis ein Arzt dann eine Minderdurchblutung im Kniegelenk diagnostiziert hat. Eine recht seltene Krankheit, die nach erster Einschätzung nur eine Therapie kennt: ruhig stellen", erinnert sich Casalino, der zu jener Zeit in Hattingen auf die Holthausen-Schule geht, mit Grausen. „Für mich war das damals furchtbar. Ich hatte so viel vor, war ein so aktiver Typ. Dass ich jetzt über so lange Zeit keinen Sport mehr machen durfte, hat mich wirklich hart getroffen."

Casalino diszipliniert sich. Der begeisterte Sportler, der neben dem Fußball auch das Turnen mag, verzichtet auch auf sein geliebtes Trampolin- und Turmspringen. Stattdessen verlegt er sich aufs Training seines Oberkörpers, im Handstand läuft er durch den heimischen Garten. Nach zehn Monaten scheint alles überstanden. Die Schmerzen sind weg, doch beim Arzttermin bei Kniespezialist Dr. Stefan Preiss in Köln kommt die niederschmetternde Diagnose: Das Knie hat sich nicht gebessert. „Als der Arzt mir und meinen Eltern das mitteilte, bin ich noch in der Praxis in Tränen ausgebrochen. Das war so schlimm für mich", erinnert sich Casalino. Man entscheidet nun: Das Gelenk wird operiert. „Was für mich bedeutete: Nach der OP noch einmal zehn Monate Sportverbot. Furchtbar", sagt Casalino. Aber auch diesmal hält er durch. „Ich habe in dieser Zeit zum Glück moralische Unterstützung meiner Familie und meiner Freundin Merle gehabt, mit der ich schon als 14-Jähriger zusammengekommen bin", sagt er. Außerdem entdeckt er in seiner erzwungenen Untätigkeit die Faszination des Zauberwürfels. „Viele kennen ja nur den Würfel mit den Dreierreihen. Ich habe in der Zeit aber alle erhältlichen Varianten durchgespielt. Ich hatte hinterher sicher an die 20 verschiedene Würfel zu Hause", sagt Casalino.

Und endlich: Nach der zweiten Zwangspause wird alles gut. Die Operation hatte angeschlagen, das Knie wurde wieder durchblutet. „Als der Arzt mir dann mitteilte, dass ich wieder alles machen kann und mein Knie wahrscheinlich stabiler ist als vorher, konnte ich mein Glück kaum fassen. Endlich konnte ich wieder loslegen", erinnert sich Casalino.

In Essen hatte er sich schon zu Beginn seiner Verletzung wieder abgemeldet, erster Anlaufpunkt ist also wieder sein Heimatklub, die TSG Sprockhövel. Deren A-Jugend spielt immerhin in der Westfalenliga, gleich unterhalb der Jugend-Bundesliga also. Und Casalino findet schnell wieder in Tritt. Als lauffreudiger, sehr beweglicher und schneller Mittelstürmer entwickelt er sich zu einem guten Torjäger, der rasch auch für die 1. Mannschaft des Vereins interessant wird. Die spielt zu jener Zeit in der 4. Liga. Trainer Andreas Balaika hatte das Team der Namenlosen in für einen Dorfverein wie Sprockhövel höchste Höhen geführt. Und er lädt den Torjäger der A-Jugend zum Training ein. Noch in der Regionalliga kommt Casalino zu einem Einsatz, kann den Abstieg der Mannschaft aber auch nicht mehr verhindern. Im Jahr darauf etabliert er sich dafür in der Oberliga, kommt als nun 18-Jähriger zu einigen Einsätzen und erzielt fünf Tore.

Ein Jahr Auslandserfahrung bei Brindisi FC

Und dennoch gilt es nach der Saison 2016/17 wieder Abschied zu nehmen, denn Casalino entscheidet sich nach dem bestandenen Abitur dazu, ein Jahr Auszeit zu nehmen. Er reist zum Bruder seines Vaters ins süditalienische Brindisi. Für ein ganzes Jahr. „Ich wollte vor dem Studium unbedingt mal ins Ausland. Und so lag Brindisi bei der Verwandtschaft nahe – ich wollte sehr gern auch die italienische Sprache besser lernen", erinnert sich Casalino. Er genießt das Jahr, auch wenn es die Trennung von den ganzen heimatlichen Gefühlen bedeutet. Und natürlich auch Distanz von seiner Freundin Merle, die zeitgleich ein Auslandsjahr in Australien antritt. Keine leichte Entscheidung, aber: „Wir hatten das ganz bewusst so entschieden, waren der Meinung, dass wir das Risiko der Trennung in so jungen Jahren eingehen sollten", sagt Casalino. Die Sache geht sozusagen gut, denn nach dem Jahr der Trennung finden die beiden wieder zusammen. Und auch fußballerisch sammelt Casalino wertvolle Erfahrungen: In Italien kickt er eine Saison lang für den dortigen Viertligisten Brindisi FC. „Das hat mich fußballerisch und auch für meine menschliche Entwicklung sicher weitergebracht", sagt Casalino.

Nach der Rückkehr aus Italien geht in Sachen Freekickerz alles ganz schnell. Casalino hatte schon 2011 – als 13-Jähriger – mit ein paar Kumpels begonnen, Fußballvideos zu drehen und ins Netz zu stellen. Die Crew war allerdings eher spaßmäßig unterwegs. „Wir nannten uns ‚Germankickerz', filmten uns, wie wir uns beim Fußballspielen mit Paintball-Waffen beschossen, und stellten das Ganze bei YouTube ein", erinnert er sich an seine Anfangszeiten. Auch Freekickerz-Gründer Konstantin Hert hatte das irgendwann mitbekommen und nimmt 2017 Kontakt zu Casalino auf. „Er meinte, ich mache mich gut als Fußballer vor der Kamera. Und er fragte, ob ich nicht mal Lust hätte, bei einem Freekickerz-Video mitzumachen", so Casalino. Bei diesem ersten Kontakt muss Casalino wegen seines Italien-Aufenthalts noch absagen, 2018 aber ist es soweit: Bei einem Werbe-Video für Amazon steht er auf einem Kölner Kunstrasenplatz für die Freekickerz vor der Kamera. „Wir haben uns gleich top verstanden und das Video ist auch gut geworden. Das war sozusagen mein Einstieg bei den Freekickerz", sagt Casalino.

Kanal-Gründer Hert stammt aus der Nähe von Stuttgart und war schon seit 2006 auf YouTube aktiv. Er merkte rasch, dass vor allem seine Clips, die sich um Fußball drehten, großen Erfolg hatten. Daher gründete er 2010 einen neuen Kanal, um den Schwerpunkt zu verlagern. Weil der Wunschname „Freekickers" schon belegt war, setzte er kurzerhand ein „z" ans Namenende. Die ersten Videos zeigten hauptsächlich besonders geschossene Freistöße und waren gleich erfolgreich. Das allererste Video – ein Schuss, der beide Pfosten touchiert, bevor er ins Netz fällt – hatte schon bald über eine Million Aufrufe. Es funktionieren auch Tutorials zu bestimmten Schusstechniken, außerdem können die User bald selbst gedrehte Torschüsse einsenden, die zu kompakten Videos zusammengeschnitten werden. Sportartikelhersteller treten auf den Plan, lassen Schuhe, Bälle und weitere Ausrüstung in den Videos testen. Hert und seine Leute bewerten neutral und geben ihre ehrliche Meinung zu den Produkten ab.

Freekickerz – mit Star-Challenges Millionenpublikum erreicht

Neben Tricks und Tipps rund ums Kicken bewährt sich aber vor allem ein spezielles Format: die Challenges gegen internationale Fußballstars. Über zehn Millionen Aufrufe werden gezählt, wenn Elfmeter gegen Sergio Ramos geschossen oder Videos mit Manuel Neuer oder Oliver

Kahn gedreht werden. Profi gegen Amateurkicker heißt es dann, schon bald sind nicht mehr nur deutsche, sondern Abonnenten aus der ganzen Welt dabei.

Casalinos „Durchbruch" bei den Freekickerz gelingt 2018, als er in Bielefeld dreht und ihm ein spektakulärer Fallrückzieher gelingt, der im Netz viral geht. „Innerhalb von einer halben Stunde hatte das Video an die Million Likes – das ging weltweit rum. Ich erinnere mich daran, dass sogar Jerôme Boateng gelikt hat", sagt Casalino. Er wird offiziell Mitglied bei den Freekickerz – und er wird prominent. „Plötzlich wurde ich auf der Straße angesprochen und um ein Selfie oder ein Autogramm gebeten – das war schon cool", erinnert sich Casalino.

Fortan stehen für Casalino, der im Herbst 2018 ein Studium der Betriebswirtschaft an der FH in Dortmund aufnimmt, viele Aufgaben an. Er muss Studium und die Dreharbeiten mit den Freekickerz unter einen Hut bringen. Außerdem spielt er ja auch noch Ligafußball in Sprockhövel. Dort zumindest bis zum Sommer 2020, ehe er nach der abgebrochenen Spielzeit und zwölf Saisontreffern einem Angebot der SG Wattenscheid 09 folgt. Die SG hat nach überstandenem Insolvenzverfahren einen Neubeginn in der Oberliga Westfalen vor der Brust, holt mit Christian Britscho dafür einen jungen, dynamischen Coach an Bord. Und der kennt Casalino und dessen Freunde ganz gut. Casalino hat inzwischen mit seinen Sprockhöveler Teamkollegen Tom Sindermann, Luca Hauswerth und Bruno Staudt eine Fußballer-WG in Bochum bezogen – die SG macht allen vier Spielern ein Angebot. „Das war für uns natürlich super, dass sie gleich uns alle vier verpflichten wollten", sagt Casalino.

Die Vierer-WG sagt der SG zu und wechselt im Paket an die Lohrheide. Eine gute Entscheidung, wie Casalino im Rückblick feststellt. „Die Sache hat uns alle noch einmal richtig weitergebracht", findet er. Vor allem die Zusammenarbeit mit dem neuen Coach gefällt ihm: „Britscho ist vielleicht so etwas wie der Jürgen Klopp im Amateurfußball. Er versteht es super, die Spieler auf der persönlichen Ebene zu erreichen und zu motivieren. Für mich passt das ausgezeichnet", sagt er.

Studium, Freekickerz und Amateurfußball – ein straffes Programm

Aber natürlich ist es nicht so leicht, Studium, Freekickerz und die SG unter einen Hut zu bringen. Den Wattenscheider Teamkollegen ist es nicht neu, wenn Casalino die eine oder andere Trainingseinheit wegen eines Videodrehs irgendwo in Europa mal sausen lassen muss. Und hin und wieder wird auch das BWL-Studium ein wenig in Mitleidenschaft gezogen. So muss er einmal die für 90 Minuten angesetzte Klausur im Fach Marketing/Unternehmensführung nach nur 30 Minuten verlassen, um rechtzeitig einen Flieger in Düsseldorf zu erreichen. „Es ging um einen Dreh mit Roman Weidenfeller abends in Berlin. Und ich hatte den Beginn der Klausur falsch im Kopf. Ich dachte, dass die Klausur schon eine Stunde früher beginnt. War aber nicht so. Also musste ich abkürzen. Immerhin habe ich trotzdem eine 1,7 als Note geschafft", sagt Casalino.

Sein „Multitasking" in Studium, Job und Hobby sorgt also gelegentlich für Stress – vor allem aber für viele spannende und interessante Momente. Sehr gut in Erinnerung geblieben sind Casalino zum Beispiel auch die Dreharbeiten mit Jürgen Klopp in Liverpool. „Ich war aufgeregt vor dem Termin, denn er ist ja schon ein Mega-Prominenter", berichtet Casalino. Vor Ort aber habe sich Klopp als völlig pflegeleicht erwiesen. „Der war wirklich total nett und hat sich wie ein guter Kumpel mit uns unterhalten. Wir haben uns sogar über den Ruhrgebiets-Amateurfußball und die TSG Sprockhövel unterhalten", erinnert sich Casalino.

Neuer begeistert, Messi fehlt

Begeistert war er auch von der Zusammenarbeit mit Manuel Neuer: „Viele Profis sind ja nett bei der Begrüßung und bei der Verabschiedung, sind aber ansonsten distanziert. Kann man auch verstehen, bei dem Programm, das sie so haben. Neuer war aber total anders. Er hat sich wirklich für uns interessiert, viele Fragen gestellt und ist uns auf Augenhöhe begegnet. Total authentisch." Mittlerweile hat Casalino schon mit einer ganzen Reihe von Fußballpromis gemeinsam auf dem Rasen gestanden, einer fehlt aber noch: Lionel Messi. „Dazu ist es leider noch nicht gekommen, aber ich gebe die Hoffnung nicht auf. Er ist natürlich seit vielen Jahren eines meiner Idole und ich würde schon sehr gern selber mal testen, wie gut er wirklich ist."

Das Leben als Amateurfußballer, der als YouTuber bekannt und berühmt geworden ist, hat es ihm durchaus angetan. Auch wenn das Leben als Promi so seine Tücken hat. „Ich musste auf jeden Fall lernen, in der Öffentlichkeit zu stehen", sagt er. So ist es beispielsweise keineswegs egal, in welchem Outfit er sich auf die Straße begibt, das Privatleben ist mitunter eingeschränkt. Betritt Casalino heute irgendwo in Deutschland einen Fußballplatz, wird er normalerweise sehr schnell von einer Schar jugendlicher Autogrammjäger umlagert. „Ich werde natürlich beobachtet und diene vielen jungen Leuten auch als eine Art Vorbild. Damit musste ich erst einmal lernen, zurechtzukommen. Es kommt auf jeden Fall vor, dass ich Promis jetzt verstehe, die mal keine Lust auf ein Selfie haben oder einfach mal in Ruhe gelassen werden wollen." Die Freude über die gelungene Karriere – auch außerhalb des Traumberufs als Profifußballer – überwiegt: „Natürlich bin ich stolz auf das, was ich erreicht habe", sagt er.

Interview mit Prof. Dr. Oliver Höner

„Müssen Talenten verschiedene Wege in den Profifußball bieten"

Prof. Dr. Oliver Höner, geb. 1972, war als Spieler und Trainer mit DFB-A-Lizenz in der Verbands- und Oberliga Westfalen tätig. Seit 2007 ist er Universitätsprofessor für „Sportwissenschaft mit dem Schwerpunkt Sportpsychologie" an der Eberhard Karls Universität Tübingen. Talentforschung im Fußball gehört zu einem seiner Schwerpunkte.

Seit 2008 begleiten Höner und sein Team das Talentförderprogramm des DFB, in dessen Rahmen an 366 DFB-Stützpunkten ca. 14.000 talentierte Fußballspieler/innen (vornehmlich aus den Altersstufen U12 bis U15) ein wöchentliches Zusatztraining von ca. 1.300 geschulten Honorartrainern erhalten. Die Begleitung basiert auf einer engen Zusammenarbeit zwischen dem wissenschaftlichen Projektteam und den Vertretern des DFB (Abteilung Talentförderung, Stützpunktkoordinatoren, Stützpunkttrainer).

Verfügen Sie über aktuelle Statistiken/Erhebungen bezüglich der Durchlässigkeit im deutschen Talentförder-System? Wieviel Spieler aus LZs, U-Nationalteams, Sichtungs-Einrichtungen werden Profis?
OLIVER HÖNER: Diese Frage könnte man mit sehr komplexen und detaillierten Statistiken beantworten. Vereinfacht sollte man sich aber Folgendes vor Augen führen: Zum Einstieg in das Talentförderprogramm des DFB werden in der Altersstufe U12 fast 6.000 Spieler an den DFB-Stützpunkten und den zertifizierten Leistungszentren der Profivereine gefördert. Diese Spieler sind bereits allesamt aus einer großen Masse an Fußball spielenden Jungen in Deutschland ausgesucht worden. Sie gehören zu den Top 4% ihres Jahrgangs und gelten daher zurecht als „begabt". Jedoch schaffen es von die-

Interview mit Prof. Dr. Oliver Höner

sen Spielern nur die wenigsten in die Eliteförderung im B- und A-Jugendalter. Hier werden pro Jahrgang noch rund 1.000 Spieler in den Leistungszentren gefördert. Doch selbst diese Spieler haben rein statistisch nur eine geringe Chance, im Erwachsenenalter in der Bundesliga zu landen. In den letzten fünf Bundesliga-Saisons gaben im Schnitt nur rund 40 Spieler pro Saison ihr Profidebüt. Für die Vielzahl der geförderten Spieler pro Jahrgang gibt es also nur sehr wenige freie Plätze in der Bundesliga, insbesondere wenn man bedenkt, dass rund die Hälfte heutiger Bundesliga-Spieler im Ausland ausgebildet wurde.

Dieses „Nadelöhr" beim Übergang vom Jugend- in den Profifußball ist ein großes Problem für junge deutsche Nachwuchstalente. Das belegen auch Daten vom Sportreport 2020 der DFL. Demnach sind die Einsatzzeiten von deutschen U21-Spielern in der Bundesliga nach einem Anstieg vor einigen Jahren (auch als Konsequenz der diversen Fördermaßnahmen im deutschen Nachwuchsfußball) zuletzt wieder zurückgegangen: Allein in den letzten zwei Jahren von knapp 8 % auf 3 %. Aktuell haben es also die deutschen Talente echt schwer, in der Bundesliga Fuß zu fassen!

Auffällig: Schaut man in die Namenslisten der deutschen U-15 bis U-17 Nationalteams der letzten 20 Jahre, sind diese Namen heute kaum bekannt. Heißt: Die meisten der damals für die Jugendspitze nominierten Spieler wurden keine Profis.
Woran liegt das?
HÖNER: Das hat diverse Ursachen. Da ist zunächst das eben aufgezeigte „Nadelöhr": Viele talentierte Spieler kämpfen um relativ wenige Plätze. Bei den U-Nationalteams sichtet der DFB beispielsweise für jeden U15-Jahrgang mindestens um die 100 Jahrgangstalente, die nach Einschätzung der Scouts das Potenzial haben, zu Lehrgängen der Nationalmannschaft eingeladen zu werden. Diese 14-jährigen Spieler haben aber noch weite Teile ihrer (körperlichen,

motorischen, psychosozialen etc.) Entwicklung vor sich. Die Entwicklungsverläufe sind in diesen Altersstufen sehr dynamisch und schwer vorherzusehen. Daher gilt wohl besonders auch im Fußball das häufig zitierte Bonmot „Prognosen sind schwierig, besonders wenn sie die Zukunft betreffen." Hierfür ist neben den dynamischen Entwicklungsverläufen im Jugendalter auch die Komplexität der Leistungsbeurteilung im Fußball eine Ursache. Während in normierten Sportarten wie der Leichtathletik sich Leistung relativ einfach beurteilen und messen lässt (derjenige, der im 100-Meter-Sprint die beste Zeit läuft, hat direkt ersichtlich die beste Leistung erbracht), sind sportliche Leistungen im Fußball mehrdimensional und schwerer einzuschätzen: War Neuer, Kimmich oder Lewandowski der beste Bayern-Spieler in der abgelaufenen Saison? Zudem ist die Leistungsbeurteilung nicht nur von der Individualleistung eines Spielers, sondern auch von der Leistung der Mit- und Gegenspieler abhängig: Wäre Ibrahimovic ein noch größerer Weltstar geworden, wenn er in den letzten 20 Jahren für die deutsche oder französische Nationalmannschaft gespielt hätte? Auch Persönlichkeits- und Umweltfaktoren, die für die Scouts bei der Sichtung gar nicht direkt ersichtlich sind, spielen eine große Rolle: Welches Leistungszentrum und welches soziale Umfeld sind für ein jeweiliges Talent mit seiner spezifischen Persönlichkeit überhaupt die richtige Umgebung gewesen?

Die Liste an Schwierigkeiten einer genauen Talentprognose ließe sich noch weiterführen. Ein Hauptproblem scheint mir aber zu sein, dass zu viel auf die aktuelle und zu wenig auf die perspektivische Leistungsfähigkeit geachtet wird.

Interview mit Prof. Dr. Oliver Höner

Wird im deutschen Fußball nach den richtigen Kriterien gescoutet?

HÖNER: Vorab: Da Beurteilungskriterien im Fußball und Entwicklungen von Jugendlichen so komplex sind, halte ich jede Aussage für unseriös, die die „richtigen Kriterien" allesamt benennen möchte.

In der Talentforschung wird ein weites und dynamisches Verständnis von Talentkriterien gefordert, um einerseits die Komplexität der Leistungsfaktoren und andererseits die Bedeutung der Entwicklung hervorzuheben. Neben Wettkampfleistungen sind demnach insbesondere körperliche (z. B. Größe), physiologische (z. B. Ausdauer), soziologische (z. B. Unterstützung der Eltern) und psychologische (z. B. Motivation) Leistungsvoraussetzungen zu berücksichtigen. Diese sollten zudem nicht einmalig, sondern mehrfach über längere Zeiträume beobachtet werden, um die Entwicklung berücksichtigen zu können.

Dies ist ein hoher Anspruch der Forschung. In den letzten Jahren hat es diesbezüglich im deutschen, aber auch internationalen Fußball große Fortschritte gegeben und sportwissenschaftliche Diagnostiken finden immer mehr Anwendung. Trotzdem überfordert die Wissenschaft mit ihren Ansprüchen auch an einigen Stellen die Praxis. Meines Erachtens bleibt es wichtig, auch das subjektive (oft unwissenschaftliche) Erfahrungswissen der Scouts für die Talentsichtung Wert zu schätzen. Arsène Wenger hat dies einmal sehr schön zusammengefasst: „We have to take important data under consideration and mix it with our instinct." Das Scouting von Talenten ist damit nicht nur als Wissenschaft, sondern auch als „Kunst" anzusehen, zu erkennen, wer bei bestmöglicher Förderung in ein paar Jahren die beste Leistung bringen kann. Aktuell scheint mir der Fokus zu sehr auf der aktuellen Wettkampfleistung zu liegen.

Nach welchen Kriterien wird bei einem Sichtungsturnier beispielsweise ausgewählt?

HÖNER: Die Tatsache, dass bei Sichtungsspielen vor allem nach Wettkampfleistung ausgewählt wird, kann ich gut verstehen. Die aktuelle

Leistung ist offensichtlich direkter einzuschätzen als die perspektivische Leistungsfähigkeit, die auch von vielen Faktoren außerhalb des Fußballplatzes abhängt. Neben sozialem Umfeld oder bisheriger Trainingshistorie der Talente spielt auch der biologische Entwicklungsstand eine wichtige Rolle, da im Jugendfußball Faktoren wie Körperlichkeit, Kraft oder Schnelligkeit leistungsbestimmend sind. So genannte „Spätentwickler" (z. B. Jugendspieler, deren körperlicher Wachstumsschub etwas später als bei den anderen einsetzt) haben es offensichtlich schwerer, sich für Leistungszentren, Verbandsauswahlmannschaften oder U-Nationalmannschaften zu empfehlen. Nicht identisch, aber einhergehend mit dem biologischen Alter ist das seit Jahrzehnten bekannte Problem des relativen Alterseffekts. Offensichtlich werden innerhalb einer Altersklasse Jugendspieler, die im ersten Quartal geboren sind, deutlich häufiger für Leistungszentren oder U-Nationalteams ausgewählt als Spieler, die im vierten Quartal geboren sind.

Schlechte Profi-Aussichten für die „Spätgeborenen" eines Jahrgangs?
HÖNER: Ja, das muss man leider so allgemein sagen. Im Kindes- und Jugendalter haben Spieler, die gegen Jahresende geboren und damit „relativ jünger" als andere Spieler des Jahrgangs sind, im Durchschnitt Nachteile hinsichtlich der körperlichen und motorischen Leistungsfähigkeit. Sie werden daher seltener für Fördermaßnahmen gesichtet. Dadurch erhalten „relativ ältere" Spieler mehr Fördermaßnahmen, mehr Selbstvertrauen und nicht zuletzt auch mehr „Präsenz" in Spielen, die dann von Scouts beobachtet werden.

Dies ist aber kein typisch deutsches, sondern ein internationales Problem im Fußball. So sind in den fünf europäischen Top-Ligen zumindest bei den jüngeren Jahrgängen rund 60 % der Spieler in der ersten Jahreshälfte geboren. In früheren Altersstufen ist dieser Effekt noch deutlicher. Bei der U17 EM 2019 in Irland hatten fast 75 % der Spieler ihren Geburtstag in der ersten Jahreshälfte. Dabei ist aber auch zu erwähnen, dass wenn körperlich noch weniger ausgereifte (oder relativ jüngere) Jugendspieler solche Sichtungsstufen erfolgreich genommen haben, sie besonders gute Chancen für weiteren Erfolg haben. Sie gelten einerseits als besonders talentiert und lernen andererseits im alltäglichen Training und Wettkampf, sich gegen z.B. körperlich stärkere Gegenspieler durchzusetzen.

Was wäre der bessere Weg?
HÖNER: Ich persönlich bin der Auffassung, dass es „den einen besten" Weg der Talentförderung nicht gibt. Vor diesem Hintergrund ist es sinnvoll, unterschiedliche Wege für die Talente im deutschen Nachwuchsfußball bereitzustellen. Im D/C-Jugendalter werden mit dem DFB-Talentförderprogramm mit seinen Stützpunkten und den Leistungszentren seit Jahren zwei alternative Wege zur Sichtung und Förderung der Talente angeboten. Im B/A-Jugendalter könnte man die Auswahlmannschaften der Landesverbände und die Leistungszentren als mögliche Wege ansehen. Wichtig ist es dabei, die jeweiligen Wege mit spezifischen Aufgaben in der Talentförderung zu versehen (z.B. Förderung der aktuell Besten vs. Förderung der Perspektivspieler) und sie immer wieder auf die aktuellen Anforderungen anzupassen (z.B. Professionalisierung der Leistungszentren in einem internationalen Konkurrenzkampf um die besten Talente).

Als problematisch sehe ich beim Scouting der Talente an, wenn danach gesichtet wird, was der jeweilige Trainer gerade für sein Team „braucht". Dies ist zwar nachvollziehbar, da aufgrund der bestehenden Wettkampfsysteme jeder Trainer für die anstehende Saison auf allen elf Positionen (bestenfalls doppelt) gut besetzt sein möchte/muss. Aus der individuellen Perspektive des Talents erscheint es mir aber ratsam zu sein, weniger positionsbezogen und mehr allgemein die potenziell besten „Fußballer" zu fördern. Zumindest in den jüngeren Altersklassen wäre dies für mich ein wichtiger Aspekt. Zum Beispiel sind im D/C-

Jugendalter häufig die Positionen für das Erwachsenenalter noch gar nicht festgelegt. Mats Hummels ist bspw. als Innenverteidiger Weltmeister geworden, obwohl er in der früheren Jugend noch als Stürmer spielte.

Heißt: Für den schnellen Erfolg vernachlässigen Scouts und Jugendtrainer die längerfristige Perspektive?
HÖNER: Ja, teilweise passiert das und zum Teil ist auch dies systembedingt: Nicht nur unter den Spielern, sondern auch unter den Trainern herrscht ein großer Konkurrenzdruck. Dabei müssen sich Trainer häufig über Wettkampfergebnisse beweisen. Dies ist aber eine Perspektive, die aus dem Profifußball unreflektiert übernommen wird. Es bedarf zumindest in Teilen einem Perspektivwechsel bezüglich des Verhältnisses von Wettkampfspiel und dem Training, das einer nachhaltigen Entwicklung der Talente dienen soll. Der Chef-Trainer U-Nationalmannschaften des DFB, Meikel Schönweitz, hat dies zuletzt, wie ich finde, sehr anschaulich dargelegt: Im Erwachsenenalter sollte das Training dem Wettkampfspiel dienen, dagegen sollte im Nachwuchsfußball das Spiel eher als Lernkontrolle oder Orientierungsgröße des Trainings dienen.

Hinkt Deutschland im Nachwuchsbereich im Vergleich zu Ländern wie zum Beispiel England und Frankreich zurück?
HÖNER: Länder wie England oder Frankreich haben in den letzten Jahren mit ihren Nachwuchsakademien einen sehr guten Job gemacht, insbesondere wenn man sich die technische Ausbildung und auch die Dynamik der Spieler anschaut. Ein guter Indikator für den Erfolg der Talentförderung ist meines Erachtens, wie viele Spieler ein Land ausbildet, die dann in den europäischen Top-Ligen auf höchstem Niveau spielen können. Frankreich hat hier sicher ein beeindruckendes Niveau, aber auch in England scheinen sich die intensiven und kostspieligen Investitionen der letzten Jahre in der

Talentförderung bezahlt zu machen. Man kann generell feststellen, dass die Professionalisierung im Jugendbereich in Europa enorm zugenommen hat. Aus meiner Sicht ist es auch ein gutes Zeichen, dass es sich offensichtlich lohnt, in die Jugend zu investieren. Dies hat sich nach der Jahrtausendwende in Deutschland gezeigt. Allerdings tragen nun die Bemühungen einiger anderer Länder nun auch Früchte, sodass die Konkurrenz für den deutschen Nachwuchsfußball deutlich stärker geworden ist.

Was muss sich in Deutschland ändern?
HÖNER: Insgesamt müssen wir uns schon die Frage stellen: Wie schaffen wir es, mehr deutsche U19-Spieler in den Profiteams unterzubringen? Denn selbst bei Bundesligavereinen wie Borussia Dortmund, die aktuell zurecht für ihre vielen jungen Spieler im Kader sehr gelobt werden, kommen die meisten dieser Talente bei genauer Betrachtung ja nicht aus deutschen Leistungszentren, sondern aus dem Ausland. Diese Tendenz hat sich in den letzten Jahren auch immer weiter in die Altersstufen U19 bis U17 fortgepflanzt, wie Transfers in den jeweiligen Jugend-Bundesligen zeigen.

Das „Projekt Zukunft" des DFB und der DFL möchte den deutschen (Nachwuchs-)Fußball auf diese internationale Konkurrenz nachhaltig besser vorbereiten, insbesondere indem der Nachwuchsspieler wieder mehr in den Fokus der Förderung genommen wird. Hier werden aus meiner Sicht sehr sinnvolle Maßnahmen diskutiert, deren Auswirkungen, wenn sie denn umgesetzt werden, sich aber erst in ein paar Jahren beurteilen lassen. Talentförderung ist ein sehr langfristiges Metier ...

Hat die Einführung von Leistungszentren in den Profivereinen die Entwicklung der Talente messbar verbessert?
HÖNER: Auch wenn die Qualität des Fußballspiels sicher schwer messbar ist, zeigen Spielanalysedaten eindeutig, dass das Spiel in den letzten Jahren – zum Beispiel hinsichtlich der Ballkontaktzeiten

– deutlich schneller geworden ist. Die Räume im Spiel sind zudem enger geworden. Es ist dadurch größere Handlungsschnelligkeit gefordert, sowohl in der Wahrnehmung als auch in der technischen Umsetzung. Ganz offensichtlich sind die Absolventen der Leistungszentren auch athletisch sehr gut ausgebildet. Zudem führte die taktische Ausbildung dazu, dass die Spieler in vorgegebenen Spielsystemen sehr gut ihre Aufgaben erfüllen können, auch wenn dies andererseits auch zu einem Verlust an individueller Kreativität geführt haben könnte.

Zudem hat die Einführung der Leistungszentren dafür gesorgt, dass es erheblich mehr hauptamtliche Trainer im Nachwuchsfußball gibt. Die Leistungszentren haben sich damit auch zu einer Ausbildungsstelle für Trainer und nicht nur für Spieler bewährt, auch wenn die Hauptamtlichkeit natürlich nicht nur Vorteile hat.

Welches sind Nachteile von hauptberuflichen Trainern?

HÖNER: Grundsätzlich befürworte ich sehr die Hauptamtlichkeit von Trainern im Nachwuchsfußball. Sie hat aber zumindest auch zwei Nachteile. Zum einen ist es schwierig, potenziell durchaus äußerst kompetente Nachwuchstrainer in den Nachwuchsfußball zu integrieren, die außerhalb des Fußballs erfolgreich im Beruf agieren und nicht bereit sind, diese Berufe für einen hauptamtlichen Nachwuchstrainerjob aufzugeben. Hier geht Erfahrungswissen bzw. Lebenserfahrung verloren, das für die Persönlichkeitsentwicklung durchaus hilfreich sein könnte. So können hauptberuflich arbeitende Pädagogen zum Beispiel sehr gute nebenberufliche Trainer sein, allerdings kommen diese im System immer seltener vor. Manche Leistungszentren versuchen dem entgegenzuwirken, indem einem (jungen) hauptamtlichen Cheftrainer ein lebenserfahrener Co-Trainer an die Seite gestellt wird.

Zum anderen führt Hauptberuflichkeit bei einigen Trainern auch dazu, dass sie existenziell von diesem Job abhängig sind. Dies erhöht den Druck auf die Trainer massiv und bei entsprechenden Zeitverträgen sind die Trainer fast gezwungen, kurzfristige Erfolge zu liefern. In der Nachwuchsförderung lassen sich diese aber am klarsten über den Mannschaftserfolg aufzeigen. Dementsprechend sehen sich viele Trainer mehr als Mannschaftstrainer denn als Entwickler von jugendlichen Individuen.

Ich glaube, für die Zukunft wäre es wichtig, das Berufsprofil des Nachwuchstrainers noch weiter in seinen Aufgaben zu schärfen. Damit sollte man einerseits die Hauptamtlichkeit ausbauen und andererseits dem Trainer Freiheit sowie Sicherheit geben, damit er im Sinne des Talents dessen Entwicklung nachhaltig begleiten kann. Schließlich soll im Nachwuchsfußball der Trainer für die Spieler da sein und nicht umgekehrt. Hierfür muss man aber auch in dem Sinne die Rahmenbedingungen schaffen, dass die Trainer nicht tagtäglich um ihren Job bangen müssen.

Werden die LZs künftig das Maß aller Dinge sein, was die Ausbildung zum Fußballprofi betrifft?
HÖNER: Einige Spieler, die schon jung in einem Leistungszentrum waren, kommen zwischenzeitlich vom geradlinigen Weg ab, Verwerfungen sind eher normal als ungewöhnlich. Daher darf die Qualitätskluft zwischen der Spitze und der Fußballbasis nicht zu groß werden. Spieler, die talentiert sind, sich aber erst später entwickeln, dürfen nicht verloren gehen. Daher müssen neben den Bundesliga-Leistungszentren vor allem die Stützpunkte gestärkt werden. Dort werden die Spieler aufgefangen, die noch in kleineren Klubs spielen, und auch diejenigen, denen der Weg zu einem Leistungszentrum zu weit ist. Wir müssen weiter verschiedene Wege in Richtung Profifußball für die Talente bereitstellen.

Fabio Dell'Era

Der Frühstarter – ausgebremst beim SC Freiburg

Fabio Dell'Era ist in der Jugend überragend: Als torgefährlicher Mittelfeldspieler führt er seine Jahrgangsmannschaft des SC Freiburg zu großen Erfolgen. Doch dann stagniert die Entwicklung: Die anderen werden größer, stärker, besser. Und in seinem Verein fehlt dem Mann mit dem „Hammer-Schuss" die Unterstützung.

Es ist nicht ganz leicht, einen Termin mit Fabio Dell'Era zu verabreden. Als Immobilienmakler hat er jede Menge zu tun: Ein Geschäftstermin jagt den nächsten. Als es dann endlich klappt mit einem Gesprächstermin in einem Café in der Kölner Innenstadt, sieht Dell'Era so gar nicht nach Fußball aus. Mit seinem modischen Anzug macht er einen eher gediegenen Eindruck, von der sportlichen Figur von einst hat er sich auch längst verabschieden müssen. Was ihm aber nichts auszumachen scheint. Beim Gespräch lächelt Dell'Era oft und lang, er wirkt insgesamt wie ein durchaus zufriedener Mensch.

Von seinem einstigen Traum Profifußball hat er sich allerdings schon lange verabschiedet. „Klar, ich hatte fest damit gerechnet, eine Karriere als Profifußballer hinzulegen. Als mir dann aber klar wurde, dass dies nichts wird, konnte ich mich auch recht schnell damit abfinden, etwas ganz anderes im Leben zu tun", sagt er. Heute verdient er seinen Lebensunterhalt mit dem Verkauf von Häusern. Und er lebt gut davon. „Ich kann nicht klagen", sagt er. „Mir geht's rundherum gut."

Ein Wirbelwind mischt die Freiburger Jugend auf

Gut geht's Dell'Era auch in der Kindheit. Vor allem dann, wenn er einen Fußballplatz betritt. Wilfried Stuckart staunt jedenfalls nicht schlecht, als da plötzlich ein regelrechter Wirbelwind über den Trainingsplatz des SC Freiburg jagt, den er gar nicht kennt. Der Jugendtrainer des Sportclubs hat die damalige D-Jugend der 12- und 13-Jährigen unter seinen Fittichen, als sich im Frühjahr des Jahres 2000 Fabio Dell'Era zu einem Probetraining vorstellt.

Stuckart ist ein ausgewiesener Freund von Sprintfähigkeit bei jungen Fußballern. Er vertritt die feste Überzeugung: Wer schnell ist und körperlich stark, der bringt schon mal sehr wichtige Grundvoraussetzungen mit, um es beim SC Freiburg schaffen zu können. Er lässt den Probespieler, der auch fast einen Kopf größer ist als seine Altersgenossen, also der Reihe nach gegen seine Teamspieler zum 25-Meter-Sprint antreten – vom Langsamsten bis zum Schnellsten. Fabio tritt selbstsicher an, er weiß um seinen explosiven Antritt. Er schlägt die etablierten Jungs der Reihe nach. Als im abschließenden Lauf auch der Schnellste des Teams abgehängt ist, nickt Wilfried Stuckart zufrieden: Dieser Junge darf sich beim SC Freiburg versuchen.

So wechselt Fabio Dell'Era wenige Wochen später mit zwölf Jahren von seinem kleinen Heimatklub TuS Maulburg in der Nähe Lörrachs zum großen SC Freiburg. Mit dem festen Ziel, es im Fußball mal zu etwas zu bringen.

SC Freiburg spendiert eine ICE-Dauerkarte

Es beginnt eine Jugendfußball-Karriere, wie sie in vielen Träumen fußballbegeisterter Jungs vorkommt. Fabio – Vater Italiener, Mutter Deutsche – pendelt fortan viermal die Woche von Maulburg ins 60 Kilometer entfernte Freiburger Trainingszentrum am Möslestadion. Zunächst fährt ihn seine Mutter, später spendiert der SC eine ICE-Dauerkarte und Dell'Era verbringt viel Zeit im Zug. Die Mühen lohnen sich augenscheinlich. Nach Fabios erstem Meisterschaftsspiel für den SC, in dem er beim 36:0-Sieg gegen einen kleinen Nachbarverein gleich zwölf Tore erzielt, haben sich sämtliche Jugendtrainer des SC regelrecht in den kräftigen, aber dennoch flinken Stürmer verguckt – Fabio hat in den folgenden Jahren seinen Stammplatz in den diversen SC-Jugendteams stets sicher.

Daniel Schwaab, später als Erstligaprofi erfolgreich für Bayer Leverkusen, den VfB Stuttgart und PSV Eindhoven unterwegs, wechselt damals zeitgleich vom kleinen SV Waldkirch zum SC Freiburg. Und auch er ist beeindruckt von seinem Teamkollegen: „Fabio war damals körperlich einfach schon einen Schritt weiter als alle anderen in dem Alter. Er war unheimlich kräftig, schnell und hat einen Schuss mit links gehabt – das war wie eine Granate. Der war bei uns der absolute Überflieger", sagt er gut 20 Jahre später. Aber Schwaab glaubt auch: „Durch seine körperliche Überlegenheit damals ging es für Fabio vielleicht alles etwas zu einfach. Möglicherweise hat ihm genau deshalb später der Kampfgeist gefehlt. Noch einmal nachzulegen und mehr aus sich herauszuholen, als die anderen körperlich aufgeholt hatten."

Vorerst geht's aber weiter mit dem Höhenflug ohne besondere Anstrengungen: Dell'Era entwickelt sich zum Torjäger der Extraklasse, was ihn fußballerisch in höchste Sphären hievt. Über die Hochrhein-Auswahl und die Mannschaft Südbadens wird er als U15-Spieler erstmals auch vom Deutschen Fußball-Bund zu einem Lehrgang eingeladen. Und als die deutsche U16-Auswahl Ende August 2003 zwei Testspiele gegen die Schweiz bestreitet, kommt Fabio Dell'Era zu seinen ersten Länderspielen. Die erste Partie findet auch noch in Weil am Rhein, nur einen Steinwurf von Dell'Eras Heimatort entfernt, statt. „Das war für mich der absolute Höhepunkt. Ich hatte es tatsächlich unter die besten Elf meines gesamten Jahrgangs in Deutschland geschafft und durfte mein erstes Länderspiel auch noch sozusagen vor der Haustür bestreiten. Ich war unfassbar aufgeregt."

Erstes Länderspiel vor der Haustür

Trotz Lampenfiebers geht alles gut: Vor vielen Bekannten und Freunden, die sich unter den Zuschauern befinden, gelingt Dell'Era sogar ein Kopfballtreffer beim 4:1-Sieg des Teams von Bundestrainer Jörg Daniel. Mannschaftskollegen damals sind unter anderem: Keeper Ralf Fährmann, Änis Ben-Hatira, später Benni Höwedes. Der gleichaltrige Jerôme Boateng hat es vorerst nur zum Nationalspieler auf Abruf geschafft. Andere Altersgenossen wie beispielsweise Mats Hummels oder Nils Petersen haben zu jenem Zeitpunkt überhaupt noch nicht auf sich aufmerksam gemacht – starten als „Spätzünder" erst Jahre später durch.

Dell'Era aber gehört im deutschen Jugendfußball zur heißesten Ware, nach einem U16-Turnier erhält er ein Angebot vom FC Schalke 04. „Da hatte ich aber wenige Tage zuvor schon einen Vertrag beim SC Freiburg für die nächsten Jahre unterschrieben. Also wechselte ich nicht", erinnert sich Dell'Era. Statt in Freiburg bedienen sich die Schalker auf der Suche nach einem neuen Mittelfeldregisseur im benachbarten Essen und holen Mesut Özil. Der Rest der Geschichte ist bekannt. Özil wird Weltmeister, Dell'Era sieht am TV-Gerät dabei zu. Er hat sich 2014 schon lange mit einem anderen Leben außerhalb des Fußballs angefreundet. So empfindet Dell'Era auch keinerlei Neid, als Mesut Özil in Brasilien den Weltmeister-Pokal in den Händen hält, während er in Deutschland vor dem Fernseher sitzt und zuschaut. „Ich habe mit den Jungs mitgefiebert und mich unheimlich für sie gefreut", sagt er.

„Nicht ungewöhnlich", findet Arne Güllich Dell'Eras Geschichte. Der Sportwissenschaftler, der sich an der Technischen Universität Kaiserslautern schwerpunktmäßig mit der Talententwicklung im Spitzensport beschäftigt, stellt klar: „Nur jeder Tausendste aus einem Nachwuchsleistungszentrum eines deutschen Profiklubs schafft's auch in die 1. Bundesliga." Ganz besonders dürftig ist die Quote jener Talente, die schon früh für ein NLZ gewonnen werden. Denn: Ein Viertel aller Spieler wird jedes Jahr aussortiert. „Die Auffrischungsrate im NLZ beträgt 25 Prozent. Das bedeutet: Je früher man in ein NLZ kommt, desto unwahrscheinlicher ist es, dass man Profifußballer wird." Dell'Era krabbelt auf der Karriereleiter früh höher, absolviert von der U16 bis U18 insgesamt 23 Länderspiele. Die meisten als Teamkapitän. So einer müsste normalerweise doch Profi werden, denkt man. Arne Güllichs Erkenntnisse können auch dies leider nicht bestätigen: „Nur 50 Prozent aller Jugend-Nationalspieler werden später Profis in der 1. oder 2. Bundesliga."

„Alle wuchsen – nur Fabio nicht"

Jahre zuvor ist Dell'Era zunächst mittendrin statt nur am TV-Gerät dabei. Er mausert sich in den deutschen U-Mannschaften zum Stammpersonal. Bis zur U18 ist er stets dabei, wenn zu Länderspielen gerufen wird. Allerdings – und das wird zunehmend auffällig – büßt er mit der Zeit mehr und mehr seine physische Überlegenheit ein. Irgendwann ist zu konstatieren: Fabio Dell'Era entwickelt sich nicht so recht weiter. Vor allem körperlich nicht. Daniel Schwaab erinnert sich genau: „Es war fast etwas tragisch: Alle anderen wurden breiter, wuchsen in die Höhe – nur Fabio nicht. Und irgendwann war er – der früher unser Größter und Stärkster gewesen war – einer der Kleineren." Während die anderen länger und stabiler werden, stagniert Dell'Eras Wachstum. Er ist 1,73 Meter groß – und dabei bleibt's. „Eigentlich war Fabio schon in der D-Jugend genau so groß wie später, als er aus der A-Jugend herauskam", erinnert sich Schwaab.

Dennoch ist Dell'Era erst einmal unter jener Handvoll Jugendspieler, die ins neue SC-Nachwuchs-Leistungszentrum mit angeschlossenem Internat einziehen dürfen. Doch es läuft bei weitem noch nicht alles rund im neu gegründeten NLZ: „Wir waren unter den ersten Bewohnern und man muss ehrlicherweise sagen: Wir haben es genossen. Und viel Scheiß gebaut. Haben unsere Grenzen als heranwachsende Jugendliche ausgetestet und waren von den Pädagogen, die gar nicht viel älter waren als wir selbst, sicher nicht ganz leicht zu führen", erinnert sich Dell'Era.

Er selbst zieht nach einem halben Jahr wieder aus. „Das war nichts für mich. Meine schulischen Leistungen gingen rapide bergab, ich war einfach nicht diszipliniert genug." Dell'Era zieht zurück in seinen Heimatort, pendelt fortan wieder zum Fußball. Und er baut sein Abitur am angestammten Gymnasium in Schopfheim. Heilfroh ist er, als er das Abi geschafft hat, auch wenn es bei einem Notenschnitt von 3,5 nur so gerade eben reicht. „Das war einfach für mich nicht besser möglich. Mein Leben bestand ja hauptsächlich aus Fußball. Direkt nach der Schule ging es damals immer mit dem Zug nach Freiburg, zurück war ich immer erst spät abends. Eigentlich wollte ich immer auf den Zugfahrten lernen – aber dazu ist es irgendwie kaum gekommen." Mit im Zug sitzt damals meist Teamkollege Johannes Flum, der ebenso wie Dell'Era täglich zum SC pendelt.

Großer Erfolg unter Christian Streich

Beide – Flum und Dell'Era – stellen sich auf den Zugfahrten gern vor, wie sie später als Profifußballer in der Bundesliga spielen würden. Sie sind nunmehr in Freiburgs A-Jugend angekommen – ihr Ausbilder ist kein Geringerer als Christian Streich. „Ein sensationeller Trainer", sagen Johannes Flum und Fabio Dell'Era heute unisono. „Der war ein absoluter Fachmann, hat einen super Draht zu den jungen Spielern gehabt", so Dell'Era. Und Streich steht auf Dell'Era, lässt diesen stets auf dessen Lieblingsposition im zentralen Mittelfeld auflaufen – auch wenn Dell'Era mittlerweile tatsächlich zu den Kleinsten im Team gehört.

Dell'Era zahlt die Treue seines Trainers zurück. Als der SC in der Saison 2005/06 das Finale im DFB-Vereinspokal in Berlin gegen den Karlsruher SC für sich entscheidet, führt Dell'Era im Mittelfeld gekonnt Regie. Und nicht nur das: Mitte der zweiten Hälfte des Finals erzielt er mit dem 3:0 höchstpersönlich die Vorentscheidung, Johannes Flum setzt mit dem 4:0 wenig später noch einen drauf. „Es war ein unbeschreibliches Gefühl. Der gesamte Ablauf rund um das Finale war sehr aufregend. Und dann habe ich auch noch das 3:0 erzielt", schwärmt Dell'Era noch heute.

Während der von Christian Streich gecoachte SC in diesem Finale mit späteren Bundesligaspielern wie Flum, Schwaab, Manuel Konrad und dem eingewechselten Daniel Caligiuri antritt, stehen auf Karlsruher Seite unter anderem Daniel Brosinski, Mathias Fetsch und Lars Stindl im Team, das von Markus Kauczinski betreut wird. Caligiuri, der erst zur A-Jugend von seinem Heimatverein SV Zimmern zum SC Freiburg gewechselt war, erinnert sich an den Respekt, mit dem er die neuen Kollegen betrachtete: „Das war eine super Mannschaft damals und ich konnte mir als Neuling von diesem Niveau einiges abschauen. Meine Lehrzeit begann damals sozusagen so richtig. Bei Fabio kann ich mich vor allem an seine Athletik erinnern. Dort, wo andere ein Sixpack hatten, kam Fabio mit einem Achtpack daher."

Es herrscht Fußball-Euphorie damals im Freiburger Ländle, der 88er Jahrgang hat für einen Erfolg in der SC-Jugendabteilung gesorgt, wie er zuvor noch niemals gelungen war. Und die Protagonisten des „goldenen Jahrgangs" träumen mehr denn je von einer Profikarriere. Vor allem Dell'Eras Aktien stehen hoch im Kurs: „Er hatte eine extrem gute Technik und sein linker Fuß hatte Bundesligaformat. Da waren sich eigentlich alle einig: von den Mitspielern bis zum Trainer", erinnert sich Johannes Flum. Für Flum selbst, der später beim SC Freiburg, Eintracht Frankfurt und dem FC St. Pauli 239 Pflichtspiele in 1. und 2. Bundesliga absolviert, geht es beim SC vorerst nicht weiter. Streich und Co. teilen ihm mit, dass die Klasse im Moment für einen Bundesligavertrag nicht reiche, und empfehlen einen Umweg über eine etwas niedrigere Spielklasse. Flum wechselt zum SC Pfullendorf in die damals drittklassige Regionalliga. Wo er sich tatsächlich derart gut weiterentwickelt, dass es für ihn zwei Jahre später dann doch den Profivertrag beim SC Freiburg gibt.

Enttäuschung: Amateurvertrag statt Profi-Papier

Für Fabio Dell'Era gibt's den nicht. Als im Frühjahr 2007 die Würfel fallen und die SC-Verantwortlichen darüber entscheiden, welche ihrer A-Jugendspieler direkt in den Profikader aufrücken können, ist die Überraschung groß: Dell'Era wird formlos mitgeteilt, dass er nur einen Amateurvertrag beim SC erhalten könne. Für Dell'Era bricht regelrecht eine Welt zusammen: „Es war ein absoluter Schock für mich. Ich hatte fest damit gerechnet, demnächst bei den Profis dabei zu sein. Und jetzt zerplatzte hier offensichtlich mein Traum vom Profifußball", erinnert er sich. Und wenn sich bei diesem Satz sein Gesicht verfinstert, sieht man ihm noch heute die Enttäuschung von damals an.

SC-Sportdirektor Klemens Hartenbach ist sich noch heute der großen Enttäuschung bei Dell'Era bewusst. Seine Erklärung: „Fabio war in der Jugend sehr schnell und trickreich, dazu war er stabil gebaut und hatte mit dem linken Fuß einen Mordswumms. Im Übergangsbereich zu den Erwachsenen hatte er mit mehreren Verletzungen zu kämpfen, das war sicher mit ein Grund, warum es mit dem Sprung über die Zweite Mannschaft nicht geklappt hat."

Robin Dutt traut der Jugend nicht

Er unterschreibt trotzdem den Amateurvertrag, in der Hoffnung auf die Chance eines zweiten Anlaufs und den Mut des Profi-Cheftrainers, irgendwann vielleicht einmal dem Nachwuchsspieler doch noch eine Chance zu geben. Coach der SC-Profis ist seinerzeit Robin Dutt, der Dell'Eras Hoffnungen nicht erfüllt. Obwohl Dell'Era in der Amateurmannschaft, die am Ende der Saison in die Regionalliga aufsteigt, in seinen 22 Einsätzen starke Leistungen zeigt, wird er für höhere Aufgaben nicht für gut genug befunden. Zwar darf er zweimal pro Woche bei den Profis mittrainieren, doch dabei bleibt es auch. Von Dutt hätte er sich etwas mehr Mut erwartet: „Ich hätte mir gewünscht, dass er mich mal ins kalte Wasser wirft und mir in der Bundesliga eine Chance gibt. Hat er aber nicht getan." Dell'Era bleibt weiterhin nur die Amateurmannschaft. Und sogar da rutscht er ins zweite Glied, als im zweiten Jahr mit Marcus Sorg ein neuer Trainer übernimmt. „Der versetzte mich gleich bei seinem Amtsantritt von der zentralen Mittelfeldposition auf den Posten des Außenverteidigers. Damit bin ich überhaupt nicht klar gekommen. Ich habe ab dem Zeitpunkt dann auch kaum noch gespielt", erinnert sich Dell'Era.

Sportwissenschaftler: Ganz normal – die anderen holen auf

Sportwissenschaftler Güllich hat ausführlich zum Thema geforscht und sieht einen logischen Zusammenhang im Scheitern von früh entwickelten Spitzentalenten wie Dell'Era: „Oft haben die jugendlichen Spitzenleister einen Vorsprung in der biologischen Entwicklung. Ihre Pubertät hat schon relativ früh eingesetzt. Außerdem haben sie zumeist schon sehr jung begonnen und schon im jungen Alter relativ viel fußballspezifisches Training betrieben. Diesen Vorsprung holen andere irgendwann einfach auf." Güllich sieht neben dem physischen aber auch psychische Probleme auf die jugendlichen Spitzenleister zukommen: „Eine frühe Spezialisierung auf Fußball mit forcierter Trainingsintensivierung kann langfristig zu Überlastungsschäden und Burnout führen und durch die eng geführte Trainingslaufbahn engt sich auch das langfristige Potenzial des Spielers für zukünftige kontinuierliche Lernfortschritte ein. Alle diese Faktoren führen dazu, dass die Leistungsentwicklung im späteren Jugend- und Erwachsenenalter abflacht."

Der Karriereknick ist mit 19 Jahren endgültig da. Fabios Amateurvertrag wird nicht verlängert, Dell'Era wechselt wie sein Kumpel Johannes Flum zuvor zum SC Pfullendorf. Die Idee: Einen Schritt rückwärtsgehen, um zu lernen vorwärts zu gehen. Immer noch gibt es so etwas wie Hoffnung auf eine Bundesligakarriere über den „zweiten Bildungsweg", doch auch die ist zwei Jahre später zerstoben. „Irgendwie hatte ich den Glauben daran innerlich vielleicht schon aufgegeben. Jedenfalls ging es für mich in Pfullendorf nicht mehr aufwärts. Eher im Gegenteil. Ich passte mich an das niedrigere Niveau an", sagt Fabio Dell'Era. Und zum guten Schluss verzockt er sich dann auch noch, als nach einem halben Jahr Pfullendorf der klassenhöhere SV Sandhausen anklopft. Man bedeutet ihm, Interesse zu haben, wolle aber die von Pfullendorf aufgerufenen 125.000 Euro Ablöse nicht zahlen.

Dell'Era löst daraufhin seinen Vertrag in Pfullendorf auf, ohne anschließend nochmals etwas aus Sandhausen zu hören. Er sitzt nun mit gerade einmal 21 Jahren zwischen allen Stühlen. Der Traum vom Profifußball ist offensichtlich ausgeträumt. „Das war ein unheimlicher Cut für mich", sagt er. „Ich hatte immer nur an Fußball gedacht. Es gab für mich nichts anderes. Und plötzlich bot mir der Fußball keine Perspektive mehr. Ich war erst einmal total leer", sagt er.

„Plan B" mit 21

Aber was nun tun? Was anfangen? Fabio Dell'Era entschließt sich zu Radikalem: Er beginnt eine Ausbildung zum Immobilienkaufmann. „Ich beendete sozusagen meinen Traum vom Profifußball für mich ganz offiziell. Nachdem ich den Schock überwunden und mich gesammelt hatte, beschloss ist, jetzt lieber eine vernünftige Ausbildung außerhalb des Fußballs zu starten. Sozusagen Plan B voranzutreiben."

Und er verlässt seine angestammte Heimat Südbaden – aus einem puren Zufall heraus. „Ich hatte in diesen Tagen über eine Dating-App eine Frau kennengelernt. Allerdings lebte Jenni rund 700 Kilometer entfernt – in Mönchengladbach." Trotz der räumlichen Distanz finden die beiden zueinander und Dell'Era beschließt, in den Westen der Republik umzusiedeln. Zumal er passenderweise eine Ausbildungsstelle als Immobilienkaufmann in Köln findet. Die beiden ziehen also in Mönchengladbach zusammen. Das Kapitel Fußball ist beendet, zumindest fast. „Ich machte noch Probetrainings bei Borussia Mönchengladbachs Amateuren und bei LR Ahlen – doch es wurde nichts draus. Stattdessen bin ich dann Amateurfußballer geworden", erzählt er.

Fabio Dell'Era

Wenn Fabio heute zurückschaut, macht er das durchaus selbstkritisch: „Ich denke, als ich damals im Freiburger Jugendinternat war, hätte ich mehr machen müssen. Hätte noch extra für mich trainieren sollen. Vielleicht hätte mir das die entscheidenden Prozente mehr gebracht, die mir letztlich zum Profi fehlten." Andererseits hadert er auch ein wenig mit dem Schicksal: „Mir fehlte im entscheidenden Moment auch die Unterstützung. Wer weiß: Wenn Christian Streich schon Bundesligatrainer in Freiburg gewesen wäre, als ich auf dem Sprung war – vielleicht hätte der mich ins kalte Wasser geworfen."

So wird es also nichts. Dell'Era heuert stattdessen im Rheinland beim Mittelrheinligisten FC Hürth an – Fünfte Liga. Er geht nun tagsüber arbeiten, nur noch zwei- bis dreimal in der Woche steht abends Training auf dem Programm. Er fühlt sich wohl in Hürth, wo er gleich neben dem Fußballplatz ein Haus zur Miete bezieht. „Dörfliche Struktur, alle sind kameradschaftlich. Ich hab mich wirklich schnell heimisch gefühlt", sagt Dell'Era. Und sein neuer Trainer Oliver Heitmann zeigt sich in einem Interview mit dem Amateurfußball-Portal fussball. de hochzufrieden mit dem „zugelaufenen" Ex-Nationalspieler. „Fabio ist auf und neben dem Platz ein Super-Typ. Man sieht ihm an, welche Ausbildung er genossen hat. Er ist ein Mann für die besonderen Momente im Spiel: für Freistoß-Tore, überraschende Aktionen oder den entscheidenden Pass." Dell'Era bleibt sechs Jahre in Hürth, bevor er die Fußballschuhe ganz an den Nagel hängt – mit 27 Jahren.

Es ist ein Abschied ohne Wiederkehr: Dem Fußball verbunden zu bleiben – mit einem Trainerjob oder Ähnlichem – das kommt für ihn nicht infrage. „Ich habe noch Kontakt zu den alten Kollegen und spiele beispielsweise mit Sascha Riether regelmäßig Tennis. Die Wochenenden verbringe ich jetzt aber mit meiner Frau und unseren zwei Kindern. Fußball fehlt mir da überhaupt nicht", sagt er. Auch hier könnte ein Grund für die verpasst Profikarriere liegen: „Vielleicht war ich für eine große Karriere einfach nicht besessen genug vom Fußball."

Jonas Wendt

Zu rebellisch für den 1. FC Köln

Er war hochtalentiert, aber nicht leicht zu führen: Jonas Wendt begeisterte in der Jugend beim 1. FC Köln als Top-Goalgetter. Aber er war auch ein Rebell. Aus der großen Karriere wurde auch deshalb nichts.

Mit Stolz blickt Jonas Wendt in seinen Garten hinunter, wo gerade ein kleiner Kunstrasen-Fußballplatz entstanden ist. Ein paar Spieler von der Sportvereinigung Porz haben ihm beim Aufbau des Platzes geholfen. Haben tagelang planiert, Erde und Sand umgeschichtet, gehämmert und gebastelt. Bald kann Wendt mit seinem kleinen Sohn jederzeit auch daheim kicken. Wendt, einst eines der größten Stürmerversprechen des deutschen Fußballs, ist mittlerweile Trainer einer Amateurmannschaft. Und seine jungen Spieler mögen ihn. Weil er mit dem ganzen Herzen bei der Sache ist. Und weil er sich mit viel Enthusiasmus, Begeisterung und Geradlinigkeit um sie kümmert. So, wie es die meisten Trainer bei ihm – seiner Meinung nach – früher nicht gemacht haben. Also kümmern seine Spieler sich auch um ihn. Und helfen ihm beim Bau eines Fußballplatzes im Garten.

Jonas „Jonny" Wendt – die einen lieben ihn, die einen können so gar nichts mit ihm anfangen. So war es eigentlich schon immer. Im Umgang war er halt nicht einfach. Stolz war er. Selbstbewusst. Aufmüpfig, das auch. Vor allem Trainer und Lehrer – seine Ausbilder – haben so ihre Probleme mit Wendt gehabt. Nur in einem waren sich alle einig: Ein außergewöhnliches Fußballtalent war Jonas Wendt immer.

Jonas Wendt

38 Tore in einer B-Jugend-Saison

Damals, das ist um die Jahrtausendwende herum, reißt sich eine ganze Reihe von Topvereinen um das Stürmerjuwel des 1. FC Köln. Wendt hat da gerade als B-Jugendlicher 38 Saisontore in der neu geschaffenen Jugend-Regionalliga geschossen. „Er hat den richtigen Torriecher", beschreibt ihn Jugend-Nationaltrainer Uli Stielike. Und selbst Michael Skibbe, damals Co-Trainer der A-Nationalmannschaft, sind die Leistungen des talentierten Kölners nicht verborgen geblieben: „Ein toller Junge. Wenn er sich weiterentwickelt, kann er den Sprung in die Bundesliga packen", sagt Skibbe damals.

Dank Wendt halten die Kölner in der höchsten Jugendliga die NRW-Konkurrenz aus Schalke, Dortmund, Bochum und Essen in Schach. Nachdem er in der Saison 1999/2000 in der Hinrunde nach neun Spielen bereits 17 Tore auf seinem Konto hat und gegen die Türkei mit 16 sein erstes Länderspiel für die Junioren-Nationalspielmannschaft bestritten, lässt der Klub die großen Pläne verlauten, die er mit Wendt verfolgt. „Der Junge ist ein Juwel", sagt Sportmanager Hannes Linßen der „Bild"-Zeitung und Jugendchef Christoph Henkel verrät der „Kölnischen Rundschau", dass man mit dem Nachwuchsspieler über einen langfristigen Vertrag verhandle. Andere Klubs stehen Schlange: Rot-Weiss Essen bietet ihm laut Wendt 10.000 Mark im Monat, aus England schicken der FC Chelsea, FC Southampton und der FC Middlesbrough Unterhändler nach Köln, die den jungen Goalgetter auf die Insel lotsen sollen.

In seiner Fabelsaison führt Wendt den FC bis ins Viertelfinale der Deutschen B-Jugend-Meisterschaft gegen den FC Bayern München. Wo die Kölner – unter anderem gegen den Münchner Philip Lahm – trotz zweier Tore ihres besten Stürmers im Rückspiel im Elfmeterschießen 5:6 unterliegen. „Jonas ist natürlich einer unserer ganz großen Leistungsträger. Aber wir setzen ihn nicht unter Druck. Er soll sich in Ruhe entwickeln. Er wird auch noch Rückschläge verkraften müssen", orakelt sein damaliger Trainer Martin Siegbert. Die Konkurrenz ist sich indessen längst einig, dass der FC da ein Juwel in seinen Reihen hat: „Der trifft blind. So einen gibt es nicht noch einmal", meint Norbert Elgert vom Ligakonkurrenten FC Schalke 04.

Noch vor den B-Jugendspielen um die Deutsche Meisterschaft fliegt Wendt mit der deutschen U16-Nationalmannschaft unter dem damaligen Nationaltrainer Bernd Stöber zur EM nach Israel. Auf einem Mannschaftsfoto von damals steht Wendt neben dem späteren Hannoveraner Bundesligaspieler Christian Schulz, in der ersten Reihe sitzt Sascha Riether, Wendts Zimmerkollege ist David Odonkor. Letztlich machen nur die anderen Karriere. Dabei ist Wendt damals der Umworbene. Auch wenn die Bemühungen der anderen Vereine fruchtlos bleiben. Wendt bleibt seinem Herzensklub treu. „Ich war heilfroh, als ich mit dem 1. FC Köln eine Einigung erzielte, denn ich wollte nie weg. Ich bin total heimatverbunden. Ich liebte den 1. FC Köln und war eigentlich immer auch scheu Fremdem gegenüber", erklärt Wendt.

Die Musik – Wendts zweite große Liebe

Überhaupt nicht scheu gibt er sich in seiner zweiten großen Leidenschaft – der Musik. Der Vater war Musiker in der DDR und hatte das Interesse für die Musik offenbar an seine Kinder weitergegeben. „Wir – unsere ganze Familie – haben eigentlich ständig und überall gesungen. Im Auto oder daheim, wenn wir im Wohnzimmer saßen. Ständig wurde geträllert", erzählt Wendt. Sind es zunächst gefühlvolle Interpreten wie Chris Norman oder Rod Stewart, die ihm gefallen, findet er über die Soft-Rocker von Roxette und Country-Musiker Garth Brooks bald zur härteren Rockmusik.

Sein absolutes Idol wird Axl Rose von der Band Guns n' Roses. „Als ich die 1996 zum ersten Mal gehört hatte, war es sozusagen um mich geschehen", sagt Wendt. Axl Rose – dieser Rebell mit der harten Schale, der ebenso respektlose Texte wie gefühlvolle Songs schreibt, ist genau Jonas Wendts Ding. „Er hat sich nie verbiegen lassen. Ein ‚Asi' im positiven Sinn, ein Rabauke. Genau so habe ich mich damals auch gesehen", sagt Wendt.

Rebellisch, immer öfter respektlos – so gibt sich Wendt auch zunehmend auf dem Fußballplatz. Und gar nicht mehr scheu zeigt er sich 1996 bei den anstehenden Vertragsverhandlungen mit dem 1. FC Köln. Bei der er professionelle Unterstützung bekommt. Denn Wendt, der auch in der U17-Nationalmannschaft von Trainer Uli Stielike mittlerweile Tore am Fließband schießt, wird nicht nur von Vereinen, sondern auch von etlichen Beratern umworben.

Erster Jugendspieler mit Ausrüstervertrag

Er entscheidet sich vor seinem Sprung in die A-Jugend in Absprache mit seinem Vater letztlich für Manfred Schulte, einen Kölner Szene-Insider. Die Standard-Jugendverträge des 1. FC Köln sehen damals für die besseren Spieler der Jahrgänge maximal 500 Mark im Monat als Aufwandsentschädigung vor. Wendt bekommt schließlich – die Währung ist gerade umgestellt worden – in seinem ersten A-Jugend-Jahr beim 1. FC Köln 3.000 Euro im Monat. Und damit nicht genug: Der damals 17-Jährige ist auch der erste Jugendspieler überhaupt, der einen persönlichen Ausrüstervertrag eines großen Sportartikelherstellers ergattert. Schulte besorgt ihm einen Kontrakt mit Nike, was ihm im Umgang mit seinem Verein allerdings noch so manche Schererei einbringen soll. Überhaupt haben es die Verantwortlichen des 1. FC Köln nicht gerade leicht mit ihrem jungen Stürmerstar. Jonas Wendt gilt in Trainerkreisen als etwas schwierig zu führen. „Ich hatte schon immer einen sehr starken Willen und keine Angst vor Hierarchien. Ich habe immer meine Meinung gesagt und – sagen wir mal – mit Nachdruck vertreten. Mag sein, dass dieses Verhalten nicht zu jedem Trainer passte", erklärt Wendt vorsichtig.

Sein ehemaliger Berater Manfred Schulte wird da schon deutlicher: „Jonas war für einen Trainer mit Sicherheit nicht leicht zu führen. Er war es irgendwie gewohnt, im Mittelpunkt zu stehen, im Recht zu sein. Und so hat er mit seinem Status als bester Spieler mit den Trainern fast gemacht, was er wollte." Aber sie haben dennoch Großes vor mit ihm beim 1. FC Köln. „Der FC wollte unbedingt einen langfristigen Vertrag mit ihm machen. Sozusagen als Investition. Es hat sich letztendlich nicht ausgezahlt", weiß Schulte. Der Berater hatte selbst recht bald ein großes Defizit bei seinem Schützling ausgemacht: „Jonas war nicht bereit, sich wirklich zu quälen. Ihm war immer alles so zugefallen und er hat gedacht, dass auf dem Weg zum Profi alles von allein seinen Weg geht. Das war aber nicht so. Er hätte an seinen Schwächen arbeiten müssen, denn zum Beispiel sein Kopfballspiel und seine Arbeit nach hinten waren ausbaufähig. Das hat er leider nicht getan."

Aus der DDR in den Kölner Norden

Durchsetzungsvermögen bekommt Jonas Wendt gewissermaßen bereits in die Wiege gelegt. 1983 in Leipzig geboren, ist sein Vater in der ehemaligen DDR im Musikgeschäft unterwegs, ehe der Familie 1986 die Ausreise nach Westdeutschland gestattet wird. Über Umwege landen die Wendts in Köln-Seeberg, im benachbarten Chorweiler bauen sie sich mit einem kombinierten Kiosk/Imbissladen eine neue Existenz auf. „Meine Eltern waren unerhört fleißig und der Laden brummte. Als sie das Geschäft vier Jahre später verkauften, hatten sie sich einen guten Grundstock erwirtschaftet, um uns Kindern eine angenehme Jugend zu ermöglichen", erzählt Wendt.

In der Familie ist Jonas bei vier älteren Schwestern das Nesthäkchen, entwickelt bald ein ganz spezielles Verhältnis zum weiblichen Geschlecht. „Ich war schon als junger Kerl ein echter Weiberheld", beschreibt Wendt: „Ich hatte Mädels gegenüber keinerlei Berührungsängste und baggerte früh rum wie nichts Gutes."

Neben dem Talent der Verführungskünste zeigt sich aber auch rasch eine andere Qualität: Wendt ist ein riesiges Fußballtalent. Zunächst bei Ford Niehl im Kölner Norden, später bei Fortuna Köln und schließlich beim 1. FC Köln erkennt man das rasch. Nicht selten schießt er die Gegner im Alleingang ab. Als der FC gegen Alsdorf einmal 13:0 gewinnt, erzielt Wendt zehn Tore und je einen Hattrick in jeder Halbzeit. Zu Hause wird der Fußball zur Hauptsache. Nachdem er von einer Klassenfahrt einmal frühzeitig abreisen muss, weil er sich danebenbenommen hat, steht noch am gleichen Tag ein Spiel mit dem FC an. Sein Team gewinnt mit 6:0 – Wendt erzielt alle sechs Tore. Und der Vater verzeiht ihm die Eskapade auf der Klassenfahrt.

Wendt überspringt etliche Altersjahrgänge und mausert sich spätestens ab der D-Jugend beim 1. FC Köln zum größten heranwachsenden Juwel. „Das lief für mich in der Jugend immer wie am Schnürchen. Mit einer Selbstverständlichkeit gehörte ich immer zu den Leistungsträgern. Ich schoss Tore am Fließband, war der Held beim FC und gehörte wie selbstverständlich auch zur Nationalmannschaft. Für mich war irgendwie ganz klar, dass ich Profi werden würde. Da ging für mich gar kein Weg dran vorbei", sagt er.

Wendt ist nicht einfach im Umgang, hat diverse Schwierigkeiten mit Lehrern auf dem Gymnasium, doch auf und neben dem Fußballplatz ist er zunächst ein Vorzeigeschüler: Während seine Freunde anfangen, um die Häuser zu ziehen und mit Alkohol zu experimentieren, trinkt er keinen Tropfen. „Fußball war neben der Musik der absolute Mittelpunkt. Das war das Oberste für mich."

Markenklamotten, blinkende Uhr, Mercedes

Aber Wendt ist anfällig für Luxus und zeigt den auch gern: Von seinen ersten Gehältern kauft sich der 18-Jährige teure Markenklamotten, eine blinkende Uhr, einen neuen Ford Puma und ein halbes Jahr später einen 300er Mercedes. „Das war alles nicht richtig. Ich habe so gelebt wie ein Fußballer, der schon vier Jahre Bundesliga gespielt hat. Aber ich hatte ja noch nichts erreicht", erzählt er reumütig. Das viele Geld, die Vorzugsbehandlung, der daraus resultierende Luxus – das scheinbar goldene Fußballer-Dasein hat seine Schattenseiten. „Über einen Mitspieler in der A-Jugend, der ein Praktikum auf der Geschäftsstelle des Vereins gemacht hatte, erfuhren meine Mannschaftskollegen von meinem fetten Vertrag. Das war natürlich für die Stimmung im Team nur so semigut", erinnert sich Wendt. Neid im Mannschaftskreis kommt auf, zumal sich der junge Stürmer auch nicht eben zurückhaltend gibt. Schon rein äußerlich ist Wendt mit wehendem Pferdeschwanz und zunehmend tätowiertem Körper eine im damaligen Jugendfußball unverwechselbare Erscheinung. Dazu zeigt er seine monetären Möglichkeiten auch ganz gern. „Muss man sich mal vorstellen: Ich bin damals als A-Jugendlicher, der gerade mal den Führerschein gemacht hatte, mit einem dicken, protzigen Mercedes vor dem Geißbockheim zum Training vorgefahren. Wenn ich mir das heute so vorstelle, kann ich natürlich auch nur mit dem Kopf schütteln", sagt Wendt.

Überhaupt würde er heute so einiges anders machen, wenn er noch einmal die Möglichkeit dazu hätte. „Ich war ein Dickkopf. Auch dem 1. FC Köln gegenüber. Beispielsweise mein Ausrüstervertrag. Der FC wollte natürlich, dass ich im Material seines damaligen Ausrüsters Puma spielte. Ich hatte aber den Nike-Vertrag. Als der Klub mich deswegen unter Druck setzte, sagte ich ihnen ganz einfach: ‚Dann spiele ich halt nicht mehr'. Aus heutiger Sicht eine völlig unnötige Provokation und natürlich kaum altersgerechtes Verhalten. Aber so war ich damals nun mal", sagt Wendt. Die Sache mit dem Ausrüstervertrag kreidet sich im Rückblick auch Berater Schulte an: „Ich habe ihm dieses Arrangement mit Nike über einen Bekannten verschafft, sie wollten mal ein Engagement bei einem hoffnungsvollen Jugendspieler ausprobieren. Letztlich hat das Jonas' Sonderstellung gegenüber den anderen aber noch einmal überdeutlich herausgestellt, was für seine Persönlichkeitsentwicklung bestimmt kontraproduktiv war. Man kann sicher sagen, dass er Starallüren entwickelte."

Entsprechend kommt Wendt auch nicht mit allen seinen Trainern gut zurecht. „Im zweiten Jahr A-Jugend bekamen wir einen Coach, der sich an mir abarbeiten wollte. Er wollte mir mit Strenge zeigen, wer das Sagen in der Mannschaft hatte – und ließ mich das mit Missachtung spüren. Da bekam meine Karriere ihren ersten kleinen Riss", resümiert Wendt. Zwar ist er nach wie vor unbestrittener Torjäger im Verein und der Nationalmannschaft, zudem kann er manchmal vormittags am Profitraining des 1. FC Köln unter Trainer Ewald Lienen teilnehmen. Doch die nun fast täglichen Auseinandersetzungen mit seinem Jugendtrainer zehren an den Nerven und an Wendts Leistungen. Zumal sich auch sein Lebenswandel in eine für Leistungssportler ungünstige Richtung entwickelt. Seine Mutter eröffnet zu jener Zeit einen Nacht-Musikclub in Bonn, wo sich Wendt so richtig wohl fühlt. „Dort begann ich, meine Liebe zur Rockmusik auszuleben, ich mochte die ganze nächtliche Szene. Im Club meiner Mutter machte ich nun nebenbei den DJ, legte nächtelang auf." Wenn es Nacht wird, schnappt er sich nicht selten das Mikrofon und singt zur Musik von Guns n' Roses live die Texte von seinem Idol Axl Rose. In einem Nebenzimmer fällt er dann irgendwann ins Bett, in den seltensten Fällen allein. Es wird nun unverkennbar: Wendt kommt vom geraden Weg in Richtung Profifußball ab.

„Habe die Sonnenseiten des Lebens genossen"

Das Leben kann ja besser nicht sein: „Ich habe viermal in der Woche nachmittags trainiert, aber hatte keinen Job und auch am Wochenende habe ich nicht gespielt. Ich habe viel verdient und hatte viel Zeit. Habe morgens bis 13 Uhr geschlafen, hatte hier ein Mädchen, da ein Mädchen und habe die Sonnenseiten des Lebens genossen", sagt Wendt. Er zieht nun um die Häuser, auch Alkohol ist schon seit geraumer Zeit kein Tabuthema mehr. „Bis ich 18 war, hatte ich keinen Tropfen Alkohol getrunken, nun war das zumindest an den Wochenenden eigentlich üblich", konstatiert Wendt. Was sich nach außen wie ein Traumleben für einen Heranwachsenden liest, ist für Wendts Entwicklung fatal: „Eigentlich hing ich in der Luft und war frustriert. Da habe ich einfach andere Interessen entwickelt." Anstatt mit Trotz zu reagieren, ist es ihm gleichgültig, dass sein Traum von der Karriere als Profi vor seinen Augen zerfällt: „Ich hätte ja auch jeden Morgen aufstehen und laufen gehen können. Aber ich war zu faul."

Dennoch – und das dürfte angesichts der sich verändernden Umstände zumindest erstaunlich sein – ist er beim FC in Sachen Profimannschaft zumindest noch im Blickfeld. In Absprache mit Profitrainer Lienen und Klubmanager Hannes Linßen verzichtet Wendt auf den Beginn einer beruflichen Ausbildung – er soll sich ganz auf den Fußball konzentrieren. „Der FC hatte sich überlegt, dass Jonas drei- bis viermal in der Woche zusätzlich zum Spätnachmittagstraining bei der Jugend vormittags bei den Profis mittrainieren sollte. Dann wäre der Tag ja ausgefüllt gewesen. Leider klappte das von Seiten des Vereins dann nicht und Jonas hing den Großteil des Tages rum, hatte nichts zu tun. Viel besser wäre gewesen, wenn er in dieser Zeit eine Ausbildung gemacht hätte", findet Manfred Schulte.

Aus heutiger Sicht glaubt Wendt das auch, damals kommt ihm die viele Freizeit ganz recht: „Ich hatte ja ein Traumleben. Habe bis mittags gepennt, bin dann ein bisschen mit meinen Rollerskates durch die Stadt gefahren und irgendwann frühabends war dann Training." Bis Wendt 22 ist, macht er nichts anderes, als Fußball zu spielen. Alles sieht danach aus, dass er bald sein Debüt bei den Profis feiern würde. Bis Ewald Lienen beim FC plötzlich gehen muss. Nach einer sportlichen Krise wird der Trainer im Januar 2002 entlassen, für ihn kommt Friedhelm Funkel. „Von dem Tag an durfte ich nicht mal mehr bei den Profis mittrainieren, von einem Einsatz beim Spiel mal ganz zu schweigen. Funkel interessierte sich ganz einfach nicht für junge Spieler", sagt Wendt.

Vom Klub suspendiert, von der Presse zerfleischt

Der erste Einbruch in Wendts professioneller Fußballkarriere hatte aber schon in seinem zweiten A-Jugendjahr stattgefunden: Am Rande eines Jugendturniers im niedersächsischen Lingen taucht am Morgen des zweiten Turniertages die Polizei im Quartier der FC-Jugendmannschaft auf. Wendt wird gemeinsam mit zwei Teamkollegen zur Wache gebracht. Vorwurf: sexuelle Nötigung. Die Eltern dreier Mädchen haben Anzeige gestellt. „Wir waren als Jugendspieler natürlich etwas forsch mit Sprüchen zu der Zeit, aber an der Sache war absolut nichts dran. Wir hatten nichts getan. Trotzdem wurden wir in dieser Situation von unserem Verein nicht geschützt und sogar der Presse zum Fraß vorgeworfen", so Wendt heute. Weil der Klub die Spieler umgehend suspendiert, noch bevor ein Verfahren eröffnet wird, bekommt die Presse Wind von der Geschichte. Der „Express" druckt ein Bild von den drei Spielern mit Balken vor den Augen, allerdings ist Wendt mit seinem Zopf gut erkennbar. „Ich wurde auf der Straße als Vergewaltiger beschimpft, Eltern gaben mir nicht mehr die Hand. Es war furchtbar", erinnert er sich.

Wendts Platz im Jugend-Nationalteam ist auch sofort weg. „Sie haben mich alle fallen gelassen wie eine heiße Kartoffel. Rein pädagogisch und betreuungstechnisch gegenüber einem jungen Fußballer war das vom 1. FC Köln damals eine glatte Sechs", meint Wendt.

Zwar wird die Anklage beim späteren Prozess nach einem Eingeständnis einer der jungen Damen zurückgewiesen und die FC-Jugendspieler erhalten vollständige Rehabilitation – doch Wendts Laufbahn hat einen ersten Knick erhalten. Er bekommt nach seinem Ausscheiden aus der A-Jugend beim 1. FC Köln nur einen Amateurvertrag angeboten. „Ich muss mir aus heutiger Sicht selbst ankreiden, dass mir in dieser Phase dann auch der unbedingte Kampfeswille fehlte. Ich nahm das relativ leicht hin und akzeptierte irgendwie, dass das mit dem Fußball dann wohl doch nichts wird", sagt Wendt heute in der Rückschau.

Spielerberater Manfred Schulte sieht im Scheitern Wendts durchaus auch ein Beispiel für leistungshemmenden Einfluss von außen: „Ich denke, dass Jonas' Umfeld sich nicht gerade leistungsfördernd ausgewirkt hat. Er war daheim immer der Held, seine Eltern waren bis zum Schluss fest davon überzeugt, dass er sich auf dem direkten Weg zum Profi befand. Dabei hatte er den Weg schon lange verlassen." Schulte sieht die Rolle der Eltern bei der Entwicklung vieler Profispieler als entscheidend an: „Schaut man sich Spieler wie Mats Hummels, Toni Kroos oder Julian Brandt an, wird der positive Einfluss der Eltern deutlich: Deren Väter waren ja allesamt selbst Fußballtrainer und haben ihre Jungs auch mental gut durch die Ausbildung begleitet."

Wendts Zeit beim FC endet unrühmlich. Für ein Jahr läuft sein Vorvertrag bei den Profis auch in der U23 noch weiter, doch unter Trainer Christoph John – einem „fachlich guten Trainer", wie Wendt betont – spielt er bald keine Rolle mehr. Als der Trainer ihm beim Auswärtsspiel in Babelsberg einen A-Jugendlichen vorzieht, ist beim Stürmer „Endstation". Im nächsten Training streitet er sich mit John, wirft dessen Co-Trainer ein Leibchen ins Gesicht und wird suspendiert.

2003 – Flucht zum Nachbarverein

Das Kapitel 1. FC Köln ist endgültig beendet. Nach dem FC geht es 2003 zum Nachbarn Fortuna Köln. Wendt fühlt sich wohl in der Südstadt, allerdings stellt der von der Insolvenz bedrohte Klub nach drei Monaten die Zahlungen ein. Den Rest der Saison spielt er ohne Verdienst. 2004 wechselt er zu Yurdumspor Köln, wo ihn ein ähnliches Schicksal ereilt. Yurdum steigt ab und kann mitten in der Saison die Gehälter nicht mehr zahlen. Und so tingelt Wendt nach einer weiteren Saison in der viertklassigen Oberliga, in der er in 29 Spielen acht Mal trifft, zum nächsten Verein. Eine wirkliche sportliche Perspektive hat er nicht mehr – das weiß der 22-Jährige damals bereits.

Die Profikarriere ist dahin, doch zumindest lokal entwickelt sich der Torjäger noch zum Helden, wie das Magazin „Rheinfußball" in einer langen Reportage über Jonas Wendt berichtet. 2006 wechselt er zu Viktoria Köln, der Verein ist nach finanziellen Problemen bis in die Verbandsliga abgestürzt. Nachdem er eineinhalb Jahre glücklich und erfolgreich für die Viktoria gespielt hat, scheint der Verein jedoch erneut am Ende. Ausgerechnet Fortuna Köln will ihn zurückholen und Wendt unterschreibt beim Erzrivalen. Doch ein neuer Vorstand verspricht kurz darauf bei der Viktoria einen Aufbruch in bessere Zeiten. Und so besinnt sich der zum Publikumsliebling aufgestiegene Stürmer darauf, dass er in Höhenberg die Lust am Fußballspielen wiedergefunden hat und unbedingt bei der Viktoria bleiben will. Gemeinsam mit seiner Mutter wird Wendt im Haus des damaligen Fortuna-Präsidenten Klaus Ulonksa vorstellig, bittet um Entschuldigung und darum, den Vertrag für eine Summe von 10.000 Euro wieder aufzulösen. Das Geld stellt zur Hälfte Viktoria Köln, 5.000 Euro haben Fans gesammelt.

Lokalheld bei Viktoria Köln

Wendt spielt noch zwei Jahre für den Klub. In den Herzen der Viktoria-Anhänger ist er endgültig verwurzelt, wie „Rheinfußball" schreibt. Unvergessen sei Wendts Auftritt im Derby gegen Fortuna Köln in der Verbandsligasaison 2007/2008 gewesen, neun Monate nach dem gescheiterten Transfer. Ihm gelingt innerhalb von 17 Minuten ein Hattrick, nach dreißig Minuten führt die Viktoria vor 2.000 Zuschauern im Sportpark Höhenberg mit 3:0. Wendts Torreigen beginnt mit einem indirekten Freistoß im gegnerischen Strafraum, den er fulminant in den Winkel drischt. Nach dem Tor – genau wie nach seinen Treffern zwei und drei – feiert er provokant vor dem Fanblock der Fortuna-Anhänger, die ihn gnadenlos auspfeifen. Sein damaliger Mitspieler, Torhüter Franko Fischer hatte mit Wendt vor dem Spiel gewettet: Eine Kiste Sekt für jedes Tor. Nach dem dritten läuft er aus seinem Kasten und ruft Wendt zu: „Ist gut jetzt!"

Es gibt zahlreiche Geschichten dieser Art. Ehemalige Mitspieler und Wendt selbst haben sie zuhauf auf Lager. Zum Beispiel auch Daniel Costantini, der Wendt schon seit der E-Jugend beim 1. FC Köln kennt und später bei Viktoria Köln noch einmal eine Zeit lang mit ihm zusammenspielt. „Wer mit Jonny befreundet war, der konnte sich auf ihn verlassen." Wendt habe sich für viele Mitspieler eingesetzt, für deren gerechte Bezahlung und korrekte Behandlung. Und weil er so ein guter Kumpel gewesen sei, habe man ihm auch das ein oder andere Defizit auf dem Platz verziehen. „Wir mussten für ihn mitlaufen, das war klar. Wenn du mit Jonny in einem Team warst, hast du bei gegnerischem Ballbesitz eigentlich immer nur zu zehnt gespielt. Aber so lange er vorne seine Tore gemacht hat, haben wir ihm seine Faulheit in der Defensive verziehen."

Wendt selbst bezeichnet seine Zeit bei der Kölner Viktoria „als die Schönste in meiner Karriere". Was auch damit zusammenhängen mag, dass er seine beiden Leidenschaften Fußball und Musik parallel zueinander ausleben kann. Denn schon längst hat er begonnen, Axl Rose und seine Band nicht mehr nur aus der Konserve zu konsumieren. Er beginnt auf Konzerte von Guns n' Roses zu reisen. „Prag, Kanada, die USA, Niederlande, London – egal, wo die Band auftrat: Ich besorgte Karten und fuhr hin. Das waren exzessive Wochenenden, die natürlich auch ein Vermögen gekostet haben. Aber ich habe es geliebt. Ich habe mich selbst gefühlt wie ein Rockstar", gibt er zu.

Der Profifußball spielt da natürlich längst keinerlei Rolle mehr. In den vierten, fünften und sechsten Ligen der Region spielt Jonas zwar noch jahrelang als lokaler Publikumsliebling und zuverlässiger Goalgetter – doch das Hauptaugenmerk liegt nicht mehr auf dem Fußball. Wendt verdient sein Geld nun anders: Er übernimmt in Köln einen Kiosk, parallel reist er rund um die Welt zu Rock-Konzerten. Ein wildes Leben, das er heute längst hinter sich gelassen hat. Sporadisch finden schon noch Rockreisen Platz in seinem Leben, „sie finden heute nur gemäßigter statt", sagt Wendt.

Manchmal, wenn er sich Fußball im Fernsehen ansieht, denkt er darüber nach, wo er nun wäre, hätte er den Sprung geschafft. Doch meist kommt er schnell zu dem Entschluss, dass er nichts bereut und glücklich ist, in seinem Kiosk zu stehen und nicht auf dem Rasen in der Bundesliga. Nur eines hätte er gern erfahren: „Mir ginge es nicht um das Geld, denn mir geht es gut genug. Aber ich hätte gerne gewusst, wie es ist, wenn dir 80.000 Menschen nach einem Tor zujubeln oder dich auspfeifen. Ich würde beides genießen."

Wendt ist heute fest liiert, seine Partnerin ist Lehrerin. Die Familie mit zwei Kindern ist finanziell auch über den Betrieb des gut laufenden

Stehcafés und Kiosk abgesichert. Rebellisch und der Rockmusik verfallen ist er immer noch, das zeigen nicht zuletzt viele Motive seines fast vollständig tätowierten Körpers. „Hätte ich auch kaum von mir erwartet, dass ich mal ausgerechnet mit einer Lehrerin zusammenkomme und völlig seriös Familienvater werde", sagt Wendt. Er hat sich mittlerweile einen Namen als aufstrebender Fußballtrainer im Amateurbereich gemacht. „Ich will als Trainer das besser machen, was früher in meiner Karriere falsch gelaufen ist", sagt er.

Interview mit Dr. Gerrit Hartung

„Viele Talente werden schlecht beraten"

Herr Hartung, Sie sind Jurist und Spielerberater. Wie sind Sie zu dem Job gekommen?
GERRIT HARTUNG: Ich bin sozusagen hineingewachsen. Ich bin Jurist, unsere Familie hatte aber einen starken Fußball-Bezug. Mein Vater war einige Jahre Justiziar beim Hamburger SV, später bei Borussia Mönchengladbach. Daher stand auch ich viel in Kontakt mit den Profis. Irgendwann 1995 – ich war noch 31 Jahre alt – sprach mich Christian Hochstätter an. Er war unzufrieden mit seinem damaligen Berater und fragte mich, ob ich ihn nicht vertreten könne. Ich habe dann die sogenannte FIFA-Lizenz als Spielervermittler erworben. So fing das an.

Ihre Agentur wuchs rasch. Wieviel Spieler haben Sie gleichzeitig vertreten können?
HARTUNG: Zu meinen besten Zeiten – so um 2010 herum – hatte ich 85 Spieler unter Vertrag. Davon waren etwa 30 Jugendspieler. Dafür hatte ich bis zu acht feste Mitarbeiter. Jeder kümmerte sich also im Schnitt so um 10–15 Spieler. Dazu hatte ich zusätzlich eine ganze Handvoll Honorarkräfte.

Welche Leistungen muss man aus Ihrer Sicht als Spielerberater hauptsächlich erbringen können?
HARTUNG: Ich bin ja selbst Rechtsanwalt und Sportjustiziar sowie Spielerberater. Diese Kombination ist bei harten Vertragsverhandlungen meiner Meinung nach optimal, um das Beste für den Spieler herauszuholen. Daneben braucht es natürlich sportliche Expertise, man muss die Spieler sportlich einordnen und sie auf ihrem Weg fachlich beraten und unterstützen können. Dazu benötigen sie auch

betriebswirtschaftliche Beratung. Und – das ist ganz wichtig: Ein Netzwerk in der Branche, das man bei Bedarf kontaktieren kann. Sowohl was die medizinische Versorgung angeht wie alle anderen Bereiche, mit denen ein junger Spieler zu tun hat. Dazu gehört auch psychologische Betreuung, wenn es mal nicht so gut läuft. Und es geht natürlich auch um Vermögensberatung und steuerliche Betreuung. Unterm Strich ist eine ganzheitliche Rund-um-Beratung gefragt.

Welches sind die größten Fehler, die junge Spieler machen können?
HARTUNG: Meiner Erfahrung scheitern viele Talente, weil sie schlecht beraten und begleitet werden. Die Spieler erkennen nicht, wer gut für sie ist und wer nicht. Sie lassen sich bequatschen von scheinbaren Beratern, die aber gar keine Ahnung haben. Das sind dann im schlimmsten Fall ehemalige Pizzabäcker, Autohändler oder Versicherungsmakler, die aber für das Geschäft Profifußball gar keine Expertise haben. Solche Leute helfen jungen Spielern nicht weiter, sondern schaden einer Karriere eher.

Welche Charaktereigenschaft ist für ein erfolgreiches Talent besonders wichtig?
HARTUNG: Man sagt im Fußball gern: Charakter schlägt Talent! Heißt: Die größten fußballerischen Talente scheitern, weil sie nicht die richtige Einstellung zum Sport mitbringen. Ich hatte mal ein fußballerisch riesiges Talent unter meinen Fittichen. Der war im Götze-Jahrgang und wanderte durch die DFB-Jugend-Nationalmannschaften von der U15 bis U17. Umworben von vielen großen Vereinen. Der lief dann irgendwann mit Goldkette und goldener Baseball-Cap herum, trug jeden Tag ein anderes T-Shirt für 300 Euro. Als ich ihm einen Profivertrag bei Borussia Mönchengladbach vermittelt habe, kommt er morgens auf dem Weg zur Vertrags-

unterzeichnung zu mir und sagt, er möchte nur ein Jahr statt der vom Verein angebotenen zwei Jahre unterschreiben. Er sei ja ein derart großes Talent, dass er nach einem Jahr sicherlich zu einem anderen, größeren Verein wechseln könne.

Was ist aus ihm geworden?
HARTUNG: Er ist in Mönchengladbach in der U23 gelandet und hat selbst dort nicht mehr gespielt. Er war einfach nicht bereit, demütig genug an sich zu arbeiten. Nur ein Beispiel: Als er einmal am Training der Profis teilnehmen sollte, sagte er mit der Begründung ab, in die Schule zu müssen. Dort ging er aber nicht hin mit der Begründung, trainieren zu müssen. In Wirklichkeit ging er in der Zeit mit einer jungen Dame frühstücken. Als das herauskam, verbesserte das seine Karten nicht unbedingt. Ich habe ihn dann auch irgendwann zur Seite genommen und ihm gesagt: „Wenn du deine Karriere derart mit Füßen trittst, kann ich dir nicht mehr helfen". Zum Schluss habe ich das Mandat dann freundschaftlich beendet.

Hat man als Berater nicht gerade die Aufgabe, solche Problemfälle in die richtige Spur zu führen?
HARTUNG: Ich habe in Mönchengladbach seinerzeit ein recht großes Haus gehabt – mit viel zu viel Platz eigentlich. Ich habe meiner Frau vorgeschlagen, dass wir einen Teil des Hauses umbauen und dort zwei oder drei kleine Wohnungen hineinbauen. Da hätte ich dann meine „Problemfälle" unterbringen und direkten Einfluss nehmen können. Nur wenn die Jungs so nahe gewesen wären, hätte ich zumindest einigermaßen Kontrolle ausüben und mitkriegen können, mit wem sie sich so umgeben. Denn es ist ja so, dass heutzutage ein ganzes Rudel von vermeintlichen Freunden und irgendwelchen schulterklopfenden Bekannten um die jungen Top-Talente herumschwirren, die der Fußballkarriere der jungen Spieler nicht unbedingt gut tun. Leider fand meine damalige Idee bei meiner Familie keine Zustimmung.

Eigentlich müssten die jungen Talente doch heilfroh sein, wenn sie irgendwo aussichtsreich bei einem Profiverein unterkommen ...

HARTUNG: Das wäre zumindest mal eine gute Grundeinstellung. Leider sind Höhenflüge und falsche Selbsteinschätzung oft Bremsen. Ich hatte mal einen Spieler, den habe ich zu Fortuna Köln vermittelt, damals 2. Liga. Kaum war er da, bestellte er sich bei einem Edel-Autohändler eine Luxus-Limousine. Die gleiche, die der Trainer fuhr. Als der Vereinsmanager mir davon entsetzt berichtete, hab ich das Auto so schnell es ging wieder abbestellt und hab mit dem Jungen beim VW-Händler einen Kleinwagen bestellt. Kaum hatte ich die Klippe umschifft, klingelte sonntags das Telefon. Wieder war der Vereinsmanager dran – er war entsetzt. Der Spieler kam gerade aus einer Verletzung und sollte kurzfristig als Ersatzspieler mit zu einem Auswärtsspiel in Mainz reisen. Er sagte dem Trainer ab mit der Begründung, er müsse an dem Tag auf seine drei Hunde aufpassen – seine Ehefrau sei verreist.

Haben Sie auch ein Gegenbeispiel für einen jungen Spieler mit guter Einstellung?

HARTUNG: Bei Borussia Mönchengladbach brachte ich damals meinen Klienten Markus Hausweiler unter. Der hatte vielleicht nicht so viel Talent wie andere, dafür aber eine Top-Einstellung. Ein absoluter Willenstyp. Damals war Rolf Rüssmann noch Manager bei Gladbach und der riet mir immer wieder im Hinblick auf die nächste Saison, für „Hausi" einen anderen Verein zu suchen, weil die Gladbacher auf seiner Position in diesem Jahr einen skandinavischen Nationalspieler verpflichtet hatten. Als Markus Hausweiler das jeweils hörte, lehnte er immer einen Vereinswechsel strikt ab. Und meinte unisono: Pass auf – der neue Spieler hat keine Chance gegen mich. Spätestens im September/Oktober habe ich mich wieder in die Startelf gekämpft. Genau so kam es immer wieder. In der zweiten

Hälfte der Hinrunde spielte Markus Hausweiler wieder jedes Spiel von Anfang an, der neue, vermeintlich bessere Spieler saß auf der Bank. „Hausi" hat seine Konkurrenten eben mit unglaublicher Willensstärke immer wieder verdrängt.

Als Spielerberater mache man schnelles Geld – heißt es weitläufig. Wieviel Arbeit hat man als Spielerberater tatsächlich?
HARTUNG: Das kommt tatsächlich auf die Spielertypen an. Sind sie charakterlich ordentlich oder sogar top und haben die richtige Einstellung – hat man vergleichsweise wenig Arbeit mit ihnen. Und man kann sich dann als Berater auch ausgefallene Dinge überlegen, um den Spielern Gutes zu tun. Dazu fällt mir Uwe Hünemeier ein. Der kam zu mir, als er 17 war. Heute ist er 34. Der hat aufgrund seiner perfekten Einstellung auch unheimlich viel aus seiner Karriere gemacht, obwohl er fußballerisch vielleicht auch nicht das größte Talent war. Aber wie gesagt: Charakter schlägt Talent!

Wie haben Sie ihm helfen können?
HARTUNG: Er kam als Jugendlicher zu mir und fragte: Was soll ich machen: Fußball oder Tennis? Im Tennis war er auch schon Westfalenmeister geworden. Ich riet ihm zum Fußball. Er spielte dann sogar bei Borussia Dortmund, später auch bei Paderborn in der Bundesliga, und als es nach dem Abstieg von Paderborn um einen Vereinswechsel ging, schlug ich ihm die sehr lukrative englische Championship vor – 2. Liga. Brighton and Hove Albion wollte ihn. Problem: Seine Frau wollte nicht unbedingt, sie wollte ihre Pferde und familiäre Umgebung nicht verlassen. Ich habe dann zusammen mit dem Verein einen Learjet organisiert, der die Familie kurzerhand sonntags zu einer legendären Pferdesport-Veranstaltung nahe Brighton brachte und dann wieder zurückflog. Noch auf dem Rollfeld hat die Frau der Vertragsunterzeichnung zugestimmt.

Walter Laubinger

Happels „Zauberer" verschwendet sein Talent in Hamburgs Partyszene

Walter Laubinger mischt Ende der 80er Jahre das Starensemble des Hamburger SV auf. Trainer Ernst Happel ist begeistert von seinem „Zauberer" aus Bramfeld. Der aber glänzt dann mehr in der Hamburger Partyszene als auf dem Fußballplatz.

Trainingsanzug, schmale Statur, federnder Gang – Walter Laubinger macht einen fitten Eindruck, als er im Frühsommer 2020 zum verabredeten Treffpunkt am Wandsbeker Einkaufszentrum um die Ecke kommt. Man merkt gleich: Hier fühlt er sich sicher, hier kennt er sich aus. Und so grüßt der 53-Jährige auf dem Weg zu einem kleinen Café auch nach hier und dort. Ganz klar: Dies hier ist sein Kiez. Hier, in Wandsbek im Hamburger Nordosten ist Walter Laubinger noch heute eine kleine Berühmtheit. Aufgewachsen ist er gleich in der Nähe: In einer Großwohnsiedlung im benachbarten Jenfeld – einfache Arbeiterstruktur, Einwohner vieler unterschiedlicher Nationen.

„Laube, Laube" schreien die Fans, als Walter Laubinger am 4. September 1987 im Bundesligaspiel des Hamburger SV gegen den 1. FC Kaiserslautern für Heinz Gründel eingewechselt wird und wenig später zuschlägt: In der 83. Minute landet das Leder beim damals 19-Jährigen Hamburger Supertalent. Laubinger schlägt noch einen Haken und schweißt das Leder aus 16 Metern links unten an FCK-Keeper Michael Serr vorbei ein zum 5:1-Endstand. Der HSV ist damals gespickt mit Topstars: Dietmar Beiersdorfer, Ditmar Jakobs, Manfred Kaltz, Uwe Bein, Thomas von Heesen, Benno Möhlmann, Miroslaw Okonski und Bruno Labbadia spielen für die Hanseaten, doch gefeiert wird von den Fans der Junge aus dem eigenen Lager: Walter Laubinger. Der „Zauberer". Das zu jenen Zeiten größte Fußballtalent, das Hamburg hervorgebracht hat. Dem die große Karriere aber versagt bleibt. Was bis heute eigentlich unerklärlich ist.

Harte Schule beim Vater

Walter Laubinger macht seine ersten fußballerischen Schritte mit vier Jahren. Vater Martin Laubinger, ein leidlich talentierter Fußballer, der sich in den höheren Hamburger Amateurklassen einen Namen gemacht hat, nimmt das drittjüngste seiner fünf Kinder mit zum SV Vorwärts/Wacker Billstedt. Und erkennt gleich: Hier hat er es mit einem großen Talent zu tun. Das nur geformt werden muss. Und so begleitet der kleine Walter seinen größeren Bruder Domingo täglich zum Billstedter Hartplatz und lernt das Fußballeinmaleins. Dribbeln, passen, schießen, dies alles gegen die Älteren – denn Walter ist damals schon viel zu gut für die Gleichaltrigen. Aber die Schule beim Vater ist hart. „Er wollte unbedingt, dass einer seiner Söhne einmal Fußballprofi wird. Also hat er meinen Bruder Domingo und mich, die beiden größten Talente der Familie, mit harter Hand angepackt", erinnert sich Walter. Um Beidfüßigkeit zu üben, muss Walter sogar stundenlang im Training mit nur einem Schuh auskommen. Der Vater hat ihm den rechten ausgezogen, damit Walter lernt, auch mit seinem schwächeren linken Fuß hart und genau zu schießen.

Mit 10 ist Walter soweit. Der HSV klopft an, die Jugendabteilung hat Interesse daran, den kleinen flinken Dribbler herüber zu holen. Doch Vater Laubinger lehnt ab. Der Junge soll in seinem Viertel bleiben. „Ich war sensibel. Und nicht besonders selbstbewusst. Ich hatte große Selbstzweifel und musste noch in meinem gewohnten Umfeld bleiben. Das hat mein Vater damals richtig erkannt", sagt Laubinger.

Gefangen in der Sinti-Familie

Die Laubingers sind absolute Familienmenschen. Als Sinti sind sie den Traditionen ihrer Herkunft stark verbunden. Und sie sind eine verschworene, geschlossene Gemeinschaft. Mit tief verankerter Skepsis gegenüber Außenstehenden. Was historisch zu erklären ist: Nach dem Völkermord an der Sinti-Volksgruppe in Westeuropa während des Zweiten Weltkriegs haben diese ihre Familienbande traditionell enorm eng verknüpft. Man bleibt unter sich. Man schützt sich gegenseitig. Aus gutem Grund: Als „Zigeuner" werden die Sinti beschimpft, als „Kriminelle" sind sie nicht gern gesehen. Vorurteile, gegen die man sich schützt, indem man ganz eng zusammenrückt. Geheiratet wird bei den Sinti nur innerhalb der Volksgruppe, wobei das nicht im Standesamt passiert. Die Gesetze sind rigoros bei den Sinti: Als verheiratet gilt eine Frau dann, wenn sie eine erste Nacht außerhalb der eigenen vier Wände mit einem Mann verbracht hat. So geschieht es auch bei Walter, der auf diese Weise mit 17 Jahren seine Cornelia ehelicht. „Das war bei uns so. Da gab es keinen Weg daran vorbei. Cornelia hatte eine Nacht mit mir verbracht, also galten wir als verheiratet. Dass wir beide erst 17, total unerfahren und eigentlich noch nicht erwachsen waren, spielte für die Familie in diesem Punkt keine Rolle."

Die Sinti leben in einem strengen System des Patriarchats. Die Frauen erlernen meist keinen Beruf, die Männer schaffen das Geld herbei. Die männlichen Familienoberhäupter sprechen Recht und entscheiden. Ehebruch gilt als größte Sünde, bei ihr gilt die höchste Strafe: Verbannung aus der Gemeinschaft. Die Familien wohnen zumeist in kleinen Wohnwagen-Siedlungen, die Männer arbeiten vorwiegend auf Jahrmärkten, im Schrotthandel, leben von kleineren und größeren Geschäften. Anders als viele andere aus ihrer Gruppe sind die Laubingers allerdings bereits wirklich sesshaft geworden, haben den Wohnwagen gegen eine kleine feste Wohnung eingetauscht. Und der Fußball bestimmt das Leben bei Laubingers.

Walter entwickelt sich prächtig. Bei seinen Dribblings, die er am liebsten von der linken Außenposition startet, um dann mit dem rechten Fuß abzuschließen, ist er kaum zu stoppen. Außerdem schießt er brandgefährliche Standards. Egal ob mit links oder rechts – Freistöße aus der Distanz werden zu Laubingers Spezialität. Unter der Ägide des Vaters wechselt er nicht zum großen HSV, sondern geht in die Nachbarschaft, zum Bramfelder SV. Dort hat sich eine ganz besondere Mannschaft zusammengefunden, mit Ralph Jester ist dort auch der zu jener Zeit einzige Hamburger Junioren-Nationalspieler aktiv. Überhaupt, Ralph Jester: Mit ihm verbindet Walter eine Menge. Von klein auf. „Wir sind zusammen groß geworden", erinnert sich Jester, der heute als Versicherungsmakler in der Nähe Hamburgs lebt. „Damals waren wir Nachbarn und ich habe als Fünfjähriger mit Walter zusammen Fußball angefangen. Wir sind dann gemeinsam in der B-Jugend zu Bramfeld gewechselt, ehe wir als 17-Jährige auch beide zum HSV gegangen sind", erinnert sich Jester.

Mit Stefan Effenberg im Jugendteam

Wie Jester ist auch Walter Laubinger als 15-Jähriger mittlerweile in die Hamburger Landesauswahl berufen worden, doch für die Nationalmannschaft reicht es noch nicht ganz. Das tut es im Übrigen auch noch lange nicht für einen blonden Jungen aus Laubingers Nachbarschaft: Stefan Effenberg. Der spätere Weltklassespieler spielt ebenfalls im erfolgreichen Bramfelder Jahrgang, schafft es dort aber nur gelegentlich in die Startelf. Effenberg und Laubinger verstehen sich aber prächtig und werden beste Freunde. Effenberg findet sogar eine Art „zweite Familie" in der Sinti-Gemeinde: „Stefan war eigentlich fast jeden Tag bei uns zu Besuch, hat zeitweise sogar häufig bei uns übernachtet. Er hat bei uns irgendwie mit dazugehört", erinnert sich Walter.

Doch fußballerisch muss sich Effenberg beim Bramfelder SV hinten anstellen. Als die B-Jugend des Vereins 1984 nach der Hamburger Meisterschaft in die Endrunde zur Deutschen Meisterschaft einzieht, ist Effenberg schon nicht mehr dabei. Er ist zur, zu jener Zeit weniger leistungsstarken, Jugend von Victoria Hamburg gewechselt. Jester und Laubinger führen derweil den kleinen BSV von Erfolg zu Erfolg, allein in der Endrunde zur Deutschen Meisterschaft erzielt Laubinger satte 14 Treffer. Im Viertelfinale gegen BFC Preußen Berlin am 1. Juli 1984 sitzt auch der damalige U15-Nationaltrainer Berti Vogts auf der Tribüne – er sieht beim Bramfelder 3:1-Sieg in Berlin gleich drei Treffer durch Walter Laubinger. Und als Laubinger wenige Tage später im Halbfinal-Hinspiel bei Borussia Dortmund zum Bramfelder 1:0-Sieg trifft, sitzt Berti Vogts auch wieder als Augenzeuge auf der Tribüne. Die Hamburger scheiden nach einer knappen Rückspiel-Niederlage (1:2) gegen den späteren Deutschen Meister um Maurice Banach und Thorsten Fink zwar aus, doch für Walter Laubinger wird die Trauer durch eine regelrecht befreiende Nachricht etwas geschmälert: Er erhält Post vom Deutschen Fußball-Bund. „Als ich aus der Schule kam, gab mir mein Vater wortlos irgendeinen Brief. Als ich den aufgemacht habe, sah ich das DFB-Logo auf dem Briefkopf, da bin ich schon fast durchgedreht. Es war eine Einladung zum nächsten U15-Lehrgang. Ich habe geweint vor Glück", erinnert sich Laubinger.

Vogts ist begeistert

Zwei Wochen später ist es soweit: Eigentlich soll Laubinger erst einmal beim DFB-Team reinschnuppern. Doch als Berti Vogts den rotzfrechen Hamburger Jung im Training wirbeln sieht, entscheidet er sich kurzfristig um und setzt Laubinger in den beiden Länderspielen gegen Frankreich von Beginn an ein. Der Neuling schlägt sich derart gut, dass ihn Vogts drei Wochen später sogar zu einem U16-Lehrgang einlädt. Der junge Wirbelwind soll sich mal im älteren Jahrgang beweisen, so die Idee des Junioren-Nationaltrainers. Und auch bei Maurizio Gaudino, Stefan Reuter und Co., die wenige Wochen zuvor Europameister geworden sind, behauptet sich der junge Hamburger glänzend. In einem Testspiel gegen ein Amateurteam in Duisburg-Wedau trifft Laubinger beim 5:0-Sieg gleich dreimal. Am Spielfeldrand beobachten unter anderem Franz Beckenbauer und Walter Laubingers Vater Martin das Geschehen, als plötzlich der schwarze Ferrari von Günter Netzer an der Sportschule vorfährt. Der damalige Manager des Hamburger SV hat den Tipp bekommen, sich die Partie einmal anzuschauen, denn es spiele dort ein großes Talent aus Hamburg mit. Netzer sieht Laubinger zaubern und geht gleich nach der Partie auf Vater Laubinger zu und bedeutet ihm: „Können Sie am Montag gleich auf die Geschäftsstelle des HSV kommen? Ich möchte Ihrem Sohn gern einen Vertrag anbieten."

Für Laubinger scheint der nächste Traum wahr werden zu können, denn es winkt nun tatsächlich ein Engagement bei seinem Heimatverein, dem Hamburger SV. Der HSV, der Anfang der 80er mit dem Deutschen Meistertitel und dem Gewinn des Europapokals der Landesmeister riesige Erfolge gefeiert hatte, gilt in jenen Tagen nicht gerade als Ausbildungsverein. Der Klub ist finanziell regelrecht auf Rosen gebettet und kann sich international unter den ganz großen Namen seine Spieler quasi aussuchen. Im deutschen Nachwuchs kennen sich die Hanseaten hingegen nicht so aus, so fliegt Laubinger bei ihnen lange unter dem Radar. Anders sind da Klubs wie der FC Bayern, Werder Bremen und vor allem Bayer Leverkusen unterwegs. Alle drei haben bei Laubingers ihr Interesse hinterlegt, vor allem Reiner Calmund gibt Gas. „Calmund hat mich extrem umworben. Aber ich wollte nicht so weit weg aus Hamburg. Ich konnte mir in dem Alter noch nicht vorstellen, soweit entfernt von meiner Familie und meinen Freunden zu leben. Das hat er auch akzeptiert", sagt Laubinger. Weil die Laubingers nach vielen Gesprächen und Verhandlungen aber eine Art Vertrauensverhältnis zu Calmund aufgebaut haben, sucht Vater Martin zwischendurch dessen Rat, als er morgens in der HSV-Geschäftsstelle am Rothenbaum um die Zukunft seines Sohnes verhandelt.

Über die Inhalte der Vertragsgespräche gibt es verschiedene Erinnerungen. Walter Laubinger sagt: Netzer habe zunächst einen Kontrakt über zwei Jahre angeboten, der junge Walter solle in der

2. Mannschaft in der Regionalliga spielen, aber bei den Profis trainieren. Als monatliches Salär habe der HSV-Manager zunächst 600 Mark in den Raum gestellt. Martin Laubinger sei von diesem Angebot enttäuscht gewesen und habe sich daraufhin mit Reiner Calmund ausgetauscht. Zurück auf der HSV-Geschäftsstelle, habe dann auch Günter Netzer einen Meinungswechsel vollzogen und nun ganz andere Zahlen angeboten: Einen Sechs-Jahresvertrag mit einem monatlichen Salär von 6.000 Mark. Sagt Laubinger. Günter Netzer schmunzelt, wenn er von diesen angeblichen Zahlen hört. „Das habe ich einem solchen Spieler damals ganz sicher nicht angeboten", sagt er. „Ich erinnere mich nicht mehr an die Zahlen, aber einen Sechsjahresvertrag hat bei mir damals niemand erhalten." Gleichwohl räumt Netzer ein, damals durchaus vom jungen Laubinger fasziniert gewesen zu sein. „Unsere ganz große Zeit war ja damals gerade vorbei, die Stars kamen so allmählich ins Alter. Da war es meine Pflicht und Aufgabe als Manager, junges Blut ins Team zu holen. Und Walter Laubinger hatte ganz eindeutig das Format."

Netzer bietet einen Profivertrag

Wie immer der unterzeichnete Vertrag auch zahlenmäßig aussieht – Walter Laubinger ist auf jeden Fall von einem Tag auf den anderen Fußballprofi. Mit – für seine Verhältnisse – einem Batzen Geld in der Tasche. Von dem er selbst allerdings erst einmal nichts sieht. „Das hat alles mein Vater gemacht. Das Gehalt wurde auch auf sein Konto überwiesen. Ich selbst hatte eigentlich nichts davon." Trotzdem ist für Walter Laubinger von diesem Tag an klar: „Laube", wie er allerorten gerufen wird, ist ein Star. „Die Medien haben sich auf mich gestürzt, fast täglich wurde ich in den Zeitungen hochgejubelt. Alle klopften mir auf die Schultern, in unserem Stadtteil war ich schlicht der Held. Ist ja ganz klar, dass ich das dann auch selbst geglaubt habe."

Der Rummel hat zunächst noch keinen negativen Einfluss auf Walters fußballerische Leistungen. Noch in der Woche der lukrativen Vertragsunterschrift wird er zum Training bei den Profis in Hamburg-

Ochsenzoll geschickt. Dort hat der große Ernst Happel das Sagen und der beeindruckte Walter ist heilfroh, dass er schon am ersten Tag von dem ein oder anderen der arrivierten Profis an die Hand genommen wird. Ganz besonders kümmert sich Thomas von Heesen um ihn. „Der hat mich erstmal in den Arm genommen und gesagt, ich solle einfach locker bleiben. Solle das machen, was ich schon immer auf dem Fußballplatz gemacht habe. Alles andere ergebe sich dann schon", erinnert sich Laubinger.

Dennoch wird der im Grunde seines Wesens so sensible Walter von Ängsten und Selbstzweifeln geplagt. Er ist überfordert: „Plötzlich saß ich da in der Kabine inmitten all dieser Stars, die ich nur aus dem TV kannte, bei diversen Stadionbesuchen höchstens mal aus der Entfernung in natura gesehen hatte. Da ist mir das Herz ganz gewaltig in die Hose gerutscht", sagt er. Die Anspannung legt sich erst, als es endlich auf den Trainingsplatz geht. Happel hat bei Laubingers erstem Einsatz ein Trainingsspiel über den ganzen Platz angesetzt, nach 15 Minuten taut „Laube" auf. Die Dribblings funktionieren, der ein oder andere Torschuss gelingt, er ist jetzt in seinem Element. Bis ein schriller Pfiff von Happels Trillerpfeife ertönt und der Österreicher etwas für Laubinger Unverständliches auf den Platz ruft. Happel schaut den Youngster herausfordernd an, doch der hat nichts mitbekommen. „Der versteht Sie noch nicht", klärt Thomas von Heesen den grantelnden Happel auf und „übersetzt" für Laubinger irgendeine kleinere taktische Anweisung des Coaches. Im Grunde hat der „Alte", wie Happel in Hamburg nur genannt wird, den jungen Dribbler aber sogleich in sein Herz geschlossen. „Nach dem ersten Training hat er mich zur Seite genommen und gesagt, ich solle morgen wiederkommen. Damit war ich drin im Team", so Laubinger.

Die Profis steigen in den Bus, Laubinger muss daheimbleiben

Spielen darf er für die Profis aber noch nicht, vorerst ist für das Hamburger Talent nur Training angesagt. „Das hat mich schon fuchsig gemacht, denn ich habe ja vom ersten Training an gesehen, dass ich nicht nur gut mithalten kann. Ich war ja sogar besser als viele der Älteren", sagt Laubinger. Es nagt an ihm, wenn Happel den Kader für das Wochenende bekannt gibt und Walter Laubingers Name stets fehlt. „Wenn die anderen Spieler dann in den Mannschaftsbus gestiegen sind, bin ich frustriert nach Hause." Und dort kommen ihm die Tränen. Vor Wut. „Ich habe meinen Vater angeschrien und geheult. Warum spielen die anderen, obwohl ich doch viel besser bin als sie? Dass mir damals zu einem Bundesligaprofi noch vieles fehlte oder sich zunächst hinten anzustellen ganz normal war – davon wollte ich nichts wissen."

Von einer überragenden fußballerischen Vorstellung Laubingers bei den HSV-Profis berichtet auch Ralph Jester, der wenig später seinem Jugendfreund folgt und ebenfalls im HSV-Profikader landet. „Es war im Training ganz deutlich: Inmitten all dieser großen Namen wie von Heesen, Eck, Okonski oder wer auch immer: Walter war eindeutig der beste Fußballer im Team." Jester berichtet von einem „kompletten" Fußballer, den Laubinger damals dargestellt hat. „Er hatte alles: War schnell, dribbelstark und vor allem beidfüßig. Man konnte wirklich nicht sagen, welcher seiner Füße der stärkere war. Das machte ihn unberechenbar. Und technisch war er perfekt. Ich behaupte, dass Walter das größte Fußballtalent war, das wir in jenen Jahren in Deutschland hatten."

Aber Laubinger spielt nicht. Er muss sich der HSV-Hackordnung unterordnen und sich hintenanstellen. In seinem Frust sucht Laubinger Trost bei seinen Kumpels im Viertel, Alkohol kommt ins Spiel. „Ich hatte bis dahin nie Alkohol getrunken, war abends nie weg gewesen. Für mich gab's bis dahin ja immer nur Fußball. Ich glaube, ich habe in diesen Tagen auch überhaupt zum ersten Mal eine Jeans angehabt. Sonst war ich mein ganzes Leben ja immer nur in Jogginghose zwischen unserem Haus und dem Fußballplatz hin- und hergelaufen", sagt Laubinger.

Jetzt läuft Laubinger aber auch in die Kneipen, Diskos und Spielhallen der Umgebung. Und er lässt sich feiern: „Laube hier, Laube dort. Alle wollten mit mir, dem neuen HSV-Star reden, schunkeln und tanzen, ständig wurde ich zu Bieren eingeladen. Ich habe es genossen." Objekt der Begierde ist er auch für das andere Geschlecht. „Für mich war es plötzlich ganz einfach, an Mädels zu kommen. Wie die Bienen sind sie um mich – den Honig – herumgeflogen", erinnert er sich. Während die Profikollegen beim HSV also um Bundesligapunkte kämpfen, lernt der verschmähte „Laube" das Nachtleben kennen und lieben. Ein Graus für den Vater, der von den Eskapaden aber noch nicht einmal einen Bruchteil mitbekommt. „Meine Schwester hat mir den Rücken freigehalten. Sie hat ein Fenster offengelassen, wenn sie ins Bett ging. So konnte ich tief in der Nacht unbemerkt ins Haus klettern und mein Vater hat nichts mitbekommen."

„Was hat der Zauberer mit Dir gemacht?"

Trotz der Exzesse am Wochenende trumpft Laubinger im Training mit den Profis immer stärker auf. Und Happel verpasst ihm seinen Spitznamen. „Ich stand beim Eckball und sah, dass sich unser Keeper Uli Stein auf den zweiten Pfosten konzentrierte. Also nahm ich Maß und schnibbelte ihm den Ball direkt ins kurze Eck ins Tor. Happel am Spielfeldrand schrie auf und rief zu Stein: ‚Was ist mit dir, Stein? Was hat unser kleiner Zauberer aus Bramfeld mit dir gemacht?'. Von da an war ich im Team der ‚Zauberer'."

Uli Stein findet's nicht so toll und warnt den jungen Kollegen: „Mach das nie wieder mit mir!" So denkt wohl auch Manfred Kaltz, als er im Training zum wiederholten Mal dem an ihm auf der Außenbahn vorbeigeflitzten Laubinger hinterherschauen muss. Beim nächsten Dribbling des Youngsters setzt der Nationalspieler die Sense an. Der junge

Dribbler fliegt in hohem Bogen in die stählerne Barriere am Spielfeldrand. Laubinger hat seine Lektion erhalten und verstanden. Mit blutverschmiertem Gesicht kommt er zurück auf den Trainingsplatz und spielt weiter, als sei nichts gewesen. „Die anderen haben mir nur zugenickt", erinnert er sich. Auch bei Kaltz, der zuvor nie ein Wort mit ihm gewechselt hatte, ist er nun akzeptiert. Ein paar Tage später bietet er Laubinger an, ihn in seinem Wagen mit in die Stadt zu nehmen. Es geht ins Stammlokal des Nationalverteidigers, wo Kaltz ihn bei einem Wein ernst anblickt und sagt: „Mach so weiter und du wirst ein Großer!"

Größe zeigt Laubinger allerdings vor allem im Hamburger Nachtleben. Immer mehr und immer öfter. „Ich war dort der Star. Ich tanzte gern, war immer gut drauf, wurde zum Partyheld. Es wurde immer schlimmer", sagt Laubinger selbstkritisch. Der einstmals schüchterne junge Kerl aus Hamburg-Jenfeld hat jeglichen Bodenkontakt verloren. Er wird in Schlägereien verwickelt, bekommt Ärger mit der Polizei. „Ich hatte eine große Klappe entwickelt und war dann immer einer der ersten, der die Ärmel hochkrempelte, wenn ein Kumpel blöd angemacht wurde." Anzeigen wegen Gewaltdelikten folgt der Führerscheinentzug nach einer Alkoholfahrt. Und der nächste Ärger mit dem Gesetz, als er ohne Führerschein am Steuer erwischt wird. Dies alles lässt sich auch vor der Hamburger Presse nicht geheim halten, „Laube" wird vom größten „Fußballtalent der Stadt" zum größten „Partyhengst der Stadt", der sein Talent verschleudert. Das kommt natürlich auch beim HSV nicht sonderlich gut an, die Verantwortlichen versuchen, ihrem jungen Hallodri ins Gewissen zu reden.

Aber es bleibt ein Teufelskreis: Nach einer guten Trainingswoche kompensiert Laubinger am Wochenende seinen Frust darüber, wieder nicht berücksichtigt worden zu sein, mit intensiver Teilnahme am Nachtleben der Stadt. So kommt er weder in seiner Debütsaison 1985/86 noch in der Spielzeit darauf zu einem Bundesligaeinsatz. Für Jester sind es in dieser Phase Laubingers diverse Disziplinlosigkeiten, die ihn vom Weg zum Bundesligaprofi abbrachten. „Es war auch eine

Frage der Intelligenz. Laube hat sich von den älteren Kollegen im Team auch zu Sachen hinreißen lassen, die beim Trainer weniger gut ankamen." So tanzt das Bewegungstalent im Trainingslager auf Gran Canaria auf Geheiß der alten HSV-Hasen auf dem Tisch. Doch während die Kollegen dem Geck applaudieren, verziehen die Trainer die Gesichter. Ein ewiges Thema ist auch die Pünktlichkeit. Laubinger fährt häufig bei Jester im Auto mit – verpasst den Lift aber auch regelmäßig. „Ich hab dann immer so lange auf ihn gewartet, bis es nicht mehr ging. Und dann bin ich halt ohne ihn losgefahren, weil ich nicht selbst auch zu spät kommen wollte", erinnert sich Jester. Das Problem mit der Uhr hat Walter indes offenbar nicht allein. Auch Vater Martin ist – bei allem Ehrgeiz – kein Freund von Pünktlichkeit. „Ich erinnere mich an ein Spiel der Nachwuchsrunde, als bei der angesagten Abfahrt um 15 Uhr die Tür des Mannschaftsbusses zuging und auch nicht wieder öffnete, als die beiden Laubingers um 15.01 Uhr mit quietschenden Reifen auf den Parkplatz fuhren. Ich weiß, dass Walter mehrfach im Privatwagen unserem Mannschaftsbus zu irgendeinem Auswärtsspiel hinterherfahren musste", so Ralph Jester.

„Hätte Hamburg verlassen sollen"

Es ziehen andere an ihm vorbei. Stefan Effenberg zum Beispiel. Der verlässt Hamburg vor der Saison 1986/87 und wechselt in die 2. Mannschaft von Borussia Mönchengladbach. Wo er sich einen Namen macht und schon eine Woche später zur Profimannschaft befördert wird. Dort, weit weg von der Hamburger Heimat, entwickelt sich „Effe" fortan zu einem der besten Mittelfeldspieler des Landes. Walter Laubinger ist sich heute sicher: „Ich hätte es damals genau wie Effe machen sollen. Ich hätte Hamburg und meinen Kiez verlassen müssen. Ich wurde hier in meiner Heimat einfach zu sehr gefeiert, war hier einfach zu abgelenkt, um den Fokus nur auf dem Fußball zu behalten. Ein Tapetenwechsel hätte mir gutgetan."

Laubinger bleibt aber in Hamburg, er hat ja auch immer noch seinen fetten Profivertrag, der ihm nach wie vor ein dickes Monatsgehalt beschert. Außerdem machen ihm immer wieder Leute innerhalb der HSV-Mannschaft Mut. Vor der Saison 1987/88 nimmt ihn Thomas von Heesen beiseite und kündigt ihm an: „Jetzt ist es soweit. Jetzt sind einige Platzhirsche weg und du bist dran. Nächste Saison werden wir beide im Mittelfeld nebeneinander spielen." Tatsächlich erkennt Laubinger diese Chance und reißt sich zusammen. Er hängt sich in der Vorbereitung unter dem neuen Trainer Josip Skoplar voll rein, lässt seine nächtlichen Eskapaden und scheint sich schnurstracks auf dem Weg in die Stammelf zu befinden. Dennoch bittet der neue HSV-Manager Felix Magath den jungen Walter und Vater Martin nach der Vorbereitung ins Büro und empfiehlt einen Vereinswechsel. „Sie wollten mich ausleihen. Damit ich Spielpraxis bekomme. Das habe ich aber rundweg abgelehnt. Ich war mir sicher, es beim HSV in die Stammelf zu schaffen. Und das wollte ich nun auch beweisen."

„Laube" bleibt beim HSV und absolviert im September tatsächlich wieder ein Bundesligaspiel gegen Kaiserslautern – inklusive seines ersten Treffers. Allerdings: Über die Rolle des Einwechselspielers kommt er in den folgenden Wochen nicht hinweg. Trainer Skoplar lässt ihn nicht ein einziges Mal von Beginn an ran. Thomas von Heesen, der das alles aus nächster Nähe mitverfolgt, kann Laubingers Verzweiflung gut verstehen: „Er war ja ein Naturtalent, seine Technik und sein Spielverständnis waren enorm stark. Aber wie das eben in einer Profimannschaft so ist: Als Jugendspieler hätte Laube sich einfach noch mehr reinhängen und zeigen müssen, dass kein Weg an ihm vorbeigeht." Außerdem passen Skoplar und der junge Techniker nicht wirklich gut zusammen, findet von Heesen: „Unter Happel hätte Laubinger eine echte Chance bekommen. Aber der nächste Trainer stand nicht so auf ihn. Was auch daran lag, dass Laube natürlich so seine Defizite in der Defensivarbeit hatte." Und so, findet von Heesen, hat Laubingers Scheitern auch mit Pech zu tun: „Sein Offensivpotenzial war derart überragend, dass ein anderer Trainer wahrscheinlich über das Defensiv-Defizit hinweggesehen hätte. So hat ein Scheitern eines großen Talents eben auch mit Glück und Pech und der Person des Trainers zu tun."

Schlechte Karten unter Reimann

Fakt ist: Unter Skoplar verschlechtern sich Laubingers Karten. Und so steht nach Beendigung der Hinrunde der nächste Gesprächstermin im Büro Felix Magaths an. Wieder soll Laubinger ausgeliehen werden, um Spielpraxis zu sammeln. Mit Zweitligist SpVg Bayreuth steht auch ein Interessent auf der Matte. „Diesmal stimmte ich zu. Ich wollte endlich mal wieder richtig Fußball spielen."

Es geht also erstmals hinaus aus Hamburg in den Süden der Republik. Die Bayreuther sind stark abstiegsgefährdet und empfangen den vom gepflegten Hamburger Trainingsgelände verwöhnten Walter Laubinger mit einem Schock: „Als ich zum ersten Training ging, landete ich förmlich auf einer Kuhweide. Das war ein derart holpriges Geläuf, bei dem ich mir einfach nicht vorstellen konnte, dass dort Profifußball gespielt wurde." Wird aber. Letztlich sogar noch einigermaßen erfolgreich. Zwar kommt Laubinger in der Rückserie nur auf vier Einsätze, doch mit Platz 17 retten sich die Bayreuther, bei denen Armin Veh im Mittelfeld Regie führt, wenigstens noch vor dem Abstieg. Laubinger muss meist passen, weil er sich bald nach der Ankunft in Bayreuth eine knifflige Knöchelverletzung zugezogen hat. Um überhaupt spielen zu können, muss er schmerzstillende Spritzen verpasst bekommen. Doch so richtig helfen auch die nicht. „Als die Schmerzen schlimmer wurden, habe ich unseren HSV-Masseur Hermann Rieger kontaktiert. Der hat mich zurück nach Hamburg geholt und mir erst einmal zwei Monate absolute Pause verordnet."

Bayreuth ist wieder Geschichte, Laubinger will es nach seiner Genesung in der neuen Saison 1988/89 noch einmal bei „seinem" HSV versuchen. Manager ist mittlerweile Erich Ribbeck, der ihn dann ebenfalls im Laufe der Saisonvorbereitung ins Büro bestellt. Man will Laubinger, der seinen Ruf als Partylöwe in Hamburg weghat, noch einmal ausleihen. Für Walter Laubinger bricht in diesem Moment eine Welt zusammen. „Ich war mit den Nerven am Ende. Wieder hatte ich trainiert wie ein Bekloppter, hatte alles rausgehauen. Ich war mir sicher, dass ich einen Stammplatz in der HSV-Mannschaft von meiner Leistung her verdient gehabt hätte. Doch wieder wollten sie mich nicht. Sie wollten mich wieder abschieben. Das konnte ich einfach nicht akzeptieren." Auch Wolfgangs Vater Martin ist außer sich, er fleht die HSV-Verantwortlichen regelrecht an, seinem Sohn doch einmal eine „richtige" Chance zu geben. Doch Ribbeck schüttelt nur mit dem Kopf. Da lösen die Laubingers den Vertrag mit dem HSV kurzerhand auf. Sie erhalten noch eine Abfindung, dann ist das Kapitel endgültig beendet.

Der Entschluss: Karriereende mit 21

Und Walter Laubinger schockt seinen Vater mit seinem Entschluss: Er wolle mit dem Fußball aufhören. Mit 21. „Ich wollte nicht mehr. Ich war in meinem Stolz getroffen, außerdem hatte mich die erneute Ausbootung beim HSV innerlich so verletzt, dass ich einfach keine Lust mehr auf Profifußball hatte. Mein entsetzter Vater konnte es nicht glauben. Aber mein Entschluss blieb. ‚Ich will nicht mehr spielen' – das stand für mich in diesem Moment fest."

Laubinger lässt sich reamateurisieren, ein paar Wochen später aber von einem alten Kumpel beinahe zu einer Sinnesänderung überreden. Laubinger hat über einen Bekannten ein Engagement beim Rheydter SV am Niederrhein angetreten, wo er am Rande eines Testspiels zufällig auf Stefan Effenberg trifft. Nach einem großen Wiedersehens-Hallo überredet Effenberg seinen alten Kumpel zu einem einwöchigen Probetraining bei Borussia Mönchengladbach, das er für ihn organisiert. Laubinger zieht also für eine Woche bei Effenberg ein und absolviert den Test. Tatsächlich zeigt die Borussia Interesse, doch nachdem Laubinger sein Engagement in Rheydt daraufhin beendet und vorerst nach Hamburg zurückkehrt, folgt wenig später die Ernüchterung: Die Gladbacher

Borussen haben sich doch gegen eine Verpflichtung entschieden. Das ist es nun endgültig mit Laubingers Profi-Ambitionen, er gibt seinen Traum unwiderruflich auf. Beim Bramfelder SV nehmen sie das gern zur Kenntnis, denn Walter tritt nun wieder für seinen Heimatverein an.

Allerdings: Auch mit dem großen Geld ist es nun vorbei und Walter muss sich ein neues berufliches Standbein suchen, um sich und seine Familie über die Runden zu bringen. Denn er ist mittlerweile auch zweifacher Vater geworden. Die beiden Söhne Nico und Domingo sind auf die Welt gekommen. Walter sucht also das Gespräch mit seinem Vater und die beiden werden sich schnell einig: Walter würde die kleine Gartenbaufirma des Vaters übernehmen. Gleichzeitig beschließt Walter, seinen unseriösen Lebenswandel zu beenden. „Ich fühlte mich in der Szene mit all den Partys, dem Alkohol und der Gewalt schon seit geraumer Zeit unwohl. Ich hatte einfach auch ein schlechtes Gewissen meiner Frau gegenüber. Als unsere beiden Söhne dann da waren, fiel es mir relativ leicht, künftig auf die Wochenend-Partys zu verzichten."

Statt in die Kneipe geht Walter nun mit seiner gläubigen Frau in die Kirche – und wird schließlich sogar praktizierender Christ. „Es war für mich wie ein ganz neuer Weg. Mit meinem neu gewonnenen Glauben an Gott fiel es mir auch irgendwie leichter, die verpasste Karriere als Fußballprofi zu verarbeiten. Mein Leben bekam durch den Glauben einen neuen Sinn."

Jugendtrainer – das neue Glück

Aber – und auch das dürfte für die neu gewonnene Zufriedenheit wichtig gewesen sein – Walter findet auch zurück auf den Fußballplatz. Als sein jüngerer Sohn Domingo vier Jahre alt ist, übernimmt er das Training dieser Altersklasse beim Farmsener TV. Weil das Team auf der vereinseigenen Anlage nur begrenzte Trainingsmöglichkeiten erhält, wechseln die Laubingers den Verein, gehen zu Concordia Hamburg. Dort trifft der umtriebige Coach mit einem Verantwortlichen der nahe gelegenen Rennbahn Horn ein Arrangement und darf eine riesige Rasenfläche am Rande der Rennbahn nutzen. Laubingers Schützlinge trainieren und spielen fortan auf feinstem Rasen, mit der Zeit werden sie – angetrieben von ihrem leidenschaftlichen Trainer – immer besser. „Schon bald waren wir in Hamburg das dominierende Team in diesem Jahrgang", sagt Laubinger, dem vor allem sein geschulter Umgang mit Straßenjungs zu Gute kommt. „Bei mir haben sich all die großen Fußballtalente zusammengefunden, die den Fußball noch wirklich auf der Straße gelernt haben. Für andere waren sie vielleicht nicht so leicht zu führen. Ich bin aber hervorragend mit ihnen zurechtgekommen."

Begeistert sind auch die Jugendspieler von ihrem Trainer. „Das Gute war: Er konnte uns alles vormachen, er hat nicht nur geredet. Wir haben uns alles bei ihm abgeschaut: Ballannahme, Torschuss, Fallrückzieher. Er hat uns ja mit seinen 40 Jahren auf dem Platz alle noch in die Tasche gesteckt", erinnert sich Domingo Laubinger. Walter geht auf in seiner neuen Aufgabe, setzt alles daran, dass es seinen Schützlingen einmal besser ergeht als ihm selbst. „Er ist während der Spiele ständig unterwegs gewesen. Immer die Linie rauf und runter, hat dabei pausenlos Kommandos gegeben und uns angefeuert. Der hat quasi immer mitgespielt", sagt Domingo. Dabei wird dem Sohn erst im Laufe der Zeit klar, welchen Namen sein Vater in der Stadt noch hat: „Überall, wo wir hinkamen, wurde er angesprochen. Und in der Hamburger Szene hatte er sich dann schnell den Ruf als bester Jugendtrainer der Gegend erarbeitet. Als wir mal wieder den HSV geschlagen hatten, kam Uwe Seeler auf meinen Vater zu und meinte, dass er eigentlich das Zeug zum Profitrainer hätte." Aber Domingo wird in diesen Jahren auch klar, wie sehr sein Vater am geplatzten Profitraum zu knabbern hat. „Er hat nicht so viel darüber gesprochen, aber irgendwann habe ich gemerkt, wie der verpasste Traum an ihm nagt. Er war ja so nah dran am Profifußball. Mir hat er immer nur gesagt, er habe einen großen Fehler im Leben begangen, indem er nicht aus seiner Gang ausgebrochen sei. Er hätte damals nach Leverkusen wechseln sollen", sagt Domingo.

Laubingers Fußballgeschichte bleibt am Ende eher tragisch. Denn, obwohl er seinen Sohn Domingo fördert und fordert so gut es eben geht, schafft auch der es letztendlich nicht zu einer größeren Fußballerkarriere. „Ich war Offensivspieler wie mein Vater und hatte auch ein bisschen von seinem Talent geerbt. In den diversen Auswahlmannschaften hatte ich aber auch unter meinem Namen zu leiden", sagt Domingo: „Die Laubingers hatten in Hamburg einfach den Ruf, unzuverlässig zu sein. Das wurde dann leider auch auf mich übertragen. Und so erhielt ich nie wirklich eine Chance bei einem größeren Verein", klagt Domingo.

Heute hat Domingo längst mit dem Fußball abgeschlossen. Hat sich als Dachdeckermeister selbstständig gemacht und mit einer gewissen Portion Amüsement beobachtet, wie dies auch seinem Vater mit dessen Gartenfirma gelungen ist. „Auch hier hat er sich schnell als Naturtalent erwiesen. Flink wie ein Wiesel ist er mit der Motorsäge in 20 Meter hohe Bäume geklettert und hat da in luftiger Höhe pfeifend die Äste abgesägt. Das konnte er wie kaum ein Zweiter", lacht Domingo. So hat Walter Laubinger dann also doch noch echte Höhen erklommen – auch wenn ihm dies nicht als Profifußballer gelang.

Manuel Fischer
Zu ungeduldig für die VfB-Profis

Manuel Fischer begeistert einst beim VfB Stuttgart als einzigartiges Stürmertalent. Für die große Karriere hat der Torjäger zu wenig Geduld – mit sich selbst.

Der hübsche Rasenplatz des TSV Weilimdorf ist in warme Frühlingssonne getaucht, als Manuel Fischer sein Geländefahrzeug auf den Parkplatz lenkt. Gut sieht der 30-Jährige aus. Schmal und durchtrainiert kommt er daher, ein modischer Sommerhut soll vermutlich zeigen: Das einstige Vorzeigetalent des VfB Stuttgart geht's heute lässig an. Fischer dokumentiert Lockerheit, die ihm in jüngeren Jahren vielleicht gefehlt hat. Bei dem kleinen Vorortverein der schwäbischen Metropole hat Fischer eine neue sportliche Heimat gefunden. Er spielt dort zum Hobby noch Futsal – Hallenfußball. Den Rasenplatz des Vereins betritt er allenfalls noch, um seinen kleinen Sohn und dessen Kollegen in der Bambini-Mannschaft zu trainieren.

Fischer gilt mit seinem Torinstinkt und seiner Power in jungen Jahren als eines der größten Versprechen des schwäbischen Fußballs. 2007, nachdem der VfB gerade Deutscher Meister geworden ist, drängt Fischer mit 18 und jeder Menge Wucht in Richtung Startelf der Schwaben.

Mit Volldampf gegen den FC Barcelona

Schnelligkeit, Spielverständnis und ein erstaunlich kaltblütiger Torabschluss sind Trümpfe des gebürtigen Aaleners, mit denen er den etablierten Stars des VfB Feuer unterm Hintern macht. Und sogar das legendäre Stadion Camp Nou von innen kennenlernen darf. Als das Team von Trainer Armin Veh im Herbst 2007 in der Champions

League beim FC Barcelona antritt, darf sich der junge Himmelsstürmer in den letzten 20 Minuten der Partie mit Charles Puyol, Rafael Marquez und Gabriel Milito, den Verteidigern der Katalanen, messen. Das ist lange her und eine schöne Erinnerung. Mehr nicht.

Aus der angedachten – und von fast allen Experten erwarteten – großen Bundesligakarriere des Manuel Fischer ist nichts geworden. Nach zahlreichen sportlichen Enttäuschungen, einigen Verletzungen und viel zu vielen Vereinswechseln hat Fischer die Stollen-Fußballschuhe schon längst an den Nagel gehängt. „Man verdient im Profifußball eine Menge Geld und es braucht sich keiner beschweren, der Teil dieses Systems ist. Aber die Menschlichkeit kommt in diesem Geschäft eindeutig zu kurz", sagt er.

Dass Fischer den Sprung nach ganz oben nicht geschafft hat, ist vor allem für ihn selbst bis heute ein Mysterium. Zumal er schon in jungen Jahren lernt, mit Rückschlägen zurechtzukommen. Denn der pfeilschnelle Stürmer, der bis zu seinem 12. Lebensjahr bei seinem kleinen Heimatverein SV Ebnat spielt, ehe ihn die Eltern zwei Jahre lang zu Training und Spielen des SSV Ulm chauffieren, erleidet schon in der U14 – mittlerweile beim VfB Stuttgart – eine der schlimmsten Verletzungen, die einen Fußballer erwischen kann: Kreuzbandriss. „Es war ein Freundschaftsspiel auf Schalke. Eine ganz banale Situation: Ich lief beim gegnerischen Spielaufbau den Torhüter an, wollte den Ball blocken, sprang hoch und bei der Landung knickte mir das rechte Knie weg. Da war es passiert", erinnert er sich. Weil die Wachstumsfugen bei dem jungen Fußballer noch nicht geschlossen sind, wird eine zunächst angedachte Operation verworfen. Fischer heilt die Verletzung konservativ aus und steht schon nach nur drei Monaten wieder auf dem Platz. Und weil er das „starke" rechte Bein noch nicht wieder vollständig belasten will, schießt und passt er nun vornehmlich mit dem anderen Fuß. „Das Gute an der Verletzung war, dass ich dadurch in der Folge beidfüßig war. Denn ich habe mich in dieser Zeit sozusagen von einem Rechts- zu einem Linksfuß umgeschult."

Schon damals lernt Fischer allerdings die Härte des Geschäfts kennen – beim VfB ist für ihn nach der Verletzung zunächst einmal kein Platz mehr. Er geht zurück zum SSV Ulm, wo er einen Neuanfang startet. Und der gelingt fulminant: In den ersten acht Saisonspielen in der Ulmer U16 gelingen ihm 16 Tore, beim Länderpokal mit der württembergischen Auswahl beeindruckt er unter anderem Jugend-Nationaltrainer Bernd Stöber, der ihn gleich zum nächsten Lehrgang der U16-Nationalmannschaft einlädt.

U16 – Angebote aus ganz Europa

Für den jungen Torjäger geht es nun steil bergauf. Nachdem er auch in der Jugend-Nationalmannschaft Treffer wie am Fließband erzielt, stehen die interessierten Klubs Schlange. Angebote aus England, Spanien und Italien flattern herein, zudem will ihn eigentlich jeder deutsche Klub mit ambitionierter Jugendabteilung verpflichten. Fischer entscheidet sich ein weiteres Mal für die Heimatlösung und wechselt zurück zum VfB Stuttgart. Mit sieben anderen Jungs zieht er ein ins Stuttgarter Jugendinternat in Bad Cannstatt, wo es den Talenten an nichts fehlt: Putzfrau, Köchin und eine betreuende Familie übernehmen jegliche Alltagsverpflichtung, die jungen Talente sollen sich ausschließlich auf die Schule und den Sport konzentrieren können. Ein Konstrukt, das Fischer in der Rückschau kritisch beurteilt: „Mit der Rundum-Versorgung ging uns sicher eine gehörige Portion Selbständigkeit ab. Wir wurden verhätschelt – man kann es nicht anders sagen."

Bei Fischer aber geht es sportlich weiter aufwärts: Bei der U17-Europameisterschaft in Luxemburg 2006, als Deutschland Platz vier belegt, wird er mit fünf Treffern Torschützenkönig, Teamkollege Toni Kroos bekommt die Auszeichnung als bester Spieler des Turniers. Fischer ist plötzlich für die Besten der Welt interessant: „Über einen niederländischen Berater wurde mir das Interesse des FC Chelsea übermittelt. Ich sollte einen Termin mit Roman Abramowitsch bekommen. Doch ich wollte in der Nähe meiner Familie bleiben und hatte auch Respekt vor einer anderen Sprache. Also blieb ich beim VfB."

VfB Stuttgart – Dreijahresvertrag mit Profi-Perspektive

Mit 16 ist Fischer in aller Munde und es beginnt ein rasantes Fußballerleben. Nach einer Handvoll Spielen in der U19 wird er zu Rainer Adrions Amateurmannschaft hochgezogen. Und schon mit 17 ist er erstmals bei den Profis dabei. Fischer unterschreibt einen Dreijahresvertrag mit Profi-Perspektive, entwickelt sich in den folgenden Monaten aber zu einer Art „Chamäleon" des VfB. Denn er pendelt nun ständig zwischen Jugend-, Amateur- und Profiteam. „Sehr schwierig. Das war zwar alles sehr ambitioniert. Ich trainierte auf höchstem Niveau, gehörte aber in keinem Team wirklich dazu. Ich konnte kaum Mannschaftsgeist entwickeln, mir fehlte schlichtweg die emotionale Verbindung zu meinen Mitspielern", urteilt er heute.

Fischer ist als Top-Talent „heiße Ware", er verdient jede Menge Geld und wird von einer Vielzahl von Menschen im Umfeld des großen Fußballs umgarnt. In so einer Situation können junge Menschen vermutlich gar nicht anders, als sich als etwas Besonderes wahrzunehmen. „Es ist für jeden jungen Mann, der einen solch dicken Vertrag unterschreibt, schwierig auf dem Teppich zu bleiben", sagt Fischer. „Ich hatte in meiner Familie zum Glück seriösen Rückhalt, der mich auch weitestgehend geerdet hat. Aber das Geld verändert unweigerlich die Persönlichkeit. Ich kenne unzählige Beispiele von jungen Spielern, die mit dem Ruhm und Geld nicht umgehen konnten und schlicht auch völlig unseriös gewirtschaftet haben", sagt er.

„Habe mich benommen wie ein Rabauke"

Fischers Umfeld ist intakt, wie man so sagt. Die Eltern, die Familie sind als Ansprechpartner und Ratgeber da, geben einen guten Rückhalt. Was sie aber nicht beeinflussen können, ist das teils unrealistische Anspruchsdenken des jungen Himmelsstürmers. Fischer ist ungeduldig.

Er will nun spielen. Und zwar bei den Profis. „Ich kam in eine funktionierende Mannschaft, die gerade Meister geworden war. Eigentlich klar, dass ich mich mit meinen 18 Jahren erst einmal hinten anstellen musste. Aber anstatt die Füße still zu halten und geduldig auf meine Chance zu warten, habe ich Alarm gemacht", berichtet Fischer. Er macht ein langes Gesicht, wenn er auf der Ersatzbank Platz nehmen muss, verbreitet schlechte Laune, grätscht im Training völlig übermotiviert die älteren Spieler ab. „Ich habe mich benommen wie ein Rabauke", findet er. Logisch, dass er sich im Mannschaftskreis mit seinem Verhalten nicht nur Freunde macht. Und auch den Vereinsverantwortlichen bleibt Fischers Unzufriedenheit natürlich nicht verborgen. Der junge Stürmer entwickelt sich augenscheinlich zum Pulverfass auf der Reservebank.

So legt man ihm beim VfB keine Steine in den Weg, als Fischer nach 18 Monaten und nur drei Bundesligaeinsätzen bei den VfB-Profis wegwill. Uwe Rapolder, Trainer von Zweitligist TuS Koblenz, hat dem jungen Angreifer schöne Augen gemacht – Fischer lässt sich in der Winterpause 2008/09 ausleihen. Doch die Flucht ins Rheinland entpuppt sich als grober Fehlgriff. Schon das erste Training ist ernüchternd. „Es war eiskalt und als ich aus der Umkleide herauskomme, steuern wir zum Training einen Hartplatz an. Da habe ich schon gedacht: ‚Was ist denn hier los?'", erinnert sich Fischer. Der Koblenzer Kader ist mit 35 Akteuren enorm groß, es sind ein paar gute Einzelspieler dabei. Aber irgendetwas scheint zu fehlen. Das Team kommt nicht heraus aus dem Tabellenkeller und steigt schließlich ab. Und Fischers Fazit fällt ernüchternd aus: „Ich habe dort nicht richtig Fuß gefasst. Kam auch dort zu oft nur von der Bank. Und hatte wieder ein Jahr verloren. So kam es mir vor."

Mit 19 – die Odyssee beginnt

Die Entwicklung des jungen Stürmers gerät nicht nur ins Stocken. Es scheint ein ernsthafteres Problem aufzutreten. „Ich habe in dieser Zeit die Welt nicht mehr verstanden. Ich sah mich viel besser als diverse Konkurrenten, die mir aber dennoch vorgezogen wurden. Das hat mich echt fertig gemacht", sagt Fischer. Nach dem Fehltritt Koblenz und einer weiteren Saison in der Regionalligamannschaft des VfB Stuttgart wechselt er 2010 zu Wacker Burghausen, erneut auf Leihbasis. Nach drei Monaten verletzt er sich wieder schwer: Es reißen Innen- und Außenband am rechten Knie, auch der Meniskus ist beschädigt. Fischer fällt erneut monatelang aus. „Es war hart, aber auch das habe ich relativ gut überstanden", sagt Fischer, der anschließend für die Saison 2011/12 in die Reserve Bayern Münchens wechselt. Wo er sich erstmals seit vier Jahren wieder so richtig wohl fühlt auf dem Fußballplatz: „Mit Andries Jonker hatten wir dort einen super Trainer, bei dem ich noch einmal richtig viel lernen konnte."

Allerdings schlägt auch hier wieder das Verletzungspech zu und Fischer verpasst nach der Winterpause aufgrund von Meniskusproblemen gleich zwei Monate komplett. Und er wechselt im Sommer erneut den Verein. Geht zur SpVg Unterhaching, wo ihn Trainer Manuel Baum und Klubchef Manni Schwabl begeistern. „Sie hatten eine junge, energiegeladene Mannschaft zusammengebaut und haben das Team auch super geführt", findet er. Dennoch spielt Fischer auch bei der Spielvereinigung sein immer noch extrem verbissener Ehrgeiz einen Streich und er wechselt im Winter erneut die Farben und schließt sich Viertligist SG Sonnenhof Großaspach an. „Ich wollte endlich Stammspieler sein, was dort dann auch funktioniert hat", erinnert sich Fischer. Auch dank Fischers Toren steigt der Verein 2014 in die Dritte Liga auf, doch mittlerweile hat dieser erkannt: Es wird nichts mehr mit der ganz großen Fußballkarriere. Schon in Großaspach hat er eine Ausbildung zum Immobilienkaufmann begonnen, nun steht ein duales Studium an. „Das war mit dem Aufwand in der Dritten Liga und der Fahrerei nach Großaspach nicht zu vereinbaren."

Also steht schon wieder ein Vereinswechsel an. Der achte innerhalb von acht Jahren. Fischer wechselt zurück in die Heimat, geht 2014/15 zu den Stuttgarter Kickers, mit denen es in der Dritten Liga tatsächlich lange um den Aufstieg geht. Letztlich kommt das Team nach einer starken Saison auch dank ihres mittlerweile 25-jährigen Torjägers Manuel Fischer auf einem etwas unglücklichen vierten Platz ins Ziel. Dennoch ein Erfolg, der allerdings im darauffolgenden Jahr nicht annähernd wiederholt werden kann. Es läuft plötzlich nicht mehr im Team, Trainer Horst Steffen wird im November entlassen. Aber auch unter Nachfolger Tomislav Stipic gelingt die Wende nicht und die Kickers steigen am Ende als 18. in die Vierte Liga ab.

Zu allem Überfluss verletzt sich Fischer, der im Sommer 2016 zum FC Homburg gewechselt ist, wieder schwer: Diesmal reißt das Kreuzband am linken Knie. Fischer fällt nun acht Monate lang aus. Als er im Winter wieder fit ist, kann auch er den Abstieg des Teams nicht mehr verhindern. Sein Vertrag wird aufgelöst und Fischer beendet quasi seine Ambitionen als Profifußballer. Er geht zurück nach Stuttgart und gründet dort eine Immobilienfirma. Kurz lässt er sich noch einmal von seinem Kumpel Thomas Brdaric zu einem Engagement bei Tennis Borussia Berlin überreden, doch in der Hauptstadt hält er es nicht lange aus. Die ständigen Vereinswechsel, das Leben aus dem Koffer, in den Hotels oder Vereinsappartements – Fischer hat es einfach satt: „Mir fehlte dann endgültig das Heimatgefühl. Ich wollte nach Hause", sagt er. Das Thema Fußball war für ihn gelaufen und die Erkenntnis hatte sich durchgesetzt: Er wird seinen Traum vom Profifußball nicht mehr erfüllen können. „Ich liebe das Spiel. Aber ich musste irgendwie begreifen, dass es professionell zu betreiben für mich keinen Sinn mehr macht."

„Er hat zu schnell die Flucht ergriffen"

Woran ist Fischer wirklich gescheitert? Die Verletzungen haben sicher ihren Teil dazu beigetragen, sein Jugend-Nationaltrainer Bernd Stöber sieht aber auch andere Gründe: „Ich denke, dass sich Manuel auftauchenden Widerständen im Laufe seiner Karriere nicht genügend gestellt hat. Man sieht es ja ganz einfach an seinen unzähligen Stationen: Wenn es mal nicht so gut lief, hat er oft und viel zu schnell die Flucht ergriffen und den Verein gewechselt." Flucht vor Problemen – für Stöber einer der häufigsten Gründe, warum es mit der Karriere außergewöhnlich talentierter Spieler nichts wird: „Eine der wichtigsten Charaktereigenschaften für später erfolgreiche Profis ist die Fähigkeit, sich gegen Widerstände durchzusetzen. Selbstkritisch mit sich umzugehen und an seinen Schwächen zu arbeiten. Gerade in der heutigen Zeit aber werden talentierte junge Spieler von ihrem Umfeld stark beeinflusst und bekommen den ganzen Tag gesagt, wie toll sie doch sind. Was häufig unrealistisch ist und dazu führt, dass die Spieler die Schuld gern bei anderen suchen, wenn's nicht so läuft. Da würde mehr Selbstkritik sicher weiterhelfen."

Fehlende Selbstkritik vermutet er auch bei Manuel Fischer: „Manuel war früh auch ein sehr abgebrühter Spieler, der von seiner Cleverness vor dem Tor gelebt hat. Das hat ihn vielleicht dazu verleitet, nicht genug an sich zu arbeiten. So nach dem Motto: ‚Es läuft ja auch so'. Diese Einstellung ist ihm später womöglich auf die Füße gefallen, als er stärker an sich hätte arbeiten müssen, um sich innerhalb eines Profiteams durchzusetzen." Ein Gegenbeispiel sieht Stöber im ein Jahr nach Fischer geborenen Toni Kroos: „Das war ein Spieler, der so durchmarschiert ist und von Jahr zu Jahr immer besser wurde. Ähnlich lief das zuvor bei Lars Ricken. Das waren Spieler, die kontinuierlich an sich weitergearbeitet haben. Ich denke, dass es auch für Trainer leichter ist, derartig beinahe übereifrige Spieler weiterzuentwickeln. Denn es ist ja immer leichter, junge Spieler einzubremsen, anstatt sie ständig motivieren zu müssen."

Generell sieht Stöber, der über 20 Jahre lang vornehmlich die U15- bis U17-Teams des Deutschen Fußball-Bundes betreute, aber auch die Schwierigkeit, die sportliche Entwicklung der ganz jungen Talente vorherzusehen. „Im Prinzip kann man mindestens bis Ende der Pubertät nicht voraussagen, wohin es bei den Spielern geht. Der eine ist frühentwickelt, der Körper des anderen im gleichen Alter entwickelt sich erst später. Bei Manuel war es zum Beispiel so, dass er sehr früh körperlich schon auf einem guten Stand war. Er war in jungen Jahren kräftiger, explosiver als seine Altersgenossen. Aber dann entwickelte er sich später halt nicht mehr so weiter wie gedacht."

Welchen Einfluss der rein körperliche Zustand aber auf die Karriere junger Spieler nehmen kann, zeigen die zahlreichen Statistiken, nach denen die früh Geborenen in ihren Jahrgängen erwiesenermaßen häufiger zu Profis werden als die zwischen September und Dezember geborenen. „Das ist tatsächlich ein großes Problem im Jugendfußball, weil die Vereine wie auch die Auswahlmannschaften natürlich vornehmlich die dominierenden Spieler ihrer Jahrgänge auswählen. Und da kann bei 15- oder 16-Jährigen ein halbes Jahr schon unheimlich viel ausmachen", sagt Stöber. Häufig bleibt die zeitversetzte Entwicklung Spätgeborener dann unerkannt, weil diese Spieler bei den auf höchstem Niveau arbeitenden Ausbildern vom Radar verschwunden sind. Stöber hat diese Problematik bereits vor etlichen Jahren erkannt und innerhalb des DFB quasi ein Ersatzprogramm für die Jahrgangsjüngeren ins Leben gerufen. „Ich habe sozusagen ein Spätgeborenen-Team eines jeden Jahrgangs gebildet, die dann eigene Länderspiele gegen schwächere Gegner absolviert haben. So konnten sie sich auf ihrem körperlichen Niveau vergleichen und wir behielten sie besser im Auge", erklärt der heute 67-Jährige Rentner.

Karriereende mit 27

Fischer hat seine Karriere mit 27 beendet, er hat jetzt Familie. Im Herbst 2020 hat er eine Ausbildung zum Erzieher begonnen. Nebenbei hat er angefangen, Fußball in der Halle zu spielen: Futsal. Über einen alten Freund kam er zum TSV Weilimdorf, ganz in der Nähe gelegen zu seinem Wohnort. Mit dem neuen Torjäger in den eigenen Reihen schaffte der TSV 2019 gleich den Gewinn der Deutschen Meisterschaft. Und es ist kaum überraschend: Auch dort hat Manuel Fischer schon wieder rasch der Ehrgeiz gepackt. Nur wenige Wochen nach seinem Futsal-Debüt wurde er bereits für die deutsche Nationalmannschaft nominiert.

Grundsätzlich geht es Fischer aber nicht mehr darum, im Fußball am großen Rad zu drehen. Für ihn soll Futsal Hobby bleiben. „Ich habe in diesem Sport meine Liebe zum Fußball wiedergefunden", sagt Fischer. Ihn begeistern Schnelligkeit und Geschicklichkeit der Spieler und die vielen Torszenen. Außerdem findet er, dass Futsal in Deutschland viel stärker entwickelt werden müsste. Auch im Sinne der Qualität auf dem Großfeld. „Ich kann Futsal nur Wärmstens empfehlen. Auch und gerade für Jugendspieler. Denn man verbessert dort auf jeden Fall seine Passqualitäten und lernt geschicktes Verhalten auf engstem Raum. Wichtige Fertigkeiten, die Fußballern auch auf dem Großfeld zu Gute kommen." Was dem einstigen Top-Talent beim Futsal aber noch viel wichtiger ist: „Hier geht es nicht ums Geld. Ich spiele hier endlich in einem echten Team und es geht ausschließlich um das gemeinsame Erlebnis und den gemeinsamen Erfolg. Das ist eine Erfahrung, die ich im Profifußball selten gemacht habe."

Interview mit Thomas Krücken

„Jeder Spieler braucht eine ‚Waffe'"

Seit Sommer 2019 führt Thomas Krücken das Leistungszentrum des VfB Stuttgart. Zuvor sammelte der Fachmann für die Ausbildung von Jugendfußballern Erfahrungen beim 1. FC Köln, Manchester City, Arminia Bielefeld, der TSG Hoffenheim, Mainz 05 und Hertha BSC.

Herr Krücken, nur die Besten können es schaffen – welches sind die herausragenden Merkmale von Juniorenspielern, die gleich nach der Jugend den Sprung in den Profibereich schaffen?
THOMAS KRÜCKEN: Aus meiner Erfahrung heraus geht es um drei Eigenschaften: „Waffe", Spielintelligenz/Technik unter Druck sowie Widerstandsfähigkeit. Der Spieler muss über mindestens eine „Waffe" verfügen, d.h. über eine oder mehrere Fähigkeiten, die ihn von anderen sehr guten Spielern unterscheidet. Bedingt durch die permanent zunehmende Spielgeschwindigkeit ist der kognitive Bereich wichtiger denn je geworden. Spielintelligenz heißt für mich, kluge Entscheidung unter Druck zu treffen. Die variable Anwendung von Technik unter höchstem Zeit-, Raum- und Gegnerdruck ist zudem elementar. Zuletzt braucht der Spieler eine starke Persönlichkeit. Er muss Widerstandsfähigkeit besitzen und die Bereitschaft zu kontinuierlichen Anstrengungen mitbringen.

Was fehlt auf der anderen Seite den Spielern, die es wider Erwarten nicht schaffen?
KRÜCKEN: Wenn Spieler zu früh denken, dass sie bereits Profi sind. Es existiert ein großer Unterschied zwischen Profi sein und professionell zu handeln! Talent ist eine Gabe und die Basis, der entscheidende Faktor allerdings ist harte Arbeit. Ich beobachte oft, dass Talent alleine in der U17 noch ausreicht, um besser zu sein als andere. In

der U19 erkennt man aber dann die Defizite, die sich im Übergang zum Männerfußball dann nicht mehr verheimlichen lassen und entscheidend durchschlagen.

Sie leiten beim VfB Stuttgart die Nachwuchsabteilung. Wie wird beim VfB an den „Waffen" der Spieler gearbeitet?
KRÜCKEN: Das Ausbilderteam eines Talents, bestehend aus den Trainern, Athletiktrainer, Sportpsychologe und Analyst, analysiert die Fähigkeiten jedes Spielers. Aufgrund dieser Analyse erstellen wir die Inhalte unseres sogenannten „Potenzialtrainings". Dieses findet im Rahmen unserer Schulkooperationen statt. In Kleinstgruppen trainieren insgesamt ca. 70 Spieler mit 20 Trainern. Jahrgangsübergreifend werden Spieler in Trainingsgruppen zusammengefasst, die ein identisches Potenzial haben. Für diese Inhalte investieren wir ca. 50 Prozent der gesamten Trainingszeit. Zum Teil steht ein Trainer mit einem Spieler auf dem Platz!

Einzeltraining erfordert enorm hohen Personalaufwand ...
KRÜCKEN: Wir fassen die Spieler unabhängig von ihren Jahrgängen in Trainingsgruppen zusammen und sortieren sie nach ihrer biologischen Reife. Das heißt: Im athletischen Bereich trainiert der hoch aufgeschossene Verteidiger nicht gemeinsam mit dem kleinen wendigen Dribbler, weil hier unterschiedliche Anforderungen greifen. Wir unterteilen auch spieltaktisch: Fassen zum Beispiel die Stürmer in einer Gruppe zusammen und trainieren den Torabschluss. Mit und ohne Gegnerdruck oder zum Beispiel unter Zeitdruck unter Einbeziehung von Lichtschranken. Hier entscheiden wir am Anfang jeder Woche wieder neu, wer an welchem Trainingsprogramm teilnimmt. Hier kommt auch die medizinische Abteilung ins Spiel, auf etwaige Blessuren der Spieler vom Wochenende hinzuweisen.

Inwieweit werden die Spieler in eine Wochenplanung mit einbezogen?
KRÜCKEN: Wir fragen unter anderem bei den Spielern ab, was sie trainieren möchten. Sie sollen mitentscheiden über ihr Pensum und die Trainingsformen. Wir möchten so die Mündigkeit und Eigenverantwortung der Spieler fördern. Denn je höher das Verständnis für bestimmte Übungen ist, desto höher ist die Bereitschaft der Spieler, an ihre Leistungsgrenze zu gehen. Dieser Wille, hart an sich zu arbeiten und niemals nachzulassen, ist Grundvoraussetzung dafür, dass wir die Spieler auf das nächste Level anheben können.

Sie sind schon seit über 20 Jahren im Geschäft, haben damals in der Jugend des 1. FC Köln als Trainer angefangen. Beschreiben Sie doch einmal die Entwicklung des Jugendfußballs seither.
KRÜCKEN: Als ich angefangen habe, wurde ich beim 1. FC Köln zunächst U13-Trainer. Die Zeit damals ist mit der heutigen überhaupt nicht zu vergleichen. Es gab ja noch keine Nachwuchsleistungszentren. Als Trainer war ich auf mich allein gestellt, musste alles selber machen. Es gab keine Physios, Wissenschaftler oder andere Spezialisten, die einem zugearbeitet haben. Wir haben damals beim 1. FC Köln ab 2001 die Kooperation mit vier umliegenden Schulen aufgebaut. Eine Hauptschule, eine Realschule, ein Gymnasium und ein Berufskolleg. Ich habe den Spielern nachmittags Nachhilfe angeboten und anschließend ging es auf den Trainingsplatz. So hatten wir schnell 30 Spieler zusammen, mit denen wir quasi täglich gearbeitet haben. Sozusagen ein Vorläufer eines NLZ.

Sie waren dann in England, bevor sie bei Hertha gelandet sind …
KRÜCKEN: Ich habe während meines Studiums ein Auslandsjahr in England verbracht, in dem ich bei Manchester City die U11 trainiert habe. Mein Zehner damals war übrigens Kieran Trippier, der heute bei Atletico Madrid auf der Außenbahn spielt. Danach kam Hertha,

wo ich Trainer der U17 war. Eine tolle Mannschaft mit Spielern wie Nico Schulz, Anthony Brooks, Richard Strebinger im Tor und Jerome Kiesewetter, der heute in den USA in der MLS spielt.

Manche Fachleute behaupten, Berliner Jungs seien nur schwer trainierbar. Könnten sich nur schlecht im Team integrieren. Haben Sie ähnliche Erfahrungen gemacht?
KRÜCKEN: Nein, ich bin ausgezeichnet zurechtgekommen. Es kommt als Trainer darauf an, dass man sich wirklich für die Jungs interessiert und sich intensiv mit ihnen beschäftigt. In Berlin sind natürlich viele sogenannte Straßenfußballer dabei, bei denen der Ton auch mal etwas rauer sein kann. Wenn sie aber spüren, dass man sie ernst nimmt und gemeinsam mit ihnen etwas erreichen möchte, geben sie auch sehr viel. Ich bin damals in ihren Kiez gefahren, um zu schauen, wie sie leben, und um zu verstehen, warum sie was tun. Man muss sich persönlich um seine Spieler kümmern, Vertrauen aufbauen. Das gehört aus meiner Überzeugung dazu, wenn man ein guter Jugendtrainer sein will.

Haben Sie in Berlin gelernt, was einen guten Jugendtrainer ausmacht?
KRÜCKEN: Die drei Jahre dort waren intensiv und haben mir sehr viel gebracht. Ich habe mich besonders im Bereich Führung von Spielern und Mannschaften sehr weiterentwickelt.

Ein Vorwurf an die Nachwuchsleistungszentren lautet, es werde dort zu systematisch trainiert. Die individuellen Fähigkeiten kämen zu kurz ...
KRÜCKEN: Die Ausbildung sollte aus meiner Sicht Spieler-zentriert sein – nicht Trainer-zentriert. Heißt: Der Trainer darf den Spielern seine Entscheidungen auf und neben dem Platz nicht abnehmen. Es ist ein Mix aus „Entdecken" und „Anleiten", wobei sich im spie-

lerzentrierten Kontext die Art der Anleitung verändert. Die Spieler müssen stärker verinnerlichen, sich selber Lösungen zu erarbeiten. Wir sind beim VfB davon überzeugt, dass die Spieler bei mehr Eigenverantwortung, die wir von ihnen verlangen, auch höhere Bereitschaft zu harter Arbeit entwickeln und sich so insgesamt stärker entwickeln.

Wie gehen Sie beim VfB Stuttgart mit den äußeren Einflüssen auf Spieler um? Haben Sie Ansprechpartner für die Eltern und Berater der Spieler?
KRÜCKEN: Grundsätzlich bin ich der Meinung, dass der Trainer seinen Spieler möglichst gut kennen muss, um dessen Vertrauen gewinnen zu können. Er sollte also auch über dessen familiäre Verhältnisse Bescheid wissen. Den Umgang mit dem Berater bekommt er bei uns normalerweise von der NLZ-Leitung abgenommen. Ich habe übrigens erfreulicherweise das Gefühl, dass die Bedeutung der Eltern für die Spieler wieder stärker wird. Der Einfluss der Berater nimmt gerade wieder etwas ab bzw. es läuft kollegialer ab. Das wäre eine positive Entwicklung. Denn Berater können nicht die Rolle von Eltern übernehmen. Wir haben beim VfB eine Elternbeauftragte, die als Ansprechpartnerin stets verfügbar ist. Zudem haben wir zwei Sportpsychologen, die sowohl für die Spieler als auch deren Eltern als Kontaktpersonen immer ansprechbar sind.

Welchen Einfluss haben Berater und Eltern auf die Karriere eines talentierten Spielers?
KRÜCKEN: Sie haben einen sehr großen Einfluss. Ein Beispiel: Ich hatte vor nicht allzu langer Zeit einen Jugendspieler, der sich rasant entwickelt hat, Junioren-Nationalspieler wurde, alles lief bestens. Der hatte plötzlich die Idee, nicht mehr zur Schule gehen zu müssen. Ohne dass jemand anderes davon wusste, ging er nicht mehr hin. Nach vier bis fünf Wochen wurden seine Leistungen schlechter.

Nach sieben Wochen fiel er total in ein Loch. Nach zehn Wochen warf ihn der Jugend-Nationaltrainer aus dem Team. Nach zwölf Wochen kam er zu mir und sagte, sein Berater habe ihn verlassen, er sei mit seiner Leistung nicht mehr einverstanden gewesen. Ich habe mich dann der Sache angenommen und gemeinsam mit dem Spieler für eine neue Struktur in seinem Leben gesorgt. Er hat ein Fernstudium begonnen, sein Alltag bekam wieder Abläufe. Und auch seine Leistungen wurden wieder besser. Heute spielt er in der Bundesliga.

Was können junge Spieler aus dieser Geschichte lernen?
KRÜCKEN: Profi zu werden ist für die meisten ein Traum. Aber der Profifußball ist ein hartes, schnelllebiges Geschäft und man schafft es nur mit absoluter Disziplin und Fleiß. Junge Spieler bekommen selbst sehr schnell mit, dass es schnell in beide Richtungen gehen kann. Es kann brutal sein. Dessen müssen sie sich immer bewusst sein.

Ferdi Esser

Kölscher Clown – zu heimatverbunden für die Profikarriere

Ferdi Esser war in den 90er Jahren im Kölner Amateurfußball als brandgefährlicher Torjäger gefürchtet. Interessierte Profiklubs aber blieben in ihrem Werben erfolglos. Der talentierte Angreifer wollte partout nicht raus aus seinem Kölner Veedel.

Das Treffen mit Ferdinand Esser, den alle Welt nur „Ferdi" nennt, findet im kleinen Garten seines Kumpels Jens Färber statt. „Da kann man gut sitzen und wir können uns in Ruhe unterhalten", sagt Ferdi, als wir uns verabreden. „Klingt eigentlich ganz normal am Telefon", denke ich nach dem Gespräch, ich hatte im Vorfeld der Recherche Anderes gehört. „Den Ferdi kriegst du nie zum Gespräch", wurde mir gesagt. „Der ist versackt", hatte ich gehört, „hat ein massives Alkoholproblem", so wurde ich auch gewarnt.

Ein paar Tage später komme ich also mit einer gewissen Portion Skepsis zum verabredeten Termin in den Garten von Kumpel Jens. Und: Ich werde von einem lachenden Ferdi Esser empfangen. Gut, eine geöffnete Flasche Bier steht am frühen Nachmittag auch auf dem Tisch, Esser spricht das auch an: „Ist mein Feierabendbier", sagt er. Wie jeden Tag hat er vormittags seine Schicht bei der Kölner Abfallwirtschaft erledigt, gemeinsam mit Jens Färber ist er mit der Kehrmaschine durch den Kölner Stadtteil Nippes gefahren. Jetzt sitzt er da und ist bereit, mir von seiner Fußballerkarriere zu erzählen. Oder zumindest bald, erst zeigt er mir noch ein Handy-Video. Es ist eine Folge seiner kleinen YouTube-Serie „Ferdinando Esser", in der er mit einem lustigen Hut auf dem Kopf einen kölschen Witz erzählt. Und sich selbst beim Erzählen schon schlapplacht. Typisch Ferdi Esser – findet er selbst auch. „Ich war doch immer schon ein Clown. Einfach immer gut drauf. Lustig sein – das gehört zu meinem Leben", sagt er.

Ferdis YouTube-Serie wurde zu einem erstaunlichen Erfolg, die Abrufzahlen gingen in die Tausende. Sogar ein Comedy-TV-Format wurde auf den kölschen Witzeerzähler aufmerksam und lud zu einem Studio-Besuch ein. Esser lehnte das durchaus lukrative Angebot ab. „Hatte ich keinen Bock drauf", sagt er. Und wir sind quasi automatisch bei seiner verpassten Karriere als Profifußballer gelandet, die Ferdi Esser durchaus ebenfalls vor Augen hatte. Auf die er aber auch „keinen Bock hatte", wie er bei der Nacherzählung seiner Geschichte deutlich macht. Oder vielleicht eher: Wie er deutlich machen will. Denn die Wahrheit ist ja: Auch Ferdi Esser hätte Lust auf eine Karriere als Profifußballer gehabt. Und sein fußballerisches Talent hätte eine solche Kariere vielleicht auch hergegeben. Aber: Esser hat den entscheidenden Schritt in diese Richtung nie getan. Er hat sich nicht getraut.

Straßenfußball auf dem Helmholtzplatz

Als Ferdi mit sieben Jahren bei der DJK Roland West zum ersten Mal Vereinsfußball kennenlernt, hat er einen wichtigen Teil der Ausbildung bereits hinter sich. Schon von dem Moment an, da er laufen kann, verlässt er mit seinem vier Minuten älteren Zwillingsbruder Peter gewissermaßen die Etagenwohnung in Köln-Bickendorf. Er hält sich vorwiegend auf der Straße auf. Auf dem benachbarten Helmholtzplatz befindet sich ein sogenannter Fußballkäfig – ein eingezäuntes, geteertes Spielfeld mit zwei Toren. „Da haben wir eigentlich den ganzen Tag nach der Schule verbracht", erinnert sich Ferdi. Straßenfußball nennt man das. Er lernt, sich gegen Ältere durchzusetzen, feilt an seiner Technik und daran, die Ellbogen einzusetzen. Qualitäten, von denen im heutigen Fußball oft wehmütig geschwärmt wird. Heute stehen diese Käfige meist leer.

Ferdi aber holt sich auf der Straße das Rüstzeug, das er beim SSV Vogelsang gut gebrauchen kann. Dorthin, ins benachbarte westliche

Ehrenfeld wechselt er mit acht Jahren, als sich sein Team bei Roland West aufgelöst hat. Auf dem schäbigen Aschenplatz an der Biesterfelder Straße schürft sich der junge Ferdi nicht nur fortan die Knie auf, er hat auch das Glück, auf außerordentlich talentierte Mitspieler zu treffen. Der SSV ist das Lieblingskind vom in der Nachbarschaft beheimateten Abbruchunternehmer Norbert Steeg – und der hat Spaß daran, Ferdis Jahrgang zu protegieren. Die Jungs bekommen stets schicke Trainingsanzüge und hier und dort ein Taschengeld. Und zahlen es dem Mäzen mit Erfolgen gegen die benachbarten größeren Vereine zurück. Sogar Bayer Leverkusen und dem 1. FC Köln ist es nicht wohl bei der Sache, wenn sie auf den Vogelsanger Aschenplatz müssen. „Noch in der B-Jugend haben wir den FC auf der eigenen Anlage weggehauen", sagt Ferdi Esser bis heute stolz darüber. Besonders seine Tore sind es, die auch die größeren Klubs am Ende meist alt aussehen lassen – und schon bald wird Ferdi in die Mittelrhein-Auswahl eingeladen. Dort ist er Teamkollege unter anderem von Bodo Illgner. Der 1. FC Köln versucht natürlich schon früh, Ferdi aus Vogelsang wegzulocken, doch beißt mit seinem Ansinnen beim Torjäger auf Granit: „Wir hatten in Vogelsang viel Spaß und es ging uns mit der Unterstützung des Sponsors da auch gut. Ich hatte meine Kumpels um mich herum – warum sollte ich wechseln?"

Die Kumpels, sein Veedel – Ferdi fühlt sich wohl in Ehrenfeld

Die Kumpels, sein Veedel – Ferdi genießt die heimische Umgebung ganz besonders. Was auch mit den schwierigen Verhältnissen daheim zu tun hat. Alkohol spielt bei dem Vater eine große Rolle, die bemühte Mutter ist mit ihren hyperaktiven Jungs nicht selten überfordert. Die Familie kommt so gerade über die Runden, Unterstützung und Zuneigung erfahren die Jungs eher bei ihren Freunden und Bekannten als in den heimischen vier Wänden. Und sie fühlen sich wohl im vertrauten Kreis. In Bickendorf ist Ferdi bald bekannt als Gute-Laune-Kerl. Immer tatendurstig, immer gut drauf. „Wo Ferdi ist, ist was los", heißt es.

Rund um den Helmholtzplatz aber regiert auch das Gesetz der Straße. Zudem sind Alkohol und Drogen ein ständiges Thema. Die Esser-Jungs wachsen inmitten dieses Milieus auf und bleiben nicht unbefleckt. „Spätestens mit 16 habe ich gekifft und Alkohol getrunken. Das gehörte genauso dazu, wie der Kontakt zu den Mädels", sagt Ferdi. Die Esser-Jungs schlagen schon in jungen Jahren über die Stränge. Dennoch entwickelt sich Ferdi zu einem sportlichen Multi-Talent auch außerhalb des Fußballs. Handball, Hockey, Turnen, Radfahren – was immer auch mit sportlicher Betätigung zu tun hat, gefällt dem jungen Ferdi Esser. „Ich war ständig in Bewegung, hab alles ausprobiert. Und ich war eigentlich in allem auch gut", behauptet er von sich. So gut, dass er die Grenzen der Physik verschieben kann, ist er aber nun auch wieder nicht. Das merkt er oft genug, wenn er bei seinen teils waghalsigen Abenteuern nicht ganz ungeschoren davonkommt. So moniert Trainer Peter Faerber – Ferdi ist mitsamt seiner Freunde nach der A-Jugend zum benachbarten Verein Schwarz-Weiß Köln gewechselt – ein ums andere Mal die übertriebene Risikobereitschaft seines Mittelstürmers in dessen Freizeit. Beim freihändigen Rückwärtsfahren mit dem Rad gestürzt, beim Jonglieren vom Seil gefallen, beim Salto auf der Wiese den Fuß vertreten – Ferdi humpelt nicht selten zum abendlichen Fußballtraining. „Ich hatte in Faerbers Augen immer Schuld, wenn wir verloren: ‚Ferdi hat dies falsch gemacht und dort die falsche Entscheidung getroffen', hieß es. Und Faerber hat sich immer aufgeregt, wenn ich mit Blessuren zum Training oder Spiel kam, die mit Fußball nichts zu tun hatten."

Erst kommen die Mülltonnen, dann der Fußball

Ferdi, der mittlerweile einen Job bei der Kölner Abfallwirtschaft (AWB) angenommen hat, gefällt sein Fußballerleben bei Schwarz-Weiß Köln – dort, am Bickendorfer Kolkrabenweg gleich neben dem riesigen Westfriedhof der Stadt, genießt er mit seinen Freunden das Spiel und vor allem die Zügellosigkeit der Jugend. Vormittags schleppt er Mülttonnen, danach gehört sein Leben dem Fußball. Die Jungs können bei Schwarz-Weiß so ungefähr machen, was sie wollen. Aber eins ist auch klar: Die Bickendorfer sind sportlich gesehen in der Umgebung nur ein kleines Licht. Branchenführer in Köln-Ehrenfeld und drum herum ist der SC Köln-West – zu jener Zeit sozusagen der FC Bayern München des Kölner Amateurfußballs. Dort, an der Apenrader Straße inmitten eines dicht besiedelten Wohngebietes, schlägt das Herz des West-Kölner Fußballs. Nach dem 2. Weltkrieg wäre der Verein um ein Haar in die Oberliga West, die damals höchste Spielklasse aufgestiegen, scheiterte aber im Entscheidungsspiel gegen den Stadtrivalen Preußen Dellbrück denkbar knapp mit 3:4 nach Verlängerung. Es ging damals stattdessen in die 2. Liga, wo der Verein zumindest zwei Jahre lang kräftig mitmischte, bevor es Stück für Stück bergab ins Amateurlager ging.

Aber beim SC West wurde immer hochklassiger Fußball geboten. Vor allem die Jugendabteilung war bekannt für den niemals endenden Ausstoß von großen Fußballtalenten. Kein Wunder – hatte der SC West doch im Arbeiterviertel Ehrenfeld und Umgebung ein riesiges Einzugsgebiet und konnte sich die Talente unter den Hunderten Straßenfußballern aussuchen, die in der Gegend Tag für Tag auf den Bolzplätzen dem runden Leder nachjagten. Unvergessen ist bis heute das Juniorenteam der 50er Jahre, das nicht nur in Köln das Maß aller Dinge war. Besetzt mit hochklassigen Spielern wie Rolf Neuhaus, Werner und Helmut Müller, Karl Lambertin und Josef Dirkes gewannen die Wester Talente nicht nur die Mittelrheinmeisterschaft in Serie, sie holten sich zwischen 1953 und 1955 auch dreimal hintereinander den Titel als Westdeutscher Meister. So etwas ging noch im damaligen Fußball, als die Talente weniger mobil als heute waren und in der Nachbarschaft spielten, anstatt Tag für Tag stundenlang zwischen ihrem Wohnort und irgendeinem Leistungszentrum zu pendeln.

Sommer 1989 – Mit 21 zum SC West

Und genau zu diesem SC West zieht es Ferdi Esser im Sommer 1989. West-Trainer Günter Färber weiß genau um die Torjägerqualitäten des jungen Ferdi Esser, er kennt aber auch dessen enge Bindung an seine Freunde. Also holt er nicht nur Ferdi von Schwarz-Weiß, sondern verpflichtet dessen Kumpels Georg Streich und Karl-Heinz Schäfer gleich mit. Die Aufgabe für Trainer und Team ist klar: Nach Jahren in der Bezirksliga soll endlich wieder die Rückkehr in die Landesliga gelingen. Das Scheitern des Teams in den 80er Jahren ist zu jener Zeit geradezu legendär – der SC West gilt als „Vize-West", verpasst Ende des Jahrzehnts gleich viermal in Serie als Zweiter den Aufstieg nur um Haaresbreite.

Für Ferdi Esser verändert der Wechsel „zum West" noch einmal alles – zumindest fußballerisch. Während er seinem Job als Müllmann treu bleibt, entwickelt er sich an der Apenrader Straße rasend schnell zum gefürchteten Torjäger. Und – was für ihn wahrscheinlich noch wichtiger ist – er avanciert an der Apenrader Straße zum Publikumsliebling. „Fän" nennen ihn die Zuschauer, die ihren neuen Torjäger sonntags nach den Spielen im Apenrader Hof, der Vereins-Gaststätte direkt am Sportplatz, hochleben lassen. Ganz besonders frisst Charly Kropmanns einen Narren am jungen – stets gut gelaunten – Mittelstürmer. Kropmanns hat die Geschäfte der familieneigenen Holzfabrik in der nahe gelegenen Gutenbergstraße übernommen und wird als Nachfolger von Helmut Müller neuer Vorsitzender des SC West. Und er weiß genau: Wenn er den SC West voranbringen möchte – was sein erklärtes Ziel ist – geht das nur mit diesem jungen Torjäger. Auch wenn der, was allen Betrachtern auf den ersten Blick auffällt, für die Bezirksliga eigentlich viel zu gut ist. Seine Qualitäten stechen ins Auge: Esser ist ein sogenannter Strafraumwühler. Etwas gedrungen von Statur, schirmt er den Ball im 16er perfekt ab. Mit seinen schnellen Drehungen und genauem Torabschluss ist er der Horror für die gegnerischen Verteidiger. Zumal er auch noch enorm kopfballstark ist. „Wenn der hochgestiegen ist, stand er quasi sekundenlang in der Luft, um dann einen punktgenauen Kopfball zu setzen", schwärmt Kropmanns. „Der Ferdi hätte zweifelsohne viel höherklassiger spielen können. Aber er hat sich bei uns im Verein immer so wohl gefühlt, dass es eigentlich kein großes Problem war, ihn im Verein zu halten", sagt Kropmanns.

Kropmanns wird zum Privat-Sponsor

Der Fabrikant kennt auch die Argumente, die ziehen: Er wird sozusagen Ferdi Essers persönlicher Sponsor. Wie viel genau Charly Kropmanns seinem Torjäger fortan monatlich zusteckt, mag keiner der Beteiligten so genau sagen. Auch im Amateurfußball lässt es sich als Spitzenspieler in den 90er Jahren gut leben. „Unter 1.000 Mark im Monat bin ich beim SC West nie weggegangen", sagt Ferdi Esser. Und mit diesem Betrag ist lediglich das vereinbarte feste Honorar des Torjägers gemeint. Dass die Stimmungskanone des SC West auch noch Extra-Zuwendungen aus dem Kreis potenter Stamm-Zuschauer erhält, ist ein offenes Geheimnis. Wolfgang Tillmann beispielsweise, Besitzer des größten Ehrenfelder Fitness-Studios und Stammzuschauer bei den Spielen des SC West, vereinbart mit Esser eine Sonderprämie von 100 Mark für jeden Treffer, den der Torjäger erzielt. „Das wurde mir dann aber irgendwann zu viel", so Tillmann heute, „denn der hat ja dann Spielzeiten gehabt, da hat er immer mindestens 30 Nüsse gemacht", so Tillmann. Kropmanns selbst mag am liebsten von seinen Erinnerungen an für ihn kostspielige Abende im Apenrader Hof erzählen: „Wenn ich nach dem Spiel in die Kneipe kam, waren Ferdis erste Worte meist: ‚Gib mal nen Hunderter. Die Mannschaft braucht ‚en Rund'. Hab ich dann gern gegeben, denn der Ferdi hat so auch immer für einen guten Zusammenhalt bei den Jungs gesorgt."

Sportlich hat der SC West mit Ferdi Essers Einstieg im Verein aber erst einmal einen erneuten Rückschlag zu verkraften. Denn nachdem das Team weder unter Trainer Färber noch unter dessen Nachfolger, Spielertrainer Jürgen Fuhr, den Aufstieg in die Landesliga schafft, übernimmt im Winter 1991/92 Trainer Willi Waringer. Der ruhige Coach ist genau der Richtige für die wilden Jungs vom SC West, deren Talent ja unbestritten ist. Es geht für den Trainer vor allem darum, die wilden Gesellen um Dirk Kaspers, Esser, Thomas Apel und René Welp zu einem funktionierenden Team zu formen. „Das war für den Amateurbereich eine außergewöhnlich begabte Mannschaft. Nur: Da waren zehn Häuptlinge und kaum Indianer im Team. Und: Die waren auch im Nachtleben ganz gut unterwegs und man musste als Trainer bei denen manchmal Fünfe gerade sein lassen", erinnert sich Waringer, der offensichtlich den richtigen Weg findet: „Ich habe ihnen verdeutlicht, dass sie mit mir allen möglichen Unsinn machen können. Aber sonntags auf dem Platz – da wollte ich volle Konzentration und Aufopferung fürs Team sehen. Das habe ich ihnen klargemacht. Und das hat mit den Jungs dann auch funktioniert."

20.000 für ein halbes Jahr Brück? – Esser lehnt ab

Waringer scheitert mit dem Team in der Saison 1992/93 nur hauchdünn am Aufstieg, muss lediglich aufgrund des schlechteren Torverhältnisses dem finanzstarken FC Istanbul Meschenich den Vortritt lassen. Er hat aber die Tormaschine der Ehrenfelder in Schwung gebracht, allen voran Ferdi Esser spielt groß auf und erzielt über 30 Treffer. Esser steckt in seiner fußballerischen Blütezeit, was auch höherklassigen Nachbarvereinen nicht verborgen bleibt. Auf der anderen Rheinseite schlägt sich seinerzeit der SC Brück mit der hochkarätigen Konkurrenz in der Oberliga Nordrhein herum, als bei dem Klub von Präsident Winfried Pütz plötzlich aufgrund einer Verletzungsmisere ein Loch im Angriff entsteht. Ferdi Esser soll her – möglichst noch in der Winterpause will man den Torjäger vom SC West für ein halbes Jahr verpflichten. 20.000 Mark verspricht man dem SC West für den Deal, über den Vorstandsmitglied Willi Haas aber nicht allein entscheiden will. Das Angebot ist lukrativ, aber der SC West steht ja selbst kurz vor dem Aufstieg – den man ohne seinen Torjäger wohl vergessen könnte. Haas tritt also vor die versammelte Mannschaft und berichtet vom Brücker Angebot. Die Mannschaft soll entscheiden. Da schaut Ferdi Esser nur kurz auf und sagt: „Ich gehe nicht dahin. Ich will hier bei den Jungs bleiben."

Badewanne statt RW Essen

Aber natürlich: Jeder mit ein wenig Fußballverstand kann in diesen Wochen sehen, dass Ferdi Esser eigentlich zu Höherem berufen ist. Und was heutzutage kaum noch vorstellbar ist: Der damals 25-Jährige gerät noch einmal in die Notizblöcke der Profiklubs. Hatte er in der Jugend Probetrainings der benachbarten großen Vereine stets abgelehnt, flattert nun ein Schreiben von Rot-Weiss Essen auf den Tisch von Willi Haas, der die Geschäfte gemeinsam mit Charly Kropmanns betreibt. Die Essener – damals Zweitligist – haben Esser durch ihren Scout Dieter Bast beobachten lassen und Cheftrainer Jürgen Röber lädt ihn zu einem Probetraining ins Ruhrgebiet ein. Esser ist skeptisch, aber letztlich wird ihm auch von Vereinsseite gut zugeredet, das Angebot anzunehmen. Sie wissen zwar um Essers Unersetzbarkeit beim SC West, möchten dem liebenswerten Torjäger aber auch seine mutmaßlich letzte Chance zum Sprung in den Profifußball nicht verbauen. So wird Trainer Willi Waringer beauftragt, Esser montagmorgens nach Essen zu kutschieren.

Doch die Angelegenheit entwickelt sich zum Desaster, erzählt Waringer: „Ich hatte mir bei der Arbeit freigenommen und klingele also montagmorgens früh beim Ferdi. Ich klingele und klingele, aber es tut sich nichts. Irgendwann geht dann doch der Tür-Summer und ich stiefele die Treppen zu Ferdis Wohnung rauf. Die Tür steht offen, ich ruf ‚Hallo', bekomme keine Antwort. Ich geh' schließlich rein, rufe immer weiter, nichts zu hören, keiner zu sehen. In der Küche nicht, im Wohnzimmer nicht, auch nicht im Schlafzimmer. Ich gehe also ins Bad und da liegt der Ferdi in der Badewanne. Ich sag noch ‚Bist du verrückt Ferdi? Jetzt noch baden? Da hast du doch gleich beim Training gar keine Spannung in den Muskeln.' Da guckt der mich an und sagt: ‚Ach Willi, ich fahr da nicht hin. In Essen, was soll ich da? Da kennt mich doch keiner!' Da hatte sich die Sache mit dem Probetraining und einem möglichen Sprung zu einem Zweitligisten erledigt."

Waringer sieht das Erlebte mit einem weinenden und einem lachenden Auge. Einerseits kann er Ferdi Esser super in seiner Mannschaft gebrauchen, andererseits sieht er, welch riesige Chance sein Mittelstürmer wieder einmal verpasst. „Ferdi war für uns natürlich Gold wert. Aber er hätte noch viel mehr leisten können, wenn er noch stärkere Spieler an seiner Seite gehabt hätte. Denn er hatte mit seinem Torriecher und seiner Lauffreude noch extrem Luft nach oben. Von daher war es natürlich schade, dass er den Sprung damals nicht gewagt hat. Vielleicht hätten sie ihn beim SC West auch noch mehr dazu drängen müssen, seine eigene Karriere voranzutreiben. Aber die Verantwortlichen haben ihn lieber immer wieder überredet, in Ehrenfeld zu bleiben."

Waringer sieht aber auch, wie wohl sich Esser in der gewohnten Umgebung fühlt. Als Mannschaftsclown erzählt er Witze am laufenden Band, für seine überragenden Leistungen auf dem Fußballplatz wird er anschließend in der Vereinskneipe auf den Königsschild gehoben. Esser kann sich beim SC West quasi alles erlauben. Er ist ein Geck mit Narrenfreiheit. Der es aber auch immer wieder übertreibt mit den Undiszipliniertheiten. Waringer erinnert sich an einen ganz gewöhnlichen Samstagabend mitten in der Saison. „Meine Frau war über das Wochenende weg, ich bin also nachts um ein Uhr mal im Big Ben, einer Diskothek in der Kölner Innenstadt gelandet. Und wen sehe ich da am Tresen bierselig feiern? Meinen Mittelstürmer. ‚Morgen mit der Startelf, das wird aber nichts', habe ich nur zu Ferdi gesagt." Am nächsten Tag sitzt Esser also tatsächlich auf der Ersatzbank und antwortet den gefühlt einhundert Fragestellern, was denn los sein, warum er nicht von Beginn an spiele: „Weiß ich auch nicht. Frag den Trainer!"

Lokalheld beim SC West

Waringer lässt sich nicht alles gefallen, macht mit der Mannschaft Fortschritte, liegt aber nach einer erneuten Vizemeisterschaft 1993/94 erst in der Saison 1994/95 klar auf Aufstiegskurs. Sechs Punkte Vorsprung hat sein Team in der Winterpause auf den Tabellenzweiten, Ferdi Esser hat mit Frank Fischenich und den beiden Obanor-Brüdern Joshua und Oui massive Unterstützung im Angriff erhalten. Aber wie das gerade in Kölner Amateurvereinen immer wieder passiert, kommt diesmal der entscheidende Fehler aus der Führungsetage des Vereins. Weil Kropmanns und Haas Angst haben, Waringer könne erneut auf der Zielgeraden scheitern, wechseln sie in der Winterpause den Trainer und installieren Kurt Maus. Waringer muss seine Sachen packen. Und unter Maus, der die Mannschaft kaum kennt, wird der Vorsprung nicht nur verspielt – der SC West rutscht sogar noch bis auf Platz fünf in der Endtabelle ab.

Mit Kurt Maus bekommt Ferdi Esser einen Trainer, der bis dato schon viel gesehen hat im Kölner Amateurfußball. Zwischen 1978 und 1985 hat der gebürtige Kölner schon einmal den SC West trainiert, mit den Sportfreunden 93 hatte er den Aufstieg in die Bezirksliga geschafft. Beim SC West bekommt er ein Team, das eigentlich längst zu Höherem als Bezirksligafußball berufen ist. Allen voran Ferdi Esser begeistert den neuen Coach. „Ferdi ist vom lieben Gott geküsst worden, was das Talent betrifft", schwärmt Maus noch heute. Die Qualitäten seien vielfältig gewesen: „Ferdi war leichtfüßig, enorm schnell und er hatte ein herausragendes Spielverständnis. Es gibt so Typen, die machen von Natur aus auf dem Fußballplatz alles richtig. Ferdi war so einer." Maus ist sich sicher: „Der hatte alle Voraussetzungen, um Profifußballer zu werden. Wäre er in der heutigen Zeit dabei und wäre rechtzeitig von einem guten Berater entdeckt worden, der ihn führt – er wäre Bundesligaspieler geworden."

Und auch Maus, der Esser von 1995 bis 1997 trainiert, erlebt die Sonderstellung seines Leistungsträgers im Verein und dessen Eskapaden außerhalb des Platzes. „Er war sicherlich für einen Trainer nicht leicht. Denn er hat einfach gemacht, was er wollte, und immer gesagt, was ihm gerade in den Sinn kam. Das war dann schnell auch mal provozierend oder – wenn man empfindlich gewesen wäre – auch beleidigend", so Maus. So habe Esser Spieler, die von außerhalb zum SC West gestoßen waren, gern einmal runtergemacht, nur weil sie einen anderen Sprach-Duktus pflegten. Maus bringt es auf den Punkt: „Wer bei Ferdi nicht Kölsch sprechen konnte, war schon einmal grundsätzlich unten durch."

„Auf welchem Feld spielen wir denn jetzt?"

Meist seien seine Scherze aber harmlos gewesen, Staralllüren habe er beispielsweise nie gehabt. „Nein, er war total gutmütig, aber trug sein Herz eben auf der Zunge." Maus erinnert sich an Erlebnisse, die ihn noch heute zum Lachen bringen. So habe er der Mannschaft einmal aufwändig an gleich zwei Taktiktafeln zwei Spielsysteme erklärt. Eine der beiden Tafeln sei größer als die andere gewesen. Und nachdem Esser zwanzig Minuten lang zugehört habe, habe er aufgezeigt und gefragt, ob er eine Frage stellen dürfe. „Klar", hat Maus geantwortet. Und Esser: „Auf welchem Feld spielen wir denn jetzt? Auf dem Kleinen oder dem Großen?" Und dem Betreuer des SC West, der nach dem Spiel aufgeregt in die Kabine gekommen sei und sich furchtbar über das Abhandenkommen eines einzelnen Stutzen des Trikotsatzes aufregte, habe er nur geantwortet: „Jetzt hast du dich minutenlang drüber aufgeregt, dass ein Stutzen weg ist. Was machst du bloß, wenn plötzlich einer von den Spielern weg ist?"

Maus und Esser passen gut zueinander – was auch am ausgeprägten Spiel- und Wetttrieb des Trainers liegt. So fordert Maus seinen Stürmer immer wieder zu kleinen Wettspielchen heraus, die dieser gern annimmt. Auch wenn sie gegen den ausgebufften Alt-Trainer aussichtslos sind. „Es ist kein Sonntag nach einem Spiel vergangen, an dem wir nicht irgendeine Wette ausgespielt haben. Es ging dann um Zielschießen durch Barhocker oder wir haben spätnachts das Flutlicht vom

Sportplatz angemacht und haben Wettschießen von der Mittellinie aus gemacht. Und ich kann mich nicht daran erinnern, dass ich gegen Maus jemals irgendeinen Wettbewerb gewonnen hätte", sagt Esser heute. Auch deshalb respektiert Esser den Coach und bezeichnet ihn heute als einen seiner allerbesten überhaupt. Auch, weil er ihn mit außergewöhnlichen Aktionen immer wieder aus drohender Lethargie herausgekitzelt hat. So war auch Maus natürlich nicht entgangen, dass Esser zu viel und zu Unzeiten dem Alkohol zusprach. Dessen These „mit Alkohol im Blut spiele ich besser Fußball als ohne" entkräftet Maus eines Tages kurzerhand mit einem Praxistest. Als Esser angetrunken auf der Platzanlage erscheint, greift sich Maus seine Turnschuhe und fordert Esser zu einem spontanen Dauerlauf quer durch die Stadt auf. „Wollen doch mal sehen, wer von uns als Erster am Rhein ist – du mit Alkohol im Blut, oder ich, der ich 30 Jahre älter bin." Maus hat natürlich gewonnen.

Bei aller Wertschätzung füreinander können die beiden allerdings nicht verhindern, dass der SC West auch unter Maus' Ägide nicht den ersehnten Aufstieg in die Landesliga schafft. Das gelingt erst unter dem nächsten Coach. Willi Schneider wird im Sommer 1997 verpflichtet, Mäzen Kropmanns war dessen schier unglaubliche Erfolgsserie als Trainer ins Auge gefallen. Schneider hatte sowohl mit dem SC Mülheim-Nord wie anschließend auch mit Yurdumspor Köln Saison für Saison einen Aufstieg feiern können. Also das geschafft, wovon sie beim SC West schon so lange träumten. „Es war unglaublich. Der hatte das Aufsteiger-Gen irgendwie in sich", schwärmt Kropmanns. Als der SC West auf der Zielgeraden der Spielzeit 1996/97 im Heimspiel auf Meister Yurdumspor trifft, passt Kropmanns den Trainer des Gegners auf dem Weg zur Kabine ab und bietet ihm kurzerhand den Job bei seinem Verein für die nächste Saison an. Kropmanns bestes Argument ist das monatliche Salär, das er dem vermeintlichen Erfolgstrainer anbietet. Der schlägt daraufhin noch auf dem Sportplatz in das Angebot ein.

Ferdi Esser

Das ewige Werben des Nachbarn

So geht der SC West also mit neuem Trainer und scheinbar ohne seinen angestammten Torjäger in die Saison. Denn Ferdi Esser ist vor der Spielzeit 1997/98 dem jahrelangen Werben des ungeliebten Nachbarn SSV Eintracht Köln erlegen und sagt bei Franz Wunderlich, dem Trainer des Ehrenfelder Konkurrenten zu. Diesmal scheint es zu passen zwischen Esser und dem benachbarten Landesligisten. Wie geplant nimmt Esser die Vorbereitung auf und reist auch mit ins Trainingslager nach Duisburg-Wedau. Doch dem heimatverbundenen Torjäger, der die letzten sieben Jahre beim SC West verbracht hat, kommen nach der Rückkehr aus dem Trainingslager plötzlich Zweifel. Und als er anlässlich des obligatorischen Saison-Eröffnungsturnier des SC West kurz vor Saisonbeginn West-Mäzen Charly Kropmanns in die Arme läuft, brauchen die beiden nicht lange, um sich zu verständigen. Esser teilt der SSV Eintracht noch am gleichen Tag mit, dass er doch beim SC West bleibe. Wunderlichs Proteste lächelt Esser einfach weg, Esser bleibt bei „seinem" Verein. Es ist das gleiche Phänomen wie ein paar Jahre zuvor mit dem anstehenden Probetraining in Essen: Essers Gefühl schlägt seinen Sinn für die Realität.

Man mag den Kopf schütteln angesichts derart scheinbar unlogischer Entscheidungen – doch zumindest in diesem Fall ermöglicht Essers Herzensentscheidung ihm die wohl erfolgreichsten Momente seiner Fußballkarriere. Denn unter Schneider setzen die Ehrenfelder zu einem ungeahnten Höhenflug an. Der knallharte Übungsleiter, der als Berufsfeuerwehrmann Disziplin und Leistungsbereitschaft quasi in seine DNA übernommen hat, bringt die Jungs des SC West auf Trab. „Ich wohne 100 Meter vom Platz entfernt. Als Schneider Trainer wurde, habe ich immer gewusst, was die beim Training machen. So laut hat der geschrien", sagt Josef Schiefer. Der Edel-Fan lässt sich kein Spiel des SC West entgehen, mit Beginn von Schneiders Engagement wird er sogar häufiger Zaungast der Trainingseinheiten. „Was sollte ich anders machen? Zu Hause hatte ich bei dem ja keine Ruhe mehr."

SC West – Höhenflug mit dem Feuerwehrmann

Schneiders Devise ist klar: Er ist fest davon überzeugt, dass ein Aufstieg nur mit absoluter körperlicher Fitness zu erreichen ist. So lässt er seine Jungs laufen, laufen, laufen. „Ich hab irgendwann gefleht: ‚Willi, lass gut sein – sonst starten wir nächstens alle beim Marathon, anstatt auf dem Fußballplatz'", erinnert sich Esser an die zermürbende Konditionsarbeit. Die aber zahlt sich aus. Schneider lässt sein Team vom ersten Spieltag an Pressing spielen, vor allem auf dem kleinen Aschenplatz an der Apenrader Straße werden die Gegner von der ersten Minute an unter immensen Druck gesetzt. Und weil sein Team den Powerfußball konditionell gut durchsteht, dominiert der SC West von Saisonbeginn an die Liga. Als im letzten Drittel der Saison auch noch Ex-Oberligaspieler Jörg Merfeld von der Kölner Viktoria zum SC West stößt, ist das letzte Puzzlestück zum ersehnten Aufstieg auch noch gefunden.

Zwar wird in der Liga letztlich nur Rang zwei eingefahren, was aber zur Aufstiegs-Relegation reicht. Nachdem der SC West in der ersten Partie den rechtsrheinischen Klub RSV Urbach nach zwei Toren von Ferdi Esser mit 2:0 bezwungen hat, kommt es zum Aufstiegs-Endspiel. Und dort trifft der SC West auf Yurdumspor Köln, das ohne seinen Erfolgscoach Willi Schneider in der Landesliga in den Keller gerutscht war. Die entscheidende Partie wird zum Triumphzug für Ferdi Esser. Beim 2:1-Sieg vor über 2.000 Zuschauern auf der Großsportanlage Bocklemünd erzielt Esser beide Treffer des SC West und schießt sein Team quasi im Alleingang zum ersehnten Landesligaaufstieg. „Der hat das Ding damals ganz allein für den SC West gewonnen", betont Fitness-Studio-Besitzer Wolfgang Tillmann, der jene Partie für die beste hält, die Esser je für den SC West bestritten hat. „Das war das Spiel seines Lebens. Spätestens seit dem Tag ist er beim SC West und sogar in ganz Ehrenfeld eine Legende", sagt Tillmann, der den Torschützen persönlich für die anschließende Aufstiegsfeier ausrüstet: „Ich hab ihm spontan 500 Mark in die Tasche gesteckt!"

Esser ist der Held des Stadtteils, der plötzlich in regelrechtes Fußballfieber verfällt. Denn nachdem Trainer Schneider vor Saisonbeginn den Klassenerhalt als Ziel ausgibt, geht seine Mannschaft die Dinge ganz anders an. Von Beginn an dominiert der verschworene Haufen um Esser die Landesliga und steigt am Saisonende mit großem Vorsprung gleich noch einmal auf. Mit Marco Zillken, René Schillings, Selhan Kondul, Volker Ahrens und Ayhan Yildiz waren noch einmal gestandene Amateurfußballer mit höchstem Niveau dazugekommen. 94 Tore schießt die Mannschaft, Esser ist erneut für mehr als 20 Tore verantwortlich. Das Team ist zur Saison 1999/00 in der Verbandsliga angekommen, damals immerhin die vierthöchste deutsche Spielklasse. Fixpunkt für alle im Team ist der Torjäger. „Ferdi war der König von Ehrenfeld", erläutert Mitspieler Rolf Stojic, der ein Jahr zuvor von den Sportfreunden 93 zum SC West gewechselt war. Für Stojic war sein Teamkollege ein Phänomen: „Der war eine absolute Stimmungskanone. Nicht nur nach dem Spiel, wenn es im Apenrader Hof nicht selten bis morgens hoch her ging und Ferdi als Entertainer einen Witz nach dem anderen erzählt hat. Nein, der baumelte auch mitten während einer Taktikbesprechung plötzlich an einem T-Träger in der Kabine und sang ‚Die hauen wir heute sowieso weg'. Für einen Trainer war Ferdi bestimmt nicht einfach – aber wir hatten immer unseren Spaß mit ihm." Warum es für Esser nicht zu mehr als gehobenen Amateurfußball gereicht hat? „Der SC West war einfach seine Welt. Da hat er sich wohl gefühlt. Und nur dort konnte er auch seine Leistung erbringen, weil er der Liebling aller war. Woanders hätte der Ferdi einfach nicht funktioniert", ist Stojic überzeugt.

Flucht vor dem cholerischen Ex-Profi

Sie träumen nun von mehr beim SC West, zumal im darauffolgenden Sommer das 100-jährige Vereinsjubiläum auf der Agenda steht. Mit Orhan Tuncer steigt ein potenter weiterer Sponsor ein, Insider sprechen von einem Saisonetat von 150.000 Mark. Mit Gregor Eibl vom Bonner

SC und Klaus Voike von der U23 des 1. FC Köln werden weitere Hochkaräter auf die Ehrenfelder Asche gelotst. Insgeheim träumt man beim SC West von einem erneuten Aufstieg. Nur Trainer Schneider, der hält die Kugel flach: „Klassenerhalt lautet das Ziel. Alles andere ist unrealistisch", so der Übungsleiter. Aber wie schon im Jahr zuvor überrascht der SC West die Konkurrenz in der neuen Liga und spielt von Beginn an im oberen Drittel mit. Libero Jörg Merfeld – zuvor jahrelang treibende Kraft bei Oberligist Viktoria Köln – lenkt das Spiel und findet immer wieder seinen Mittelstürmer, mit dem er es besonders gut kann: „Es war eine reine Freude, mit Ferdi Esser zusammenzuspielen. Ich habe selten einen so vielseitigen Stürmer erlebt, der torgefährlich war und gleichzeitig unheimlich viel Laufarbeit fürs Team verrichtet hat." In der Verbandsliga trifft das Team auch wieder auf den Nachbarn Eintracht Köln, der den Aufstieg ein Jahr zuvor gepackt hatte. Für Willi Schneider wird das Treffen mit dem Nachbarn kurz vor Ende der Spielzeit schließlich zum Schicksalstag in Ehrenfeld. Denn der nüchterne Trainer, der das euphorisierte Umfeld des Vereins ein ums andere Mal mit zurückhaltenden Kommentaren nervt, legt sich nach der Niederlage seiner Mannschaft mit Boss Kropmanns an. Während der Klubchef über die vertane Aufstiegschance im Jahr des 100-jährigen Vereinsjubiläums lamentiert, verlangt Schneider Respekt für die erbrachte Leistung als Aufsteiger. Ein Wort ergibt das andere – am Ende des Tages tritt Schneider vom Traineramt zurück.

Für den SC West ist Schneiders Demission der Anfang vom Ende – was den sportlichen Höhenflug in diesen Jahren betrifft. Dabei spucken sie nach einem rauschenden Jubiläumsfest in der altehrwürdigen Kölner Flora, bei dem Ferdi Esser den feinen Dresscode kurzerhand mit einem „Oben-ohne-Strip" vor Kölns Oberbürgermeister Fritz Schramma sprengt, zunächst noch große Töne in Ehrenfeld. „Wir wollen und wir müssen dieses Jahr in die Oberliga aufsteigen", fordert der 2. Vorsitzende Orhan Tuncer.

Dem neuen Trainer Mike Reinartz werden mit Rocco Kühn und Rene Vancik zwei neue Torjäger geliefert, für das Tor verpflichtet der Verein mit Mahmoud Ihab sogar einen WM-Teilnehmer von 1990. Für Tuncer gibt es quasi keine Grenzen mehr: „Wir haben zwei bis drei 19- bis 20-Jährige im Kader, die im nächsten Jahr in der 1. oder 2. Bundesliga spielen können", kündigt er an. Ferdi Esser kann er damit kaum gemeint haben – der ist mittlerweile schon 32 Jahre alt und soll den jungen Spielern eher als Vorbild dienen. Doch den Verein ereilt nun jenes Schicksal, das schon viele Klubs erfahren mussten, die unrealistische Höhenflüge angepeilt haben. Wie Ikarus stürzt er vom Himmel. Nach einem schwachen Saisonstart trennt sich der Verein von Trainer Reinartz, holt dafür mit Harald Konopka einen alten Profi-Kämpen des 1. FC Köln auf die Kommandobrücke. „Privat ein besonnener, sympathischer Mann, auf dem Fußballplatz aber ein Verrückter", urteilt nach wenigen Tagen Edel-Fan Josef Schiefer. „Zusammen mit Orhan Tuncer hat er von der Seitenlinie aus die gegnerischen Spieler und die Schiedsrichter beschimpft – das hatte mit Fairplay nicht mehr viel zu tun", berichtet Schiefer.

Doch nicht nur die Gegner werden bearbeitet, auch die eigenen Spieler werden von Konopka mehr als hart angegangen. „Das war der Trainer, mit dem ich während meiner Laufbahn am schlechtesten zurecht gekommen bin", sagt Esser. Kasernenton wird ihm von den Spielern vorgeworfen, ändern kann Konopka sich aber nicht. Was Konsequenzen hat. Noch vor der Winterpause passiert eigentlich Undenkbares: Ferdi Esser verlässt den Verein. Folgt seinem Kumpel Jörg Merfeld zum Landesligisten FC Junkersdorf, der seinerseits mit der finanziellen Unterstützung eines potenten Sponsors auf dem Weg nach oben ist. Und aus dem vermeintlichen Aufstiegsanwärter SC West wird ein Abstiegskandidat. Unter Trainer Konopka läuft die Sache aus dem Ruder, sein Team trudelt auf dem letzten Platz der Verbandsliga chancenlos ins Saisonende. Und im Vorstand kommt es zu Verwerfungen. Charly Kropmanns zieht sich verärgert zurück, Tuncer übernimmt zunächst dessen

Amt, um ein paar Wochen später selbst die Sachen zu hinzuschmeißen. Der SC West ist am Boden. Mittelfeldspieler Rolf Stojic, der den Verein ebenfalls schon im Saisonverlauf verlassen hat, äußert sich in einem Interview mit dem „Kölner Stadtanzeiger" drastisch: „Es ging bei uns zu wie auf einem Kasernenhof. Wir alle haben den Verein verlassen, weil wir die unerträglichen Methoden des cholerischen Trainers nicht mehr ausgehalten haben."

Rückkehr in die Heimat

Doch ausgerechnet am moralischen Tiefpunkt bekommt der Verein neuen Lebensmut eingehaucht: Er profitiert noch ein letztes Mal von der Veedels-Verbundenheit seines langjährigen Torjägers: Nach nur einem halben Jahr kehrt Ferdi Esser zum Verein zurück. „Ich habe mich bei dem anderen Verein einfach nicht wohl gefühlt. Mir fehlten meine Freunde und die gewohnte Umgebung. Also bin ich zum SC West hin und hab gesagt, dass ich zurückkomme", erinnert sich Esser. Und so verhilft er seinem Verein ein letztes Mal zur Wiederauferstehung. Denn nun, da der bekannte Torjäger wieder da ist, unterschreibt mit Joti Stamatopoulos ein ehrgeiziger junger Trainer an der Apenrader Straße und mit Dirk Hebel übernimmt ein ehemaliger Profi das Zepter im West-Mittelfeld. Stamatopoulos avanciert später beim TV-Sender DSF an der Seite Anthony Baffoes zum legendären „Hausmeister", der den Kids Fußballtricks erklärt. Später wird er Profitrainer in Griechenland. Hebel macht sich nach seiner aktiven Laufbahn einen Namen als Spielerberater – als enger Vertrauter begleitet er dabei maßgeblich die Karriere von Marco Reus.

Zunächst aber feiern Stamatopoulos und Hebel gemeinsam mit Ferdi Esser die Wiederauferstehung des SC West, der nur noch einen Bruchteil des einstigen Verbandsliga-Etats zur Verfügung hat. Mit einem jungen Team aus lauter Eigengewächsen, das von Hebel und Esser auf dem Platz angeführt wird, erreicht das Team einen hervorragenden dritten Rang in der Landesliga. Und der Klub kann sich in Ruhe mit einem neuen Vorstand konsolidieren. Als Ferdi Esser im Sommer 2003 dann – nach einer weiteren guten Spielzeit in der Landesliga – seine Fußballschuhe an den Nagel hängt, wird im Apenrader Hof noch einmal kräftig gefeiert. Und Esser, der möglicherweise aus reiner Heimatverbundenheit eine Profikarriere verpasst hat, resümiert stolz: „Ich finde, dass ich mit meiner Fußballzeit zufrieden sein kann. Denn ich bin mit dem SC West niemals abgestiegen."

Dennis Kings

„Verkopft" – Selbstzweifel verhindern die Karriere

Beim 1. FC Köln und in der Jugend-Nationalmannschaft ist Dennis Kings Anfang der 90er Jahre Mittelfeldstratege und Teamkapitän. Man sieht schon den neuen Lothar Matthäus heranwachsen. Bis eine schwere Verletzung die Karriere unterbricht. Ein Bruch, den Kings auch mental nie richtig verkraftet.

Als am 8. Juni 1991 die deutsche Schüler-Nationalmannschaft zum traditionellen Saisonausklang zum Länderspiel in England antritt, ist ihr Kapitän nicht mit dabei. Dennis Kings liegt mit gebrochenem Schien- und Wadenbein im Krankenhaus, als das von Trainer Bernd Stöber angeleitete Team vor fast 60.000 Zuschauern im Wembley-Stadion spielt. Der Kölner Mittelfeldstratege Kings hat sich wenige Tage zuvor schwer verletzt, als er mit seinem 1. FC Köln im Viertelfinale der Deutschen U15-Meisterschaft bei Bayer Uerdingen unglücklich frontal mit einem Gegenspieler zusammengeprallt war.

Was damals noch niemand wissen kann: Dieser Zusammenprall wird eine aussichtsreiche Fußballer-Karriere der 90er Jahre im deutschen Fußball nachhaltig ausbremsen. „Der Beinbruch war der Anfang vom Ende meiner Karriere", sagt Kings heute im Rückblick. Rund ein Jahr muss der zweikampfstarke Mittelfeldmann damals pausieren. Als er wieder auf den Platz zurückkehrt, ist kaum noch etwas wie zuvor. „Zweikampf, Mut, Schnelligkeit – ich hatte das Gefühl, dass mir in allem so rund zehn Prozent fehlten", erinnert sich Kings. Der heute 45-Jährige blickt zurück auf eine Fußballkarriere, die letztlich keine werden sollte.

Daum entdeckt den Post-Youngster

Mit Christoph Daum fängt damals alles an. Oder eher: mit Christoph Daums Auge. Denn der damalige Jugend-Koordinator des 1. FC Köln sieht im Frühjahr 1985 das Probetraining eines Neunjährigen vom Post SV Köln in der E-Jugend des Profiklubs. Und der erzielt im Abschluss-Spiel des Tages beim 5:0 alle Treffer des siegreichen Teams. Noch bevor es zurück in den damaligen Wohnort Köln-Widdersdorf geht, unterschreibt Ernst Kings für seinen Sohn in Daums Büro die Anmeldeformalitäten. Dennis Kings ist FC-Spieler.

„In den nächsten Jahren lief es für mich beim FC wie geschmiert", sagt Kings. Anfänglich als Stürmer eingesetzt, erkennen die FC-Jugendtrainer schnell Kings' eigentliches Talent: die Spielübersicht. Und die Zweikampfstärke. Kings wird fortan in der zentralen Mittelfeldposition eingesetzt. Er entwickelt sich zum Kopf seines Jahrgangs. Als Taktgeber gibt er im Mittelfeld Spielrichtung und -tempo vor, als Kapitän seiner Teams ist er Sprachrohr auch nach außen.

Vorbild Lothar Matthäus

Seine beiden fußballerischen Vorbilder füllen eine ähnliche Rolle perfekt aus. Da ist zum einen Lothar Matthäus, der bei der WM 1990 wohl im Zenit seines Könnens steht. Im Blog Effzeh.com schwärmt Kings: „Sein Tor gegen Jugoslawien, als er den Ball tief in der eigenen Hälfte annimmt, mit voller Geschwindigkeit durch das gesamte Mittelfeld stürmt und mit einem satten Abschluss dem jugoslawischen Torhüter keine Chance lässt, war in meinen Augen das Paradebeispiel für eine perfekte Aktion eines defensiven Mittelfeldspielers". Ein weiteres Vorbild ist Søren Lerby, einst auch bei Bayern München und danach bei der PSV Eindhoven aktiv. „Ich bin selber halber Holländer", erläutert Kings. „Meine Mutter stammt aus Eindhoven, und die Besuche bei unseren Verwandten habe ich oft genutzt, um ins Philips-Stadion zu gehen und mir Spiele der PSV anzusehen. Und Lerby hat mich dabei sehr beeindruckt mit seiner Übersicht, seinem ungeheuer großen Laufpensum und seiner Zweikampfstärke."

Mit seinen Qualitäten wird Kings rasch für höhere Aufgaben interessant. Als tragende Figur des 1. FC Köln erobert er sich einen Platz in der Kreisauswahl Kölns, wird in die Mittelrhein-Auswahl berufen und braucht beim U15-Länderturnier 1989 in Duisburg-Wedau nicht viele Spielminuten, um in die deutsche Schüler-Nationalmannschaft berufen zu werden. „Nationaltrainer Bernd Stöber kam schon nach unserem ersten Gruppenspiel zu unserem Trainer und richtete ihm aus, dass er mich zum nächsten Lehrgang einladen würde."

Die Anlagen des athletischen Blondschopfs sind außergewöhnlich: Kings vereint Talent, Willen und Präsenz auf dem Platz. Noch während des ersten Lehrgangs in Hennef nimmt Bundestrainer Stöber den Mittelfeldstrategen vom 1. FC Köln zur Seite und bedeutet ihm, dass er ihn zum Kapitän seiner Jahrgangsmannschaft machen würde. In wenigen Wochen bei einem Länderspiel gegen die Niederlande sei es erstmals so weit. „Mein erstes Länderspiel. Ich weiß es noch genau", erinnert sich Kings an den 25. September 1990. Deutschland war gerade Weltmeister geworden – man schaut ganz genau hin auf den Nachwuchs des neuen Titelträgers. „Es war in Dörpen im Emsland, mein direkter Gegenspieler war Clarence Seedorf. Die Niederländer hatten eine starke Mannschaft, vorn im Angriff spielte Patrick Kluivert, dabei war auch noch Giovanni van Bronckhorst." Doch Deutschland ist unter Kings' Regie an diesem Tag stärker, gewinnt mit 2:0.

Nach der Partie sitzt Dennis Kings erschöpft, aber glücklich in der Kabine. Er hat die Augen geschlossen und denkt an Momente des Spiels zurück. An die Gänsehaut beim Abspielen der Nationalhymne, an den ersten Zweikampf, den er gegen Seedorf gewonnen hatte und dem eine ganze Reihe weiterer gefolgt waren, an die beiden Tore, die Carsten Hinz und Til Bettenstaedt erzielt hatten. Als er die Augen wieder öffnet, begegnet er dem Blick des Bundestrainers. Bernd Stöber nickt ihm zu – sein neuer Kapitän hat das Team zu einem wichtigen Sieg geführt.

Jugend-EM 1992 – das große Ziel

Es folgen einige weitere Länderspiele, Kings sammelt wertvolle internationale Erfahrungen in Spielen gegen Russland, Frankreich, Italien, Spanien. Das große Ziel des Teams ist auch klar: die U16-EM 1992 auf Zypern. „Dort wollte ich unbedingt hin. Das war so etwas wie ein Fixpunkt in meinem jungen Kopf", sagt Kings.

In der Saison 1990/91 rückt Kings zur B-Jugend des FC auf, die von Frank Schaefer trainiert wird. „Er war ein brillanter Motivator", erzählt Kings. „Wenn er uns vor einem entscheidenden Spiel in der Kabine heiß gemacht hatte, hätten wir wer weiß was auf dem Platz für ihn getan!" Die Motivationskünste des Trainers fruchten, Leverkusen wird abgehängt und der Meistertitel am Mittelrhein geholt. Sportlich läuft es rund beim 1. FC Köln. Und trotzdem breitet sich in Kings zunehmend Unzufriedenheit aus. „Ich spielte jetzt in meinem siebten Jahr beim FC, war Nationalspieler, Leistungsträger und Kapitän, fühlte mich aber wenig wertgeschätzt", erläutert er. „Ich bekam damals 150 Mark im Monat, wohingegen unsere Neuzugänge wesentlich großzügiger entlohnt wurden."

Kings lässt sich aber nach außen nichts anmerken. Er wird immer stärker, dominanter. Bis zu jenem Juni-Tag 1991 und dem Spiel seines 1. FC Köln in Uerdingen. Am Morgen vor dem Spiel ist Dennis Kings euphorisch, als er neben seiner Sporttasche auch einen Koffer packt, denn von Krefeld aus geht es für ihn direkt zum Treffpunkt der U15-Auswahl nach Frankfurt, von wo die deutsche Delegation am darauffolgenden Tag nach England fliegt. Bei Effzeh.com beschreibt er: „Ich dachte daran, wie unbeschreiblich es sein würde, als Kapitän die deutsche Mannschaft auf den berühmten Rasen des Wembleystadions zu führen". „Alles war in meiner Karriere bis zu diesem Zeitpunkt nur in eine Richtung gegangen – nach oben. Die sieben Jahre beim FC, die Spiele mit den Auswahlteams des Mittelrheins und Westdeutschlands und schließlich die internationalen Begegnungen mit der U15-Nationalmannschaft."

Der Bruch – in der Grotenburg-Kampfbahn passiert's

In der Grotenburg-Kampfbahn in Uerdingen kommt es zu einem umkämpften Spiel zwischen der Bayer-Elf und dem FC. Beide Teams schenken sich nichts, die Begegnung ist zerfahren und von zahlreichen Zweikämpfen geprägt. Ein weiter Pass landet in der Uerdinger Hälfte, Dennis Kings und Robert Ratkowski, sein Uerdinger Gegenspieler, starten fast gleichzeitig in Richtung des Balles. „Ratkowski ging mit gestrecktem Bein in den Zweikampf und traf das Schienbein meines rechten Beines", erinnert sich Kings. „Es war bestimmt keine Absicht und Ratkowski hat sich auch sofort entschuldigt, aber ich ahnte gleich, dass mit meinem rechten Bein etwas ganz und gar nicht stimmte."

Weil es kein offener Bruch ist, fährt Kings noch gemeinsam mit dem ebenfalls nominierten Sebastian Hahn von Bayer Uerdingen zum Treffen des Nationalteams nach Frankfurt. „Ich wollte die Verletzung trotz starker Schmerzen einfach nicht wahrhaben", erinnert sich Kings. Doch die DFB-Ärzte schlagen nach der Untersuchung gleich die Hände über dem Kopf zusammen und weisen Kings sofort ins nächste Krankenhaus ein. Nichts ist es mit dem Länderspiel in Wembley. Es droht viel eher Schlimmes. Ein Schein- und Wadenbeinbruch bedeutet zu jener Zeit – die Medizin ist lange noch nicht so fortgeschritten wie heute – für nicht wenige Fußballer das endgültige Aus.

Für Kings ist der Einschnitt enorm. Gerade drei Wochen zuvor hat er einen langfristigen Vertrag beim FC Schalke 04 unterschrieben, er hatte dem langen Werben von Bodo Menze, dem „Vater der Schalker Knappenschmiede", nach mehreren Versuchen nachgegeben. „Es war ein Fünfjahresvertrag mit Profi-Option. Und weil von den Kölnern nie ein konkretes Zukunftsangebot gekommen war, konnte ich mir den Wechsel dann vorstellen", so Kings. Die Vereine stehen damals Schlange beim U15-Nationalmannschaftskapitän, vor allem der direkte Nachbar Bayer Leverkusen hat die Fühler ausgestreckt. „Der damals verantwortliche Andreas Rettig hatte mehrfach bei uns im Wohnzimmer gesessen und attraktive Angebote gemacht. Aber zu unserem Erzfeind Bayer

Leverkusen wechseln – das konnte ich mir als eingefleischter Kölner und FC-Fan einfach nicht vorstellen", so Kings.

Schalke kann er sich vorstellen – doch die schwere Verletzung macht einen Strich durch die Rechnung. Der Vertrag wird aufgelöst, Kings braucht fast ein Jahr, um beim 1. FC Köln wieder auf die Beine zu kommen. Dort hat ihn B-Jugendtrainer Frank Schaefer unter seine Fittiche genommen, der ihn auch sofort wieder zum Kapitän seines Teams macht, als Kings wieder genesen ist. Der 1. FC Köln war in Sachen Kings endlich auch so etwas wie „aufgewacht", unterbreitet seinerseits ein Vertragsangebot und zeigt ihm eine Perspektive auf.

Nichts ist mehr wie es einmal war

Doch in Kings rumort es. Obwohl er wieder auf seinen geliebten Fußballplatz zurückgekehrt ist, merkt er, dass ihm etwas fehlt. „Ich hatte nicht mehr die Power wie vor der Verletzung. Und vor allem hatte ich nun immer wieder mit Folgeverletzungen zu tun, die mich immer wieder aus dem Rhythmus brachten", erzählt er. Insbesondere am operierten rechten Bein treten regelmäßig Probleme auf. Häufig fällt Kings nun mit Muskelverletzungen aus. Er spielt nicht mehr regelmäßig. Was an ihm nagt. „Ich war auf dem Fußballplatz immer ein unheimlich ehrgeiziger Typ. Umso härter traf mich die Erkenntnis, dass ich meinen eigenen hohen Ansprüchen nicht mehr zuverlässig genügen konnte", gibt Kings Einblick in seine zu diesem Zeitpunkt angegriffene Psyche.

Eben jene mentale Schwäche führt Kings' damaliger Trainer Frank Schaefer heute an, wenn er auf die gescheiterte Karriere seines einstigen Musterschülers angesprochen wird. „Ich glaube, dass Dennis sozusagen zu früh zu gut war und insgesamt mit den vielen Vorschusslorbeeren mental nicht zurechtgekommen ist. Als er dann in der U15 auch noch Nationalmannschaftskapitän wurde, wurde er möglicherweise von zu vielen Außenstehenden zu früh hochgejubelt. Und als es dann nicht mehr so glatt lief, konnte er nicht mehr nachlegen."

Für Schaefer, heute Direktor des Nachwuchsleistungszentrum bei Fortuna Düsseldorf und seit über 30 Jahren mit der Ausbildung junger Fußballer beschäftigt, gibt es kaum klare Parameter, anhand derer man sicher voraussagen könnte, ob ein Talent später Profi wird. „Für mich gibt es grob zusammengefasst drei wichtige Faktoren, die für einen erfolgreichen Weg eines Talents sehr wichtig sind: Ein seriöses Elternhaus, das die Ambitionen des Jugendlichen unterstützt. Dabei geht es auch darum, die Fähigkeiten des eigenen Kindes realistisch einzuschätzen. Zweitens: Die Persönlichkeit und Intelligenz des Fußballtalents. Damit meine ich nicht, dass der Spieler ein Gymnasium besucht haben muss. Nein, es geht darum, sich als Spieler selbst korrekt zu reflektieren: Man muss die Fähigkeit zu Selbstkritik haben. Lernbereitschaft mitbringen. Nicht die Schuld bei anderen suchen, wenn es mal nicht so läuft. Man muss Widerstände bekämpfen können und eine gewisse Frustrationstoleranz mitbringen. Und Drittens: Das gesamte Umfeld des Spielers muss stimmen. Die Leistung und Entwicklung eines jeden Spielers ist am Ende das Resultat aller Einflüsse. Junge Talente haben heute keineswegs nur noch die Eltern als Einflussgeber. Da kommen die Freunde dazu, Berater und schließlich die sozialen Medien. Für einen Spieler ist es aber wichtig, dass er am Ende vor allem Vertrauen zu seinem Verein hat."

Selbstzweifel und außersportliche Gelüste

Vielleicht ist es die fehlende Frustrationstoleranz, die Dennis Kings letztlich scheitern lässt. Parallel zu den sportlichen Selbstzweifeln gewinnen außerdem außersportliche Gelüste an Gewicht: „Ich wollte jetzt auch nicht mehr jedes Wochenende nur noch dem Fußball widmen, sondern auch mal die Zeit mit den Freunden genießen. Jahrelang hatte ich alles dem Fußball untergeordnet. Jetzt wollte ich auch mal abends auf eine Party gehen, obwohl am nächsten Tag Fußball auf dem Programm stand." Kings' Ehrgeiz hat einen Knacks bekommen. Er beschließt, seinen 1. FC Köln, bei dem er schwere Wochen und Monate hinter sich hat, zu verlassen. Vor seiner ersten A-Jugend-Saison wechselt er zu Fortuna Düsseldorf. „Ulf Menssen und Manuel Velasquez, zwei meiner damals besten Kumpels, waren schon dort. Also fiel mir der Wechsel sogar leicht", sagt Kings.

Fluchtreflex – Frank Schaefer kennt diese Reaktion bei jungen Spielern, wenn es nicht mehr so rund läuft. Wenn es Widerstände innerhalb der Gruppe gibt, wenn man als Fußballer plötzlich nicht mehr erste Wahl ist. Auch in den heutigen Nachwuchs-Leistungszentren ist das ein weithin bekanntes Thema. „Natürlich ist die Konkurrenzsituation in den Leistungszentren heute noch einmal erheblich größer als früher. Also muss man schon eine möglichst starke Persönlichkeit mitbringen, um sich letztlich durchzusetzen. Wir erleben aber immer wieder, dass bei Talenten kaum Frustrationstoleranz da ist. Heißt: Widerstände lösen rasch einen Fluchtreflex aus. Nach dem Motto: Jetzt läuft es hier nicht für mich sofort, also muss ich hier weg. Es woanders versuchen. Das ist ein Problem. Wenn diese Talente mehr Vertrauen in ihre Ausbilder und Leiter hätten, hätten sie bessere Aussichten."

Kings beginnt in Düsseldorf – parallel zum Fußball – eine Ausbildung zum Versicherungskaufmann, die Belastung ist nun noch einmal intensiver. „Ich bin jeden Tag morgens um sechs Uhr in den Zug nach Düsseldorf gestiegen, abends um halb elf war ich wieder daheim. Oft bin ich schon im Zug eingeschlafen", sagt Kings. Er wird in Düsseldorf zwar wieder Stammspieler und bekommt auch dort eine Zukunftsperspektive aufgezeigt, doch in Kings' Kopf spielen sich ganz andere Gedanken ab. „Fußball fiel mir nicht mehr so leicht wie zuvor. Die ständigen Verletzungen und Wehwehchen hatten mich mürbe gemacht. Ich hatte am Ende dieser zwei Jahre tatsächlich – zumindest phasenweise – den Spaß an meiner Lieblingsbeschäftigung verloren."

„Ich wollte nicht mehr" – Schluss mit 19

Kings tut, was kaum einer in seinem Umfeld versteht: Er hört auf mit Fußball. Mit 19. „Natürlich wollten mich alle möglichen Wegbegleiter umstimmen, doch mein Entschluss stand fest: Ich wollte nicht mehr", sagt er. Kings löst seinen Vertrag in Düsseldorf auf. Er löst sich damit auch von seinem Traum einer Profifußball-Karriere. Zwar überredet ihn der Amateur-Abteilungsleiter des 1. FC Köln, Christoph Schlömer, ein Jahr später noch einmal zu einem Neuanfang bei den Amateuren des Klubs unter Trainer Stephan Engels, doch Kings merkt: „Andere waren an mir vorbeigezogen. Ich hatte keine wirkliche Perspektive mehr, es fußballerisch wirklich nach ganz oben zu schaffen."

Kings wirkt nachdenklich bei diesen Worten. Überhaupt scheint man es bei ihm mit einem außergewöhnlich selbstreflektierten Menschen zu tun zu haben, der vielleicht sogar auch zu „verkopft" an seine Fußballkarriere herangegangen ist. Vielleicht war er in der entscheidenden Phase, als seine Karriere noch einmal Fahrt hätte aufnehmen sollen, auch einfach zu selbstkritisch. Selbstzweifel als Karriere-Hemmer? Frank Schaefer hat auch hier seine Erfahrungen gemacht: „Zunächst einmal ist ein Jugendtrainer eigentlich sehr froh, wenn er es mit einem Talent zu tun hat, dass sich selbst reflektiert und kopfgesteuert ist. Denn diese Spieler hören in der Regel gut zu und wollen lernen." Andererseits könne im entscheidenden Moment aber auch das Ausschalten des Kopfes durchaus ratsam sein: „Man braucht im Jugendbereich eines Profiklubs, bei der großen Konkurrenz, auch vor allem ein gewisses Maß an Selbstvertrauen, um sich letztlich durchzusetzen. Es gibt ja diese jungen, frechen Talente, die sich bei ihrem ersten Training bei den Profis gleich mal in die erste Reihe stellen, anstatt sich zu verstecken. Es ist sicher kein Nachteil, wenn man sich als Spieler phasenweise auch mal nicht zu sehr hinterfragt."

Kings macht genau dies nicht. Sondern hört zwei Jahre später endgültig auf. Schlägt auch alle Angebote gehobener Amateurligisten aus – so lukrativ sie auch sind. „Für mich war immer klar, dass ich diesen großen Aufwand mit dem Fußball nur betreiben wollte, wenn es für ganz oben reicht. Für die Ober- oder Verbandsliga wollte ich nicht fünfmal die Woche trainieren und den ganzen Sonntag auch noch stundenlang für irgendwelche 90 Minuten weit weg auf dem Land unterwegs sein."

Firmenchef mit 24

Die Entscheidung gegen den Fußball befeuert zudem auch noch eine berufliche Perspektive: Sein Vater Ernst will die familieneigene Metallbaufirma in Bergheim-Glessen in andere Hände geben. Und Dennis Kings greift zu: Gemeinsam mit seinem drei Jahre älteren Bruder Robin übernimmt er 1998 die Firmenleitung vom Vater. Mit 24 Jahren ist Dennis Kings' Fußballkarriere beendet – und ein Weg als Chef einer Firma, die sich auf Industriehydraulik und Maschinenbau spezialisiert hat und die ersten versenkbaren Poller-Systeme entwickelt, beginnt. Schnell schaffen sie sich zwei Standbeine: Zum einen die Anfertigung von Präzisions-Maschinenteilen unter Nutzung computergesteuerter Dreh- und Fräsmaschinen, der sogenannten CNC-Technik, und zum anderen die Entwicklung und Produktion von Poller-Systemen, unter andere innovative Hydraulik-Poller-Systeme sowie Sicherheits-Poller-Systeme. Dennis Kings hat 1999 seine Ausbildung zum Betriebswirt abgeschlossen und übernimmt die kaufmännische Leitung des Unternehmens, während sein Bruder Robin, seines Zeichens Werkzeugmechanikermeister, für den technischen Bereich zuständig ist.

„Ich denke im Rückblick, dass ich angesichts der Umstände alles richtig gemacht habe", sagt Dennis Kings heute. Die Firmengeschäfte entwickeln sich positiv, aus einstigen sieben Mitarbeitern werden knapp 30. Mit dem Fußballgeschäft hat Dennis Kings abgeschlossen, ohne Bitterkeit zu empfinden.

So ganz kann und will er aber vom Fußball doch nicht loslassen. Der Bezirksligist Germania Geyen kommt zur Saison 1998/99 auf ihn zu. Kings, der mittlerweile im benachbarten Brauweiler ansässig ist, nimmt das Angebot an und schnürt in den nächsten vier Jahren seine Fußballschuhe für die Germania. Hier trifft er auf Mannschaftskollegen wie Mahmut Caliskan, Marcus Bilawa und Ulf Menssen, mit dem er schon beim FC und später in Düsseldorf zusammengespielt hat, und bildet mit ihnen ein schlagkräftiges Team. Er genießt die Zeit in der 7. Liga. Und später die in der Altherrenmannschaft des 1. FC Köln, zu der er 2016 findet. „Der Druck ist nicht so hoch", erklärt Kings. Jeder kennt das ja: Zwar will auch in unterklassigen Amateurligen und im Altherrenfußball jedes Team gewinnen, aber genauso wichtig ist mindestens das Bierchen danach. „Vielleicht macht Fußball so sogar mehr Spaß", sagt Dennis Kings.

Der Autor

Olaf Jansen, geb. 1966, aufgewachsen im Sauerland (Ascheplätze). Auf dem Fußballplatz gern grätschend, pöbelnd und gestikulierend. Hätte vielleicht besser mal an seinen frappierenden Schwächen Grundschnelligkeit und Technik gearbeitet. Dann wäre möglicherweise mehr als nur Fünfte Liga drin gewesen. So blieb es später bei vielen Jahren in unteren Amateurklassen und einem Lebensweg als Freier Sportjournalist und Buchautor. Aber das ist ja auch was.